조선시대 사람들은 어떻게 살았을까 2

조선시대 사람들은 어떻게 살았을까 2

한국역사연구회 지음

전면개정판 펴낸날 2022년 1월 3일 초판 1쇄 | 2023년 9월 15일 초판 2쇄
초판 1쇄 펴낸날 1996년 9월 22일
개정판 1쇄 펴낸날 2005년 4월 29일
펴낸이 김남호 | 펴낸곳 현북스
출판등록일 2010년 11월 11일 | 제313-2010-333호
주소 07207 서울시 영등포구 양평로 157 투웨니퍼스트밸리 801호
전화 02)3141-7277 | 팩스 02)3141-7278
홈페이지 http://www.hyunbooks.co.kr | 인스타그램 hyunbooks
ISBN 979-11-5741-289-1 04910 ISBN 979-11-5741- 287-7 (세트)

편집 전은남 이영림 | 디자인 박세정 | 마케팅 송유근 함지숙

한국역사연구회

조선시대 사람들은 어떻게 살았을까

|전면 개정판|

경제·문화 이야기 2

현 북스

전면 개정판을 내며

역사학자들이 역사 대중화의 기치를 내걸고 대중과 소통하던 열정 넘치는 시대가 있었다. 1990년대 치열했던 역사 대중화를 위한 연구 활동과 열정, 그리고 그 성과로 '어떻게 살았을까' 시리즈가 시대별로 잇달아 나왔다. 부담 없이 무겁지 않게 옛사람들의 삶의 이야기를 담은 이 시리즈는 역사 대중화를 선도하여 스테디셀러가 되었다.

그로부터 20년이 넘게 흐른 지금, 역사는 여전히 무겁게 느껴진다. 21세기에 들어서 본격화되었던 역사 전쟁이 국정교과서 파동을 정점으로 잠시 잠잠해졌지만, 교과서 문제는 언제 폭발할지 모르는 휴화산에 가깝다. 하지만 역사 전쟁에서 싸움터가 되는 것은 정치사이지 생활사가 아니다. 그러다 보니 삶의 역사에 관한 관심도 잦아들어 가는 듯하다. 삶의 역사를 놓고는 역사 전쟁이 일어나지 않는다는 사실도 많은 생각을 하게 한다.

삶의 역사를 들여다본다는 것은 그 삶을 살아가는 사람들의 말과 행동에 관심을 가진다는 것을 의미한다. 흔히 생활사라고 하면 사람들의 의식주 또는 사람들을 둘러싼 물질세계를 떠올린다. 또한 삶에 기운을 북돋우거나 삶을 제약하기도 하는 정신세계를 떠올리기도 한다. 하지만 생활사는 그 물질 세계와 정신세계를 빚고 엮어 가는 사람들의 이야기이다.

한편으로 생활사는 과거를 살았던 사람들과 오늘날을 살아가는 현대인을 이어 주는 연결고리이기도 하다. 어떤 점에서는 우리와 너무나 다른 것 같지만, 또 크게 변하지 않는 과거 사람들을 만나는 시간여행이기도 하다. 따라서 생활사는 결코 '작고 시시한' 이야기가 아니다. 그 안에서도 시대적 특징을 고스란히 드러내는 진중한 역사를 만날 수 있다.

첫 번째 책이 발간된 1996년으로부터 26년이 지난 2022년, '어떻게 살았을까' 시리즈는 새로운 개정판으로 다시 세상에 나오게 되었다. 이번 개정판의 기획은 지난 2020년 당시 여호규 회장(고대사분과)의 발의로 시작되었다. 정요근 회원(중세사 1분과)이 기획위원장을 맡고 각 분과 소속의 기획위원들이 내용 구성의 기획과 필자 섭외를 담당하였다. 정동준 회원과 권순홍 회원(이상 고대사분과), 정동훈 회원(중세사 1분과), 박경 회원과 최주희 회원(이상 중세사 2분과), 한승훈 회원과 고태우 회원(이상 근대사분과), 이정은 회원(현대사분과) 등 모두 8명이 기획위원을 맡아 주었다. 전상우 회원(고대사분과)은 간사로서 출판사와의 연락 등을 비롯한 잡다한 실무를 도맡아 처리하였고, 위가야(고대사분과) 회원은 미디어·출판위원장으로서 기획위원회 활동에 최선의 지원을 다해 주었다. 전 김정인 회장(근대사분과)의 배려와 지원 역시 이번 개정판 출간에 큰 동력이 되었다.

이번 개정판의 출간과 관련해서는 나름의 복잡한 과정이 담겨 있다. 그 내용을 간략히 기록으로 남기고자 한다. '어떻게 살았을까' 시리즈는 지난 1996년 조선시대 편 1, 2권이 청년사에서 발간된 이래, 1997년에 고려시대

편 1, 2권, 1998년에 고대사(삼국시대) 편이 청년사에서 출간되었다. 이로써 이른바 '전근대 생활사' 시리즈가 총 5권으로 완성되었으며, 2005년에는 5권 모두 개정판이 발간되었다. 한편 '근현대 생활사' 시리즈는 역사비평사를 통해서, 1998~1999년에《우리는 지난 100년 동안 어떻게 살았을까》라는 제목으로 3권의 책이 발간된 바 있다.

그런데 지난 2020년 청년사의 폐업으로 '전근대 생활사' 시리즈의 출간이 더는 어렵게 되었다. 그러나 다행히도 현북스의 제안으로 새로운 개정판의 출간이 가능하게 되었다. 나아가 역사비평사의 양해를 얻어 근현대 편 3권의 판권을 인수하였고, 이 역시 현북스를 통해 개정판을 발간하기로 하였다. 이에 두 시리즈를 합쳐서 전근대와 근현대의 생활사 모두를 아우르는 '어떻게 살았을까' 시리즈의 '통합' 개정판 출간이 실현되기에 이른 것이다. 이 지면을 통해 역사비평사 정순구 대표에게 다시 한번 깊은 감사의 뜻을 표한다. 아울러 이 과정에서 여호규 전 회장의 수고와 노력이 큰 역할을 하였음은 두말할 나위 없다.

기획위원회에서는 최초 발간으로부터 20년이 넘은 원고를 그대로 실어 개정판을 내기에는 부담이 있었다. 다행히도 검토 결과, 기존의 원고들이 여전히 생명력을 가지고 있다고 판단되어 대부분의 기존 원고를 그대로 싣되, 필자들에게는 필요한 부분에 대한 수정을 요청하여 반영하였다. 한편 기존의 원고에서 다루지 못한 주제 가운데, 그동안 연구가 축적되어 원고 집필이 가능한 사례도 여럿 확인되었다. 그리하여 이번 개정판에서는 기존에 1권이었던 고대사(삼국시대사) 분야를 2권으로 늘리고 기존에 3권이었던 근현대사 분야를 4권으로 늘렸다. 이를 통해 한국사 전체를 아우르는 '어떻게 살았을까' 시리즈를 모두 10권으로 구성하였다. 다만 논의되었던 모든 주제를 원고로 포함하지 못한 점이 아쉬울 따름이다.

기존 원고의 필진 중에는 현역에서 은퇴하여 일선에서 물러난 연구자도 있다. 화살같이 빠른 세월의 흐름을 새삼 느낀다. 새로 추가된 원고는 학계에서 왕성하게 활동하는 40대 전후의 연구자들이 맡아서 집필하였다. 따라서 이번 개정판은 신구 세대를 아우르는 회원들로 필진이 구성된 셈이 된다. 어느덧 한국사학계의 중추가 된 한국역사연구회의 연륜과 위상을 실감하게 하는 대목이다.

책을 처음 낼 때만큼은 아니겠지만, 기존 책의 개정판을 내는 것 또한 결코 쉬운 작업은 아니다. 특히 '어떻게 살았을까' 시리즈는 20년 넘게 스테디셀러로 명성을 쌓은 터라, 개정판의 발간을 추진하는 일은 부담이 작지 않았다. 기존 원고에 비하여 새로운 원고가 많은 편은 아니라서, 독자들의 반응이 어떠할지도 걱정이 앞선다. 하지만 소박하게 한 걸음을 더한다는 태도로 용기를 내어 출간에 이르게 되었다. 출판계의 어려운 상황 속에서도 흔쾌히 출간을 맡아 좋은 책으로 만들어 준 현북스 김남호 대표와 전은남 편집장, 이영림 편집자에게 깊은 감사의 뜻을 표한다.

2022년 1월 한국역사연구회

전면 개정판 조선시대권

머리말

《조선시대 사람들은 어떻게 살았을까》 1권과 2권 초판이 나온 때로부터 어느덧 25년이 지났다. 이후 2005년에 1차 개정판이 발간된 지도 16년이 훌쩍 지나 버렸지만, 아직도 수요가 끊이지 않는다고 한다. 모든 것이 빠르게 변화하는 디지털 시대에 생활사 분야를 대표하는 대중서로서 25년간 생명력을 유지하고 있다는 사실 자체가 고맙기 그지없지만, 다른 한편으로 이는 역사 대중서에 대한 일반인들의 갈망이 여전히 강렬함을 보여 주는 현상으로도 해석할 수 있다. 그동안 일반 대중과 소통하려는 학계의 노력이 부족했음을 통감하는 바이다.

2년에 가까운 준비 끝에 드디어 《조선시대 사람들은 어떻게 살았을까》의 전면 개정판이 새롭게 구성되어 출간된다. 이번 전면 개정판은 삼국시대부터 근현대사에 이르기까지 한국사의 전 시기를 망라하여 기획한 '어떻게 살았을까' 시리즈의 조선시대 편에 해당하는 내용이다. 전면 개정판이지만, 특별한 사정이 있는 경우를 제외하면 기존의 글들은 그대로 싣는 것을 원칙으로 하였다. 다만 최초 출간으로부터 오랜 시일이 지난 만큼, 원고와 도판 사진 등의 전면적인 검토와 수정이 이루어졌다.

  초판과 1차 개정판에 실렸던 글들은 한국역사연구회 활동의 1세대라 할 수 있는 70~80년대 학번 연구자들이 집필하였다. 당시 30~40대의 소장파 연구자이던 이들은 어느덧 50대 이상의 중견 연구자가 되었으며, 정년 퇴임하여 현역에서 은퇴한 연구자도 있다. 이에 소장파 연구자들의 글을 새롭게 실어 집필진 구성에 신구 조화를 이루려고 노력하였다. 아울러 기존에는 포함되지 않았지만 왕성한 연구 활동을 펼치는 중견 연구자들의 글도 추가하였다. 초판과 1차 개정판에서는 1권을 '사회·경제 이야기', 2권을 '정치·문화생활 이야기'로 구성했으나, 이번 전면 개정판에서는 전체적인 구성을 변경하였다. 1권은 '정치·사회 이야기', 2권은 '경제·문화 이야기'로 편성하고, 배치를 전면적으로 조정하였다. 그리하여 1권에는 25편의 글을, 2권에는 26편의 글을 실었다. 귀찮음과 번거로움을 마다하지 않고 원고의 수정과 집필을 맡아 주신 48명의 필자에게 이 지면을 통해 깊은 감사의 말씀을 드린다.

  마지막으로 이번 전면 개정판 발간에 큰 역할을 해 주신 분들을 언급하지 않을 수 없다. 발간 기획위원으로 참여한 박경 회원과 최주희 회원은 전체적인 기획, 신규 주제 발굴과 필자 섭외 등을 도맡아 수고해 주셨다. 원고 수합과 편집 실무 등은 고대사분과의 전상우 회원이 도맡아 헌신해 주셨다. 바쁘신 가운데에도 자기 일처럼 수고해 주신 세 분 회원에게 진심으로 고마움을 표한다. 이번 전면 개정판의 발간이 계기가 되어, 조선시대 역사 콘텐츠를 매개로 학계와 일반 대중 사이에 유익하고 다양한 소통의 창구가 늘어나기를 기대해 본다.

2022년 1월 한국역사연구회 중세사 2분과

2005년
개정판 서문

지난 몇 해 동안 나라 안팎에서 '역사 전쟁'이 벌어지는 것을 보며, '역사란 무엇일까?'에 대해 새삼스럽게 생각을 해 본 이가 한둘이 아닐 것이다.

일본이 역사 교과서에 과거 일본 제국주의에 의해 정신적으로나 물질적으로 엄청난 피해를 입은 한국과 중국 그리고 동남아시아 여러 나라 국민들의 자존심을 짓밟으며 왜곡된 내용을 담으려 할 때에도, 그에 대한 반발이 강력했었지만 그것을 '역사 전쟁'이라고 부르지는 않았다. 그런데 중국이 고구려의 역사를 자기 나라의 역사로 편입하려 한다는 사실이 알려지면서 '역사 전쟁'이라는 말이 자주 입에 오르내리게 되었다. 중국의 시도는 단순한 역사 왜곡을 넘어서 한 왕조의 역사를 통째로 빼앗는 것으로 판단되었고, 이로부터 '역사 전쟁'이라는 말이 공공연히 쓰이게 되었던 것이다.

자세히 살펴보면 역사 전쟁은 나라와 나라 사이에서만 벌어지고 있는 것이 아님을 알 수 있다. 참여정부가 출범한 이래로 격화된 과거 청산을 놓고 벌어지고 있는 다툼도, 한국 근현대사 교과서의 서술을 놓고 전개된 갈등도 모두 역사 전쟁이다. 이렇게 역사 전쟁이 안팎에서 벌어지는 동안 다시금 역사에 대한 관심이 높아지고 있는 것은 역사를 연구하고 가르치는 사람 중의 하나로서 한편으로는 씁쓸하면서도 불행 중 다행이라는 생각을 떨쳐 버리기 쉽지 않다.

한국역사연구회에서 각 시대 각 분야의 전문 연구자들의 힘을 모아 우리 역사 속에서 조상들이 과거에 '어떻게 살았을까'를 살펴 책으로 묶어 내기 시작한 지 어느덧 햇수로 10년이라는 시간이 흘렀다. 첫 성과물로 나온 것은《조선시대 사람들은 어떻게 살았을까》였으나, 실제 먼저 작업에 들어간 것은《고려시대 사람들은 어떻게 살았을까》였다. 그리고 기획에 들어간 때로부터 치자면 이미 10년을 더 넘긴 시점에 이르렀다. 그 사이에 우리 사회도 여러 굵직굵직한 사건을 겪으며 성장하였고, 한국 역사 연구도 여러 측면에서 새로운 진전이 이루어졌다. 이러한 까닭으로 수만의 독자 여러분께서 삼국시대에서 조선시대까지 선조들의 삶의 자취를 묶어 펴낸 이 책자들을 애독해 주신 것에 대한 고마움이 미안함으로 바뀌어 가던 차에 출판사로부터 개정판을 내자는 제안을 받고 선뜻 응하게 되었다.

새삼스럽지만 다시금 이 '어떻게 살았을까' 시리즈를 소개하기로 한다. 새로 나온 국사 교과서나 한국 근현대사 교과서가 전보다 내용이 풍부해지기는 했으나, 여전히 커다란 정치적 사건과 주요 제도 및 인물 중심으로 내용이 짜여져 있다. 그 반면에 근래에 쏟아져 나오다시피 출간된 역사 대중서 중에는 흥미를 끄는 단편적인 사실에 치우친 것들이 적지 않다. 이와 달리 이 '어떻게 살았을까' 시리즈는 각 시대 사람들의 삶에 초점을 맞추면서 당시의 역사상을 어느 정도 재구성할 수 있도록 내용을 갖추었다. 예를 들어 《조선시대 사람들은 어떻게 살았을까》를 보면, 당시의 인구와 물가를 통해 사회와 경제의 전체적 모습을 볼 수 있도록 하는 동시에 여인들의 의복 패션이 어떻게 변화했으며 농민들이 하루에 몇 끼 어떤 음식을 먹었는지를 소개하며 구체적 삶의 내용을 알 수 있도록 배려하였다. 그리고 이번 개정판에서는 글의 수정과 보완에도 힘을 썼지만, 그보다도 그림과 유물 등의 사진 자료를 보강하는 데 더 많은 노력을 기울였다. 이렇게 지배층만의 역사가 아닌 당시 사회 구성원 전체의 역사로, 딱딱한 제도의 틀에 갇히지 않고 삶의 실상을 알려 주는 역사로, 흥미 위주로 매몰되지 않고 과학적으로 탐구한 진실을 전하는 역사로 만드는 일 역시 하나의 '역사 전쟁'이었다. 아무튼 이로써 독자들이 조상들의 삶을 전보다 더 생생하게 이해하기를 바라 마지 않는다.

워낙 많은 연구자들이 함께 한 일이어서 개정 작업도 처음 책을 낼 때만큼이나 쉽지 않았다. 연구자 대부분이 전보다 훨씬 바쁜 삶에 몰리고 있었고, 외국에 나가 있는 이도 있었으며, 이제는 다른 사회 활동으로 몹시 분주한 이도 있었다. 연구회 회원 몇 분이 중간에서 애를 써 준 덕분에 개정판 작업이 마무리될 수 있었다. 독자 여러분이 새 책을 보고 흡족해할지에 대한 걱정이 앞서기는 하나, 바쁜 와중에도 글을 다시 손봐 준 연구자 여러분, 사진 자료를 구하느라 또 더 예쁜 책으로 꾸미느라 고생한 청년사의 정성현 대표와 편집부 여러분께 감사의 말씀을 전하지 않을 수 없다.

2005년 4월

머리말

근래에 다양한 역사책들이 독자 여러분의 사랑을 받고 있다. 우리나라 역사를 다룬 것만이 아니라 머나먼 외국의 오랜 옛날을 다룬 책도 적지 않다. 그중에서도 독자들이 가장 많이 찾는 것은 아마도 조선시대를 다룬 책들인 듯싶다. 사극의 주제도 대개는 조선시대이다. 이러한 점에서 보면 우리에게는 '역사'라면 다른 시대보다도 먼저 조선시대가 생각나는가 보다.

조선시대는 이러저러한 이유로 우리에게 가장 친숙한 시기임에 틀림없다. 그렇다고 해서 우리가 조선시대를 잘 알고 있다고는 할 수 없다. 우리가 조선시대에 대해 아는 것은 대개 사화나 전쟁과 같은 정치적 사건이 언제 일어났는가, 신문고를 처음 설치한 왕은 누구이며 허생전을 지은 이는 누구인가, 삼사는 어떠어떠한 관청인가 등등에 지나지 않는다. 정치적 사건이나 제도, 몇몇 주요 인물들에 대한 단편적인 지식들을 알고 있을 따름인 것이다. 그뿐만 아니라 전혀 잘못 알려져 있는 사실들도 적지 않다.

여러분은 조선시대에 인구가 얼마쯤 되었는지 궁금했던 적은 없는가? 돈 한 냥으로 쌀을 얼마나 살 수 있었으며, 하루에 몇 끼 어떤 음식을 먹었는지 알고 싶어 한 일은 없는가? 관리들이 몇 시쯤에 출근해서 어떻게 근무했는지, 여인네들의 의복에 유행하던 패션은 없었는지 생각해 본 일은 없는가? 더 나아가 사극에서 흥선대원군이 신하들의 반열 제일 앞에 서서 고종과 만나는 장면을 보고 '과연 그랬을까' 하고 의심한 일이 있다면, 이미 아마추어의 경지를 넘어섰다고 할 수 있을 것이다.

이 책은 이처럼 중요하면서도 교과서에서는 쉽게 접할 수 없는 사실들을 일반 독자들에게 알리려는 목적에서 기획되었다. 대부분의 항목은 해당 전문가가 맡아 서술하였다. 다만 종래의 역사책에서 많이 다루지 않은 구체적 생활의 모습을 알리고자 기획한 까닭에 항목에 따라서는 내용의 일부를 새로이 연구하여 서술하여야 했다. 또한 같은 이유로 책 이름을《조선시대 사람들은 어떻게 살았을까》로 정했으나, 내용을 모두 생활사로만 채우지는 않았다. 조선시대의 역사를 이해하기 위해 중요한 내용들을 사회·경제·정치·문화의 네 부문에 걸쳐 망라하였다.

이 책을 펼쳐 본 분들은 곧 역사가 이렇게 재미있을 수도 있다는 것을 깨닫게 될 것이다. 주제 자체가 흥미를 느끼게 하는 것들도 있겠지만, 가급적 쉽고 지루하지 않게 쓰고자 노력한 까닭이다. 그렇다고 해서 이 책의 각 내용을 흥미거리로만 여기지는 말기를 바란다. 과거는 현재의 원인이고, 현재는 과거의 결과이다. 미래는 또한 현재의 결과이다. 조선시대 사람들의 삶을 거울로 삼아 현재 우리의 삶을 되새겨 보라. 그리고 민족과 인류의 미래를 한 번 더 생각하게 된다면 이 책의 지은이로서 더할 나위 없는 보람을 얻게 될 것이다.

이 책을 기획할 때 성사 여부에 대해 반신반의하는 이들이 꽤 많았다. 그럼에도 당시의 계획에서 크게 벗어나지 않고 책이 출간될 수 있었던 것은 무엇보다도 연구자 여러분의 노고와 협력 덕분이다. 이해준 교수를 비롯한 여러분이 바쁜 가운데 좋은 글을 써 주셨으며, 특히 권순형 님과 신동원 님은 연구회 회원이 아니면서도 어려운 부탁을 기꺼이 들어주셨다. 이분들과 아울러 항목을 제공해 주고 격려 말씀을 아끼지 않은 연구회 회원 모든 분께 깊이 감사의 뜻을 표한다. 이 책의 기획과 윤문에는 오종록, 연갑수, 이희중, 신병주, 이욱, 이정희, 김정현 등과 여러 중세사 2분과 분과원들이 수고하였다. 끝으로 책의 출판을 흔쾌히 맡아 주신 청년사의 정성현 대표와 책을 예쁘게 꾸미느라 애쓰신 편집부 여러분께 감사드린다.

1996년 9월 10일 한국역사연구회 중세사 2분과

차례

전면 개정판을 내며
전면 개정판 조선시대권 머리말
2005년 개정판 서문
초판 조선시대권 머리말

차례

1부 농업과 시장 교환

조선 인구가 1천만 명을 넘어선 시기는

고동환

인구통계와 호구 자료

인구 현상은 그 자체가 매우 복합적인 사회현상의 하나로 간주된다. 인구는 자연적·생물적 과정에 의해 규정되면서도 경제적·사회적·문화적 조건과 관련되어 변화하기 때문이다. 그뿐만 아니라 인구는 사회제도나 사회적 의식, 생활 태도 등 현실의 동향에 영향을 미치며, 출생이나 사망 혹은 이동과 영향을 주고받는 관계에 있다. 요컨대 인구 변동은 인류의 생활을 근본적으로 규정하는 요인이다. 그렇기에 어떠한 사회현상의 분석이나 역사 변동을 이해하고자 할 때, 그 현상의 원인이나 결과로서 가장 먼저 이해되어야 할 요소가 인구이다. 특히 장기간에 걸친 사회변동을 이해하려 할 때는 반드시 인구 변동을 일차적인 고려 대상으로 삼아야 한다.

현대 국가에서는 인구통계를 각종 국가정책을 수립하기 위한 기초 자료로 사용하고 있다. 요즘의 인구통계는 5년을 주기로 정밀하게 행해지는데, 이때의 인구센서스는 조사원이 직접 가가호호를 방문하여 가족 수뿐 아니라 가족의 생활 정도, 직장과의 통근 거리 등등 각 가정의 구체적인 경제생활까지 매우 정밀하게 조사한다. 이를 기초로 국가에서는 산업구조의 재조정을 비롯한 주요 경제정책을 수립하는 것이다. 그러므로 현대 국가에서 행해지는 인구통계는 모든 사회 분석의 기본적 지표로서 기능한다.

현대사회에서 인류 전체의 미래를 예견하거나 또는 한 국가의 기본 정책을 수립하는 데 중요한 의미를 지니는 인구 자료가 과거 조선왕조 시대에도 있었을까? 물론 조선왕조 사회에도 국가적인 차원에서 조사된 인구 자료가 있었다. 그러나 조선시대의 인구통계는 지금과 달리 호구 자료였다. 조선시대 호구 자료는 원칙적으로 정부에서 3년마다 새로 작성하는 호적 자료에 근거한 통계이다. 호적 자료는 각 가호에서 호구단자를 관청에 제출하면 관청에서 이를 수합하여 전체 통계를 내는 방식으로 작성되었다. 관의 주도하에 '조사'한 것이 아니라 각 가호에서 자율적으로 '신고'한 것을 토대로 호구 자료가 만들어진 것이다. 관에서는 다만 과거의 호적 자료와의 차이만을 대조하여 전체 호구 통계를 작성하였다.

이와 같은 방식으로 작성된 호적 자료는 실제 인구의 증감을 반영하기에는 많은 한계가 있었다. 그 이유는 여러 가지가 있다. 우선 조선시대에는 연령에 따라 노(老), 장(壯), 약(弱), 아(兒)로 구분했는데, 일반적으로 10세 미만의 아동들은 호적에 올리지 않았다. 그만큼 유아 사망률이 높았기 때문이다. 호적 조사의 충실도가 낮은 또 다른 원인은 호구조사를 현대 국가의 인구통계처럼 정책 수립의 기본으로 이해하지 않았다는 점이다. 조선왕조 국가는 가호와 인구 규모를 왕의 덕정(德政)을 나타내는 지표로 삼았다. 태평성대에는 호구가 늘어나기에 호구의 증가를 곧 임금의 덕정 실현으로 이해하였다. 조선시대 호구 수는 왕에게 자신의 다스림을 받는 백성의 수를 바

김홍도, 〈연광정연회도〉 부분, 《평양감사향연도》
(국립중앙박물관 소장)
많은 사람들로 북적거리는 대동문 주변을 표현하였다.

치는 '헌민수(獻民數)'라는 의미를 지녔다. 그러므로 조선왕조의 호구에 대한 관심은 인구 변동을 실상 그대로 파악하고자 하는 현대 국가의 관심과 거리가 있을 수밖에 없었다.

물론 조선시대 호구 통계가 관념 차원의 덕정 지표로만 이용된 것은 아니었다. 조선왕조도 인구통계에 상당한 관심을 가지고 있었다. 요즘처럼 주민들의 생활 문제나 국가 경제의 운영 방향을 결정하기 위해서가 아니라, 국가에서 부과하는 각종 조세의 부담자라는 점에서 이들 백성의 수가 중요했기 때문이다.

조선시대에는 군역 등 각종 역역자(力役者)의 파악을 목적으로 호구조사를 실시하였다. 따라서 실제 인구 변동보다는 군역을 부담하는 양정(良丁) 및 가호 조사에 중점을 두었다. 호구 증가라는 항목을 지방 수령의 고과(考課) 기준에 포함한 것도 관념 차원의 덕정 실현보다는 중앙정부에서 국가재정의 탈루를 막고자 하는 의도 때문이었다. 따라서 수령들은 고과에서 좋은 점수를 받기 위해 심한 흉년이나 전염병으로 인구가 대폭 감소했다 하더라도 보통 과거의 관례대로 일정한 수의 호구를 중앙에 보고하였다. 반대로 경제 사정이 좋아져서 인구가 대폭 증가했다고 해도 역시 과거의 호구에 비해 아주 작은 증가분만을 기록하여 보고할 뿐이었다. 이를 실제로 보고하면 자신의 고을에 할당되는 부세량이 많아지기 때문이었다.

그러므로 조선시대의 호구 통계는 실제 인구수를 반영하는 통계로서의 신뢰성은 그다지 높지 않다. 최근 연구에 따르면 조선시대 호구 통계의 완전성은 40퍼센트에 불과하다는 결론이 제시되기도 하였다. 그렇지만 조선왕조의 호구 통계는 3년마다 동일한 기준하에 수백 년에 걸쳐 작성된 것이므로 그 통계 자체의 변화 추이에서 실제 인구의 증감 추세를 확인할 수는 있다. 바로 이 때문에, 비록 조선시대의 호구 통계가 실제 인구수를 확정하는 데 상당한 한계를 지녔다고 해도 인구 변동을 추정하는 자료로서의 중요한 의의가 있다. 수백 년 동안에 걸쳐 일관된 원칙하에 작성된 호구 기록은 전세계적으로 매우 드물기 때문이다.

조선시대의 인구 현상 – 다산다사(多産多死)

조선시대의 인구 변동은 전통 시대 인구 변동의 특징인 다산다사라는 특성을 잘 나타내고 있다. 조선시대의 인구 증가율은 10년 이상을 단위로 할 때 1퍼센트 미만으로 추정되고 있다. 이 시기 인구 증가율은 일반적으로 출생률보다는 사망률에 의해 좌우되었다. 인구의 사망은 주로 기근, 질병, 전쟁 등의 영향이 크다. 이 중 질병에 의한 사망은 대부분 어린 연령층이거나 또는 극빈층에 집중되며, 이들은 애초부터 정부의 공식 통계에서 누락되었을 확률이 높다. 그러므로 전근대사회에서 인구에 대한 질병의 가공할 만한 영향력은 실제 공식적인 인구 통계에서는 일반적으로 다른 요인, 예컨대 가뭄, 홍수, 재해 등보다 작게 나타난다. 조선시대 호구 통계에 기초하여 실제 인구를 추정한 연구에서 제시된 조선시대 호구 통계와 인구 추정치를 제시하면 아래 표와 같다.

조선시대 인구는 조선왕조가 개창된 직후인 1393년에는 550만 명, 1511년경에 1천만 명을 돌파하였다. 임란과 호란이라는 두 차례의 전쟁을 거친 17세기 초·중반에는 1천만 명 수준으로 약간의 감소와 정체를 반복하다가 1744년경에는 1,800만 명으로 최고치를 기록하였고, 19세기 이후 인구가 감소하여 1844년경에는 1,660만 명이며, 개항 이후 인구가 회복되는 추세로 전환하여 1910년대에 1,740만 명으로 추정되고 있다. 이 표를 보면 조선 초기~중종(1400~1590)까지의 인구 증가율과 병자호란 이후 현종 초(1639~1666)까지의 인구 증가율이 상대적으로 매우 높았음을 알 수 있다. 조선시대의 인구가 1천만 명을 돌파한 시기는 대체로 1500년 전후의 시기, 즉 16세기 전후임도 알 수 있다.

조선시대 인구 변동(호구 자료 통계와 인구 추정치)

연도	호구 통계의 인구수	추정 인구수
1393년(태조 2)	4,301,300명	5,572,000명
1440년(세종 22)	4,692,475명	6,724,000명
1511년(중종 6)		10,010,000명
1543년(중종 38)	4,162,021명	11,643,000명
1642년(인조 20)	1,649,012명	10,764,000명
1744년(영조 20)	7,209,213명	18,275,000명
1843년(헌종 9)	6,703,684명	16,632,000명
1910년(융희 4)		17,427,000명

전거: 신용하·권태환, 〈조선왕조시대 인구 추정에 관한 일시론〉, 《동아문화》 14(1977)

호적 자료와 신분제 변동

호적은 조선시대 호구 통계의 기초 자료가 된다. 호적에는 국가 차원에서 신분제가 흔들리는 것을 막고, 양반층에 의한 지배 체제를 확고히 하고자 하는 의도도 포함되어 있으므로 개개인의 직역을 등재하였다. 따로 신분을 기록하지 않더라도 호적에 등재된 직역으로 그 사람의 신분을 확인할 수 있게 하였다. 예컨대 관직을 역임한 양반이라면 그의 관직과 품계를 기록하였고, 관직을 역임하지 않았다면 유학이라고 기록하였다. 평민은 보병, 기병, 포보 등과 같이 군역을 기록하였다. 또한 노비라면 노모(奴某), 비모(婢某)라

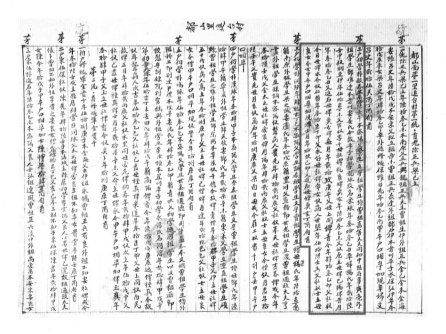

《단성현호적대장(丹城縣戶籍臺帳)》
1717년 도산면(都山面) 제1리 진태촌(進台村) 제1통 제1호부터 5호까지의 호적. 이 중 제2호를 보면(밤색 선) 유학 박민태의 가족 구성을 엿볼 수 있다. 아내와 아들 내외 그리고 여덟 명의 노비를 거느리고 있었다.

조선 후기의 신분 변동 (단위: %)

연도	양반호	상민호	노비호	합계
1729년(영조 5)	26.29	59.78	13.93	100
1765년(영조 41)	40.98	57.01	2.01	100
1804년(순조 4)	53.47	45.61	0.92	100
1867년(고종 4)	65.48	33.96	0.56	100

전거: 정석종, 《조선 후기 사회변동 연구》(일조각. 1983), 249쪽

고 명백히 기록되어 있다. 또한 조선시대 호적에는 자신의 사조(四祖: 부, 조부, 증조부, 외조부)를 기록함으로써 신분적 혼란을 막는 장치를 마련하였다.

호적 등재 양식이 이와 같았으므로 3년마다 작성된 호적을 분석하면 신분제의 변동 과정을 밝힐 수 있다. 현재 대구, 울산, 단성 등지의 호적 자료가 남아 있는데, 이 중에서도 울산 호적은 1708년(숙종 34)에서 1904년(광무 8)까지 약 200년간에 걸친 자료가 체계적으로 남아 있다. 이 호적을 통해 나타난 조선 후기 신분제 변동 상황은 위의 표와 같다.

이 표를 보면 조선왕조 말기로 갈수록 양반호가 급격히 증가하고, 상민호는 점차 감소하며, 노비호는 급격히 소멸했음을 알 수 있다. 이를 통해 조선 후기에 이르러서는 사회적 특권을 지닌 소수의 양반층이 지배했던 양반 사회가 서서히 붕괴되고 있었음을 확인할 수 있다. 이러한 변동은 자연적인 인구 변동에 따른 결과가 아니라 평민·천민층이 우월한 경제력을 통해서 양반으로 신분 상승을 하였기에 나타나는 사회적인 현상이었다.

서울의 인구 집중과 상업 도시화

조선시대 호구 통계에서 보면 점차 인구가 증가해 왔지만, 특히 17세기 후반 이후의 인구 증가는 괄목할 만하다. 이러한 인구 증가 현상은 임진왜란과 병자호란으로 인한 전쟁의 피해가 서서히 복구됨과 더불어 전 지구상에서 나타나고 있던 소빙기(小氷期) 기후가 이 시기에 이르러 정상화되고 있었기 때문이다. 즉 농업생산력의 발달로 식량 부족이 해결되고, 나아가 의술의 발달로 각종 질병에 대한 치유 능력이 증대되었다. 그뿐만 아니라 정부에서도 진휼청을 통하여 식량이 떨어진 농가에 대한 지원 대책을 대대적으로 마련하였으며, 흉년이나 재해를 당해 버려진 아동들을 데려다 키우면 그 아동에 한하여 노비로 삼을 수 있게 하는 유기아수양법(遺棄兒收養法)도 실시하였다. 그리하여 유아 사망률이 낮아졌기에 인구가 점차 증가할 수 있었다.

이러한 인구 증가는 사회 변화에 상당한 영향을 미쳤다. 특히 18세기 이후 도시화가 점차 진전되었다는 점이 가장 두드러진다. 이러한 도시화는 주로 행정 중심지를 중심으로 나타났지만, 강경이나 송파, 원산 등 상업 중심지가 도시화되는 곳도 있었다. 이러한 변화를 가장 잘 나타내는 도시는 말할 것도 없이 서울이었다.

서울은 17세기 후반 이후 외부에서 흘러들어온 사람들이 늘어남에 따라 인구가 급속하게 증가하였다. 정부의 공식적인 통계에 따르면 18세기 이후 대체로 인구 20만 명 내외, 가호는 3만~4만 호를 헤아렸다. 그런데 이러한 통계는 앞서 지적한 것처럼 실제 인구 통계보다는 훨씬 과소평가된 수치로 이해된다. 당시의 기록에도 서울의 호구 파악에서 누락된 호가 1만여 호에

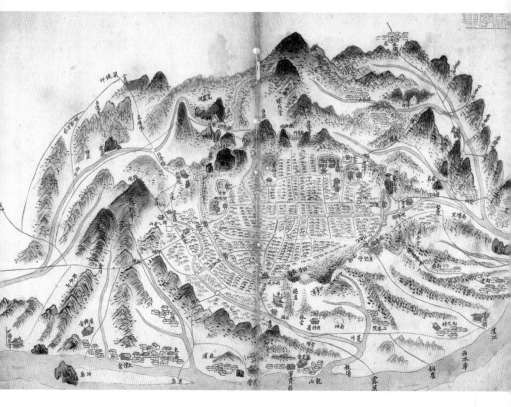

〈도성도〉, 《동국전도》(서울대학교 규장각한국학연구원 소장)
서울의 인구 증가와 공간 확장은 한강 변의 발달로 이어졌다. 이 지도에서는 당시 사람
들이 많이 모여들었던 한강 변의 마포, 용산, 동작, 서빙고, 한강진, 압구정 등 주요 부분
이 잘 나타나 있다.

달한다거나, 또는 서울의 호구가 5만 호에 달한다는 기록 등의 언급이 있는
것으로 보아 19세기 이후 서울의 실제 인구는 적어도 30만 명 이상이었다고
추정된다.

이러한 도시 인구는 1876년 71만 명을 기록한 일본의 도쿄, 20만~50만
에 달했던 오사카, 교토와 비교될 수 있는 규모였다. 특히 산업혁명 이전 유

럽 도시들이 대부분 10만 명 내외의 인구였으며, 영국 런던도 산업혁명으로 급속히 도시화된 18세기 말엽에 가서야 50만 명 수준에 이르렀다는 점을 염두에 두면 당시 서울의 인구 규모가 세계적 수준이었음을 확인할 수 있다.

이처럼 인구 증가에 따라 서울은 급속하게 변모하였다. 우선 외부로부터 유입된 인구가 도성 외곽에 집단적으로 거주하면서 서울의 공간 규모가 도성 밖으로 확장되었다. 이들 유입 인구는 대부분 한강 변인 마포나 용산, 서강, 망원, 합정, 뚝섬 등지에 삶터를 마련하였다. 이들 지역은 당시 서울과 전국을 연결하는 수상 교통의 중심으로서 18세기 이후 급속하게 상업화된 곳이었다. 이들 한강 변에 자리 잡은 사람들은 이곳에서 드나드는 배에 물자를 싣고 내리거나, 하역 물자를 서울 시내로 운반하는 노동에 종사하면서 생계를 이어 갈 수 있었다. 서울의 상업 도시화에 따라 날품을 팔아 생계를 유지할 수 있는 조건이 늘어난 셈이다. 이는 서울로 인구를 집중하게 한 중요한 원인이었다.

서울의 도시 공간은 한강 변뿐 아니라 서울 외곽으로 대폭 확대되었다. 함경도로 통하는 길에 있던 우이동이나 번동, 그리고 평양, 의주를 거쳐 중국으로 가는 의주로 변인 갈현동, 불광동, 녹번동 등지가 이미 18세기 후반에 대부분 서울의 지역 공간에 편입되었다. 다시 말하면 현재 서울의 강북 지역은 18세기 후반인 정조 대에 이미 서울의 지역 공간으로 확정되었던 것이다.

그동안 서울은 조선시대 국왕과 관료들이 거주하는 '도성으로 둘러싸인 행정·군사도시'였고, 이러한 중세적 도시로부터 1876년 개항 이후 일제에 의해 점차 '근대도시'로 탈바꿈되었다고 이해되어 왔다. 그러나 앞서 살펴본

대로 조선 후기 서울은 도성으로 둘러싸인 성곽도시가 아니라 취락과 상업 지역이 도성 외부로 끝없이 확대되었던 상업 도시였으며, 근대도시로 탈바꿈할 수 있는 여러 토대가 조선 후기 사회변동 과정에서 이미 갖춰져 있었다.

도시문제의 발생과 도시 정비 사업

예나 지금이나 마찬가지로 인구 증가로 인해 도시화가 진전되면 가장 먼저 주택 문제와 도시 빈민 문제, 각종 환경 문제에 직면한다. 18세기 서울도 예외 없이 이 문제들에 직면하고 있었다.

조선시대 서울에서는 양반 사대부들이 적당한 거처가 없는 경우에 양반 신분을 무기 삼아 평민의 집을 빼앗아 거주하는 일이 많았다. 이를 일컬어 '여가탈입(閭家奪入)'이라고 하였는데, 이는 명백한 범죄행위였다. 그런데 이에 대한 금지 조처는 17세기 후반 숙종 때에 이르러 비로소 본격적으로 시행되었으며, 정조 때인 18세기 후반에는 이러한 사태가 거의 사라지게 되었다. 평민이 자기 집을 빼앗기게 되면 반드시 한성부나 형조에 소송을 제기하여 자신의 권리를 되찾았기 때문이다. 이와 같은 '여가탈입' 발생은 서울 내에서의 주택 부족에서 기인하였고, '여가탈입' 소멸 또한 평민들의 주택에 대한 권리 의식의 성장을 반영하는 것이 아닐 수 없다.

그뿐만 아니라 지방에서 서울로 상경한 이들은 자신들이 거주할 주택이 없었으므로 청계천 주변에 움막을 짓고 살아가는 자가 많았다. 집을 마련하지 못한 사람들은 청계천 다리 밑에서 밤을 지낼 수밖에 없었다. 이들의 처

〈준천시사열무도〉, 《어전준천제명첩》(부산박물관 소장)
1760년 2월 18일에 시작해서 4월 15일까지 서울의 하천과 교량의 준설·보수 작업을 했
다. 이 그림은 그 과정을 기록한 것으로 영조가 동대문 옆 오간수문 위에서 준천 사업을
지켜보고 있다.

지는 당연히 걸식하거나 하루 벌어 하루 먹는 날품팔이 노동자 신세를 면하
지 못하였다. 조정에서도 서울 도심에서 거지들이 한겨울에 얼어 죽거나 굶
어 죽는 경우가 빈발하자, 이에 대한 구휼 대책을 정례화했다. 정조 대에 이
르면서 겨울철이 되면 반드시 효경교, 광통교 다리 밑의 거지 떼들에게 깔
고 덮고 잘 가마니와 옷가지를 지급하는 일을 관례로 삼게 된 것이다.

한편 이처럼 서울에 인구가 증가하면, 사람들이 겨울을 나기 위해 사용하
는 연료인 땔감 소비가 늘어나기 마련이다. 이 때문에 곧 서울 주변의 산이
헐벗게 되었고, 그 결과 산의 토사들이 하천에 계속 퇴적되어 하천 바닥이

높아져서 웬만한 비만 내려도 청계천이 범람하는 피해를 입었다. 특히 이 시기에는 외부로부터 유입된 인구들 상당수가 청계천 변에 집을 짓고 살았기에 이들이 입는 피해는 연례적이었다. 그러므로 이러한 문제를 해결하기 위하여 영조는 청계천에 대한 대대적인 준설 작업을 시행했다.

1760년(영조 36)에 시행된 준천 사업은 서울이 수도로 자리 잡은 이래 최대의 준설 공사로서, 실로 서울의 면모를 대대적으로 혁신한 사업이었다. 이 사업을 계기로 청계천의 흐름이 곧아졌고, 청계천 변에 무질서하게 지은 집들은 대부분 헐려 하천 주변이 정비되었다. 이 밖에도 정조 때에는 서울과 수원을 잇는 신작로를 개설하는 등 도시화에 따른 서울의 도시 정비 사업을 국가 차원에서 전개하기도 하였다.

이와 같이 조선 후기에 나타나는 서울의 여러 가지 변모는 근본적으로 서울 인구 증가라는 현상이 원인이나 결과가 되면서 상호 작용하는 가운데 나타나는 변화이다. 그러므로 인구 현상에 대한 정확한 이해야말로 장기간에 걸친 사회변동을 이해하는 관건이 아닐 수 없다.

고동환 _KAIST 인문사회과학부 교수

서울의 장사꾼들

이 욱

전방과 가게

예나 지금이나 서울은 소비도시다. 조선시대에 서울에 살던 사람들은 주로 관료나 서리와 같은 행정 업무에 종사하는 사람들이나 토지를 잃고 몸을 팔아 생활하는 빈민들이 다수를 차지하고 있었다. 특히 임진왜란 이후에는 땅을 잃고 서울로 몰려드는 사람들이 더욱 늘어났다.

그러므로 서울 사람들은 곡식이나 생필품 등을 시장 등지에서 구입해야 했다. 그런데 서울에서의 상업 활동은 상당히 제한되었다. 서울에서 특정 상품을 판매할 수 있는 권리는 극소수의 사람들에게만 있었다. 시전이라고 하는 상인 조합이 있어, 이들만이 특정 상품을 독점 판매할 수 있는 권한을 가지고 있었던 것이다. 예를 들어 입전이라는 시전은 비단에 대

김준근, 〈시장〉 부분, 《기산풍속화첩》
(함부르크 인류학박물관 소장)

한 독점 판매권을, 싸전은 쌀에 대한 독점 판매권을 갖는 식이었다.

물론 그렇다고 해서 시전 상인만 장사를 하는 것은 아니었다. 사람들이 쌀 한 되를 사려고 시전까지 걸어갈 수는 없었기 때문이다. 지방에서 서울로 물건을 팔러 오는 상인이나, 골목을 누비며 생선이나 빗 등을 파는 상인들도 있었다. 이현(베오개: 지금의 광장시장 근처), 칠패(지금의 서울역 뒤) 등에 활발하게 장이 서고 있었다. 그러나 이곳에서 판매되는 상품은 반드시 시전에서 구입한 것이라야 했다. 누구나 상품을 서울에 들여오면 시전에 넘겨야 했고, 서울에서 행상하는 사람은 반드시 시전에서 구입한 물건을 팔아야만 했다. 즉 집에 행사가 있어 비단옷이 필요한데 집에 쌀밖에 없으면, 먼저 싸전에 가서 쌀을 넘긴 다음 그 돈으로 의전에 가서 옷을 사야만 법적으로 하자가 없었다. 특정 물건에 대한 독점 판매권을 시전 상인이 가졌다는 것은 그런 의미이다.

이 시전에 속한 상인들은 세칭 우대사람[上村人]이라고 불렀다. 이들은 그 직업을 대대로 물려받았으며, 각각 방이라고 하는 개별 점포에서 장사를 했

∥ 남대문 밖 칠패

다. 즉 입전에 속한 상인들은 입전 일방, 입전 이방 등으로 부르는 점포에서 각각 장사를 했다. 우리가 상점을 보통 전방이라고 하는데, 바로 시전의 전과 점포의 방을 합쳐 부른 데서 유래했다. 한편 애초에 시전은 정식 건물을 지어 입주하였으나, 시전 상인의 수가 늘면서 정식 상가 옆에 임시 건물을 지어 장사를 하는 상인들도 생겨났다. 이러한 임시 점포를 가게[假家]라고 한다. 오늘날 가게라는 말이 여기서 유래했다.

에누리 없는 장사가 어디 있나

시전은 주로 지금의 종로에 있었다. 종로에는 수많은 전방이 즐비하였다. 전방에는 문 바로 안쪽에 퇴청이라고 하는 작은 방이 있었고, 시전 상인들은 이 퇴청 안에 방석을 깔고 앉아 손님을 맞았다. 거리에 나가 손님을 끌어오는 것은 시전 상인 중 가난해서 자신의 점포를 갖지 못한 자들이 맡았다. 이들은 여리꾼이라 불리는 사람들이었다. 여리(餘利)는 점포 상인이 먹는 이익에 더 이익을 붙여 먹는 것을 말한다. 원래 상인들은 반드시 원가에 이문을 붙여 팔려고 하고, 물건을 사는 사람은 반드시 값을 깎으려고 한다. 이때 원가에 더 붙인 이문을 에누리라고 한다. 우리는 흔히 "이 세상에 에누리 없는 장사가 어디 있나."라고 하면서, 에누리라는 말이 값을 깎아 준다는 뜻인 줄로 안다. 그러나 원래 에누리란 상인이 원가에 더 붙이는 값이었다. 그런데 시전에서 물건을 팔 때에는 에누리에 여리꾼이 먹는 이문을 더 붙인 값으로 팔았다. 이해를 돕기 위해 실제 상품이 매매되는 과정을 예로 들어 설명하겠다.

김씨는 딸 결혼에 쓸 비단을 사려고 온 사람이다. 박 거간은 여리꾼이요,
이 장사는 비단을 파는 시전 주인이다.

김씨가 종로통을 배회하자 박 거간이 다가가 묻는다.

박 거간: (김씨에게) 무엇을 사려고 하시오?

김씨: 딸 혼인에 쓸 혼수 비단을 사려고 하오.

박 거간: 잘되었네. 내가 잘 아는 비단 가게가 있으니 따라오시오. (김씨를
　　　　데리고 비단 가게로 들어간다. 이 장사를 향해) 탈차(脫此: 20냥)면 되
　　　　겠나?

이 장사: 응.

김씨: 비단 한 필에 얼마나 해요?

박 거간: 삼십 냥입니다.

김씨: 너무 비싸다. 열 냥만 깎아 주세요.

박 거간: 그렇게 팔면 우리가 밑집니다. 그 값에는 팔 수 없어요.

김씨: 그렇다면 할 수 없지. 딴 가게로 가야겠다.

박 거간: (나가려는 김씨를 붙잡으며) 아따 성질도 급하시기는. 좀 기다려 봐
　　　　요. 우리도 비단 한 필에 스무 냥에 들여옵니다. 그러니 조금만
　　　　더 쓰세요.

김씨: 그럼 스물한 냥에 합시다.

박 거간: (이 장사에게 눈짓을 하자 이 장사가 된다고 눈짓을 함.) 에이 그럽시
　　　　다. 스물한 냥 내시오.

김씨가 돈을 내고 비단을 받아 가지고 가자, 이 장사가 박 거간에게 한 냥
을 준다.

위의 상황은 다음과 같다. 원래 비단의 원가는 17냥이었다. 시전 주인은 여기에 석 냥을 에누리로 붙여 20냥에 팔 생각이었다. 그런데 여리꾼이 중간에 흥정을 붙여 21냥에 비단을 판 것이다. 그러므로 주인에게 한 냥은 더 남은 이익, 즉 여리였고, 이는 자신이 먹지 않고 흥정을 붙인 상인이 먹는 몫이었다. 그래서 그러한 상인을 여리꾼이라고 부르게 되었다.

여리꾼은 특정 가게에 전속되지는 않았다. 그저 무엇을 사려고 하는 사람이 있으면 그 사람을 꾀어 상점으로 데려갈 뿐이었다. 따라서 여리꾼이 자기 몫을 챙기려면 주인이 팔려고 하는 가격을 먼저 알아내서, 그보다 비싼 값에 팔아야 했다. 그러므로 손님이 못 알아듣도록 암호를 사용해 가격을 알아냈는데, 이 암호를 변어라고 한다. 변어는 주로 파자(破字) 원리를 이용하는 경우가 많았다. 예를 들어 1, 2, 3, 4, 5, 6, 7, 8, 9를 각각 잡[市], 사(些), 여(汝), 강(罡), 오(伍), 교(交), 조(旣), 태(兌), 욱(旭) 자의 파자로 표현한다. 위에 나온 탈차(脫此)는 사(些)라는 글자에서 차(此)를 빼라는 것이니 이(二)만 남는다. 따라서 탈차는 2를 뜻하고, 위에서는 20냥을 의미한다. 또 탈정(脫正)하면 강(罡) 자에서 정(正) 자를 뺀다는 것이니 사(四)만 남는다. 그래서 4를 의미하는 식이었다.

누가 감히 난전을 벌여 — 금난전권

시전 상인들은 이처럼 사기꾼 같은 수법을 통해 폭리를 취하고 있었다. 그뿐만 아니라 그들은 서울에 들어오는 상품을 자신들이 아닌 딴 상인들에게 넘기는 사람이나 혹은 자기한테 사지 않은 상품을 파는 행상이 있으면

그들을 난전(亂廛)이라 하여 물건을 빼앗거나 관리에게 고발하는 권리를 가지고 있었다. 시전의 이러한 권리를 금난전권(禁亂廛權)이라고 한다. 그런데 시전은 이러한 금난전권을 빌미로 온갖 행패를 부렸다. 심지어 이런 일도 있었다. 김효자는 아버지의 병세가 위독해 갑자기 인삼을 사야 했다. 집에 남아 있는 거라곤 마누라가 짠 삼베 두 필밖에 없었다. 그는 급한 김에 그 삼베를 들고 나가 팔아서 인삼을 사려고 했다. 그런데 갑자기 포전(삼베에 대한 독점 판매권을 가진 시전) 상인이 나타나 난전이라며 두들겨 패고 삼베를 빼앗아 버리는 것이었다. 아버지가 위독하다는 말도 소용이 없었다.

서울에 들어가는 길목인 동대문이나 남대문 근처에서는 매일 울음소리가 끊이지 않았다. 계란 몇 꾸러미, 생선젓 한 단지라도 팔아 양식을 구하려 했던 사람들이 동대문이나 남대문 근처에서 지키고 있던 시전 상인들에게 물건을 뺏기고 신세를 한탄하며 우는 소리였다. 시전 상인들은 그들에게 시가에 반도 안 되는 돈을 주며 팔라고 하고 그것을 거절하면 번번이 난전을 한다고 뒤집어씌우고는 물건을 강제로 빼앗아 버리는 것이었다.

이처럼 시전 상인은 금난전권을 빌미로 온갖 행패를 부렸다. 정부에서 백성들이 먹고살기 위해 파는 소규모 물건에 대해서는 난전으로 단속하지 말라고 해도 소용이 없었다. 서울이나 서울 주변의 가난한 백성들은 살아갈 길이 막막했고, 점점 시전에 대한 원망이 커져 갔다. 정부가 이대로 시전의 행패를 방치하면 무슨 일이 생겨도 생길 상황이었다. 이에 정부는 육의전이라고 하는 큰 시전을 제외하고는 시전의 금난전권을 혁파하고 아무나 물건을 팔 수 있도록 하는 정책을 단행했다. 이때가 1791년(정조 15) 신해년이어서 이 정책을 '신해통공'이라고 한다.

송파산대놀이

정부가 위에서 말한 것처럼 정부에서는 소상인이나 도시 빈민의 반발 때문에 신해통공을 시행하였다. 그러나 소상인들의 반발과 원망이 통공 정책을 시행한 이유의 전부는 아니었다. 그 배후에는 시전 상인을 대체할 만한 새로운 상인들의 성장이 있었다. 그들은 이른바 '사상도고(私商都賈)'라고 하는 새로운 상인들이었다. 정부는 시전 상인들이 정부에 상당한 돈을 내기에 금난전권이라는 특권을 주었다. 그런데 이제는 굳이 시전을 통하지 않고도 돈을 받아 낼 수 있는 상인들이 출현한 것이었다.

이들 사상(私商)들은 주로 서울에 상품이 들어오는 길목을 거점으로 상업 활동을 하였다. 함경도나 강원도 등지에서 상품이 들어오는 길목인 다락원(누원: 지금의 의정부 호원동), 포천의 송우점이나, 삼남 지방에서 서울로 들어오는 길목인 송파, 한강 연안의 마포, 용산, 뚝섬, 두모포(지금의 옥수동) 등이 대표적인 사상의 거점이었다. 이들 지역을 근거지로 삼아 사상들은 서울

안에 있는 중요한 장시인 이현, 칠패 등의 소상인, 그리고 지방의 대표적인
상인이었던 개성 상인들과 연계되면서 서울의 시전 상인을 압박하였다. 그
들은 뛰어난 자금력과 우수한 조직망을 토대로 시전 상인의 집요한 방해를
물리치고 점차 서울의 상품유통을 장악하여 갔다.

　　그들은 금난전권과 같은 특권이 없었다. 그러므로 시전 상인처럼 안이하
게 사람들이 상품을 사거나 팔러 오기를 기다리고 있지만은 않았다. 그들은
서울에 상품이 반입될 때까지 앉아서 기다리지 않고, 직접 생산지에 가서

필요한 물건을 사 와서 판매했다. 그뿐
만 아니라 직접 손님을 끌기 위해 스스
로 돈을 내서 쇼도 벌였다. 예를 들어
송파장은 전국 각지에서 갖가지 상품이
집결하여 번창하였지만 송파 상인들은
장터의 분위기를 더욱 고조시키고자 놀
이판을 벌이기도 했다. 상인들이 얼마
씩 추렴하여 놀이패를 고용, 장터의 흥
을 돋우었던 것이다. 이것이 바로 송파
산대놀이였다. 양주의 다락원 상인들도
이에 질세라 재미있는 쇼를 벌였으니
양주별산대놀이가 거기에서 유래했다.
이처럼 사상들은 상업에 적극적으로 나
섰던 까닭에 특권에 안주해서 행패나
일삼던 시전 상인을 제압하고 서울의

©김문호

┃송파산대놀이 중 '옴중과 먹중 마당'(위)과 양주별산
대놀이의 '왜장녀'

상품유통을 장악할 수 있었던 것이다.

정부도 시전을 파트너로 하던 상업정책을 폐기하고 바로 신해통공이라는 정책을 통해서 이들 사상을 새로운 파트너로 선정하게 되었다.

성난 군중, "쌀을 달라"

그런데 정부가 자유로운 상업을 공인하자 이제는 사상들의 독점 행위가 커다란 문제가 되었다. 바로 1833년에 일어난 서울의 쌀 폭동으로 그 문제가 일시에 터져 나왔다.

1833년 음력 3월, 바야흐로 그토록 넘기 힘들다는 보릿고개가 한창인 때였다. 그런데 마포 여객 주인 김재순은 걱정이 태산이었다. 보릿고개를 대목 삼아 한 건 올리려고 쌀을 잔뜩 사다 쌓아 놓았는데 그것이 탈이 났다. 쌀값이 오를 줄 알고 사다 놓았는데, 그만 너무 많이 사서 유통시킨 탓에 도리어 쌀값이 떨어져 버렸다. 뭔가 대책을 마련하지 않으면 안 되었다. 그래서 싸전 주인 정종근 등을 불러 모았다. 그러고는 각자 순번을 정해 하루에 한 집만 문을 열고 나머지는 문을 닫아 영업을 하지 못하게 했다. 그러자 3월 6일에는 쌀값이 곱절이 되었다. 김재순은 더 욕심을 부려, 8일에는 서울 시내의 모든 싸전을 닫도록 해 버렸다.

호위 군관 김광헌은 전날 당직을 서서 몹시 피곤했다. 하지만 며칠을 굶고 있는 처자식 걱정에 쌀 한 됫박이라도 사려고 터벅터벅 쌀집으로 가고 있었다. 도중에 얼마 전 전라도에서 이사 온 이웃 사람 고억철을 만났다. 고억철은 뭣에 잔뜩 화가 난 듯 씩씩거리고 있었다. 김광헌이 다가가 묻자, 고억철이 말했다. "워메 상녀리 새끼들! 인자 아예 쌀집 문을 닫아 브럿소이. 곱절 장사도 양에 안 찬 갑서라우." "아니 뭐야? 쌀을 안 팔아? 내 요놈의 새끼들을 그냥." 김광헌은 쌀집들이 쌀값을 곱절로 올려 받는 것도 모자라 아예 가게 문을 닫아 버렸다는 소리에 가슴속에서 불길이 확 치솟는 것을 느꼈다. 전날 밤을 새운 데다 이틀을 굶은 다리인데, 자기도 모르게 쌀집 앞에 서 있었다.

보기에도 며칠을 굶은 성싶은 사람들이 쌀집 앞에서 웅성거리고 있는 게 눈에 들어왔다. 가엾다는 생각과 함께 다시 한 번 불길이 치솟았다. 화를 식히려고 담뱃대에 담배를 채워 넣는데, 마른 장작이 눈에 들어왔다. 김광헌은 순간 확 쌀집을 불태워 버릴까 하는 생각이 들었다. 하지만 처자식을 생각하며 고개를 저었다. '참자, 참아야지.' 하면서 침을 길가에 뱉고는 맥없이 집으로 발길을 돌리려는데, 고억철이 언제 왔는지 옆에 있었다. "워메 성님. 나 그냥 집에 못 가것소예. 내 저놈의 쌀집을 태워 브러야 쓰것소." "그게 무슨 소리야? 참아." "참아라우? 뭘러고 참아라우? 나는 때레죽여도 못 참 것소. 아니 저 돈에 환장한 놈덜 인자 더 이상 못 보것소." 광헌은 흥분한 억철을 말리느라 잠시 화를 잊고 있었다.

그러나 억철은 말리는 광헌을 밀치고 길에서 나뭇가지를 집어 불을 붙였다. 그러고는 문 닫힌 쌀집을 향해 달리면서 쌀집 앞에서 웅성거리고 있는 사람들을 향해 외쳤다. "비키쇼! 쌀 안 파는 쌀집이 먼 소양 있다요. 차라리 태와 븝시다." 하고는 장작을 쌀집 지붕 위로 던졌다. 초가지붕이라 불길은 대번에 치솟았다.

불을 보자 김광헌도 흥분이 됐다. 쌀집 앞에서 웅성대던 사람들도 마찬가

종로의 싸전 거리(1900)
전국 각지에서 몰려온 곡상들이 곡물을 거래하고 있다. 지붕 너머 북악산이 보인다.

지인 것 같았다. 순간 광헌은 어디서 힘이 솟았는지 앞으로 나서며 큰 소리로 외쳤다. "여러분 쌀값이 오른 것은 싸전 놈들 농간이니 모든 싸전을 태워버립시다." 하니, 군중들 속에서 "옳소." 하는 소리들이 들렸다. 광헌과 억철은 사람들을 데리고 여기저기 싸전에 모두 불을 질렀다. 도중에 포졸 몇놈이 막으려고 했지만, 성난 기세를 감당하지 못했다.

김광헌은 내친 김에 한강 변으로 달려가서 상인들이 쌀을 쌓아 놓은 창고에도 불을 질러 버렸다. 창고에 불이 붙는 것을 보자 아깝다는 생각과 후련한 생각이 동시에 들면서 기분이 조금 누그러졌다. 그래 숨도 돌릴 겸 바위에 걸터앉아 서로 담배를 권하며 쉬고 있는데, 눈앞에 뽀얀 먼지가 일어나며 포도청 포졸들이 몰려오는 게 보였다. 김광헌은 담배를 비벼 끄고 천천히 자리에서 일어났다. 한꺼번에 피곤이 몰려오는 듯했다. 광헌은 반항할까 생각했지만, 애꿎은 사람들이 다칠까 봐 순순히 잡히기로 작정했다. 그리고 바로 그날 오후 김광헌의 머리는 한강 백사장에 굴러다녔다.

이상은 1833년(순조 33) 사상(私商)의 독점에 서울의 빈민들이 반발해 일어난 '쌀 폭동'을 약간의 픽션을 첨가해 그려 본 것이다. 여기서 폭동의 내용이나 김광헌과 고억철이 주동 인물이었던 점 등은 역사적 사실이다. 다만 고억철을 전라도 사람으로 설정한 것과 김광헌과 함께 폭동을 일으키는 구체적인 과정은 픽션이다.

신해통공 이후 시전의 행패는 많이 줄어들었다. 그러나 서울의 상품유통권을 사상이 장악하자 다시 이들이 매점매석하는 것이 문제가 되었다. 전국이 모두 사상의 독점 때문에 피해를 입었다. 그런데도 세도 정권은 사상을 비호할 뿐이었다. 이에 흥분한 민중들은 들고일어났다. 그들은 사상의 독점과 이들과 결탁한 세도 정권에 목숨을 걸고 저항했다. 그러나 역부족이었고, 사상의 독점을 철폐하기까지 60년을 더 기다려야 했다.

이처럼 서울의 상업은 특정 상인이 상품을 독점하는 행위에 반대하는 과정 속에서 발전하였다. 18세기 중엽까지는 시전 상인의 독점에, 그 후는 사상의 독점에 반대하는 활동을 벌였다. 그리고 1894년 갑오개혁으로 마침내 법적으로는 사상의 독점까지도 철폐되었다.

이 욱 _순천대 교수

돈 한 냥의 가치와 물가의 변동

이헌창

농업 사회에서 어떻게 상업이 발달했을까

생산 증대, 곧 경제성장을 낳는 기본 요인은 제도와 기술의 발전이다. 경제성장으로 인구가 증가하였고, 나아가 근대에는 생활수준이 향상될 수 있었다. 인류가 출현한 이래 경제생활의 변혁을 초래한 최초의 획기적인 사건은 농경과 목축의 개시였다. 근대 산업사회가 도래하기 전까지 농업은 경제생활에 결정적인 영향을 미친 기본 산업이었다. 인구의 압도적인 다수가 농업에 종사하였고, 농산물이 생산·소비·유통 물자의 중심을 이루었다.

기원전 2세기 이후 철제 농기구가 점차 보급되고 기원후 우경(牛耕)이 점차 확산됨에 따라, 토지와 노동의 생산성은 획기적으로 높아졌다. 그에 힘입어 토지의 힘을 회복하기 위해 5~10년 동안 토지를 놀리다 1년 농사짓는 방식은 1~2년 간격으로 토지를 정기적으로 이용하게 바뀌었다. 토지의 힘을 북돋우는 방법들이 개발되어 11~14세기에는 해마다 농사를 짓는 연작법(連作法)이 보급되었다. 16세기 이후에는 모내기법이 보급되어 토지생산성은 한층 높아졌다.

김홍도, 〈모내기〉 부분(국립중앙박물관 소장)
모내기는 볍씨를 논이 아니라 못자리에 뿌려 기
른 모를 논에 옮겨 심는 농법이다.

조선시대 토지생산성은 어떠했을까? 당시에는 통계 수치가 매우 단편적이었고 게다가 도량형이 지금과 달랐으므로 그것을 정확히 파악하기는 어렵다. 도량형 제도는 15세기 전반 세종 때에 정비되었다. 당시 토지는 결(結)과 부(負)로 헤아렸는데, 1결은 100부이다. 결부는 면적 자체를 헤아리는 단위가 아니라, 토지로부터 징수하는 조세를 정하기 위한 단위였다. 1444년에 개정된 결부법에서는 결부의 면적을 토지의 비옥도 등을 감안하여 6등급으로 나누어 정하였다.

1등급 1결은 2,986.6평이었고, 6등급은 그보다 면적이 네 배가 넓어 1만 1,946.4평이었다. 1결당 농지세가 같았다. 공법(貢法)으로 보건대, 국가는 15세기 중엽 논 1결의 수확고를 평년의 경우 쌀 240말[斗]로 잡았다. 1800년경 그것은 600말 정도로 증가하였다. 그 사이 토지생산성은 2.5배 올랐던 것이다.

오늘날은 열 되[升]가 한 말이고, 열 말이 한 섬[石]이다. 조선시대에 열 되가 한 말이지만 1484년 완성된 《경국대전(經國大典)》에 의하면, 15말을 소곡평석(小斛平石), 20말을 대곡전석(大斛全石)이라고 하였다. 한 말의 용량은 학자에 따라서 작게는 5.18리터, 크게는 5.976리터로 본다. 크게 잡는 쪽이 후대 양기(量器)의 계산과 잘 맞는다. 오늘날의 한 말은 18리터 남짓하므로, 조선시대 한 말의 세 배가 좀 넘는다. 그러면 소곡은 오늘날 한 섬의 50퍼센

트, 대곡은 3분의 2 정두였다. 조선 후
기 관두(官斗)는 15말, 시두(市斗)는 20
말을 1섬으로 삼았는데, 관은 평석, 민
간은 전석을 계승한 것이다. 그런데
당시는 국가 통제력의 한계, 기술적
문제, 상인과 관리의 농간, 시장의 미
성숙 등으로 말미암아 지역마다 말의
용량이 달랐다. 정약용은 관두·사두
(私斗)·시두·이두(里斗)가 서로 다르다
고 했다. 조선 말기 일본인의 조사에

각종 도량형기(서울역사박물관 소장)
맨 위는 부피를 재던 양기인 흡과 되이고 중간은 길이를 재
던 도기(度器)인 자, 아래는 무게를 재던 형기인 저울이다.

따르면, 1말은 오늘날 4~5되여서,《경국대전》규정보다 훨씬 커졌다.

19세기 하락 추세이던 논의 토지생산성은 1890년대 이후 증가 추세로 바
뀌어, 1918년~1920년에 논 1단보(300평)의 연평균 수확량은 0.93섬(167리
터)이었고, 1930년대에는 한 섬을 약간 넘었다. 그것은 1955~1975년간 급
증하여 석 섬을 넘어, 세계 최고 수준에 도달하였다. 오늘날에 비하면 조선
시대의 토지생산성은 보잘것없어 보인다. 그런데 연작법이 널리 보급된 15
세기 조선의 토지생산성은 세계적으로 높은 수준이었다. 따라서 조선시대
의 인구밀도는 매우 높은 편이었다. 1500년경에 1제곱킬로미터 당 인구밀
도는 중국이 25명, 해외 식민지를 포함한 서유럽이 여덟 명 정도였음에 반
하여, 조선에서는 40명에 접근하였을 것으로 추정된다. 18세기에는 70명을
넘었다. 서유럽은 산업혁명을 수행한 후에 인구밀도가 조선보다 높아졌다.

석기시대부터 기술적·자연적 제약 때문에 교역이 이루어졌다. 칼·화살

촉·도끼로 사용되는 흑요석이 교역되어 그 산지인 한반도 북동부로부터 남부로 이동하였던 것으로 보인다. 전근대 농민은 수공업자가 만든 철제 농기구를 사용했고, 내륙의 주민은 행상 등에게서 소금을 구할 수밖에 없었다. 농업 기술의 발전으로 생산이 증대하여 인구가 증가하고 잉여가 증대함에 따라 교역이 확대되고 시장이 성장하였다. 그로 인하여 농가 경영의 시장에 대한 의존도가 높아지고 그 자급자족하는 몫은 줄어들었다. 전근대에 일어난 이러한 변화 과정은 매우 완만하였으며, 때로는 기복을 겪었다. 시장이 상당히 성장한 18세기에도 우리나라 인구의 85퍼센트 정도를 차지하는 농가의 생산물 중에 상품화되는 부분은 20퍼센트 정도에 불과하였다. 근대로의 전환기부터 상업, 곧 시장은 빠르고도 지속적으로 발전하였다.

'돈'은 언제부터 어떻게 만들어 썼나

화폐라는 경제제도는 국가와 시장의 발전의 산물인 동시에 재정과 시장의 발전을 가져왔다. 시장 교역을 위해 교환을 매개하는 수단이자 가치를 재는 척도의 기능을 담당하는 화폐가 출현하였다. 전근대사회에서 화폐로 사용된 것은 대개 널리 통용될 수 있으면서 분할하거나 저장하기 쉬운 물품들이었다. 그래서 화폐는 가치 저장 수단으로서의 기능도 수행하였다.

고고학 연구에 따르면, 청동기시대에 이미 연해 지방과 내륙 농업지대 사이에 교역이 이루어지고 수공업품이 유통되었으며, 교환 수단으로는 모피, 알곡, 조개껍데기, 돌돈 등이 통용되었다. 고조선 후기에는 금속화폐가 유통되었으며, 진국(辰國)에서는 "물건을 교역할 때 모두 쇠[鐵]를 돈으로 쓴다."라고 하였다. 철 소재로 민든 중간제품인 가야의 덩이쇠(鐵鋌)는 국내 각지와 일본으로 교역되어 외부 교역용 화폐, 즉 무역화폐로 기능하였다. 삼국시대 이후에는 쌀·삼베 등의 물품화폐가 금속화폐를 압도하였는데, 이 물품화폐들은 덩이쇠와 달리 내부 교역에만 사용되었다.

고려와 조선 국가는 금속화폐의 주조를 독점하여 이익을 확보하면서 주화(鑄

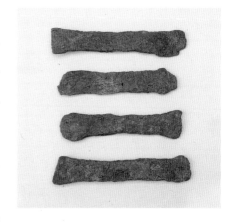

덩이쇠(국립경주박물관 소장)

貨, coin)로 물품과 노동력을 구매하며, 이렇게 배포된 화폐를 조세, 벌금 등으로 징수하고자 했다. 고려시대에는 996년과 1101년 두 차례에 걸쳐 추포의 사용을 금지하고 금속화폐를 주조, 통용시키고자 했다. 그러나 물품화폐에 익숙한 농민들은 주화를 불편하게 여겼으므로, 주화는 삼베를 중심으로 하는 물품화폐에 압도당하고 말았다. 조선시대에 들어와 1401년 이후 70여 년간 저화(楮貨)와 동전(銅錢)의 유통을 시도하였지만, 또다시 물품화폐에 압도당하여 실패하였다. 동전 통용 시도는 17세기에도 이어진다.

왜 동전과 저화의 통용 정책은 실패로 귀결되었을까? 첫째, 물품화폐는 화폐 이외에도 긴요한 용도를 가진 반면, 주화와 지폐는 그렇지 못한 데다가 국가가 그 구매력을 제대로 보장하지 않아 민간이 그 가치를 불신하고 수용하지 않았기 때문이다. 의식주라는 용어에서 드러나듯이, 조선시대 가장 중요한 재화는 곡물, 그중에도 쌀이었고, 그 다음은 직물, 그중에도 삼베·무명이었다. 쌀·삼베·무명은 조세로도 납부할 수 있었다. 태종 때 저화

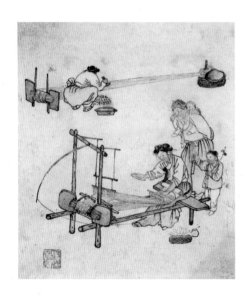

김홍도, 〈길쌈〉, 《풍속화첩》(국립중앙박물관 소장)
실을 내어 옷감을 짜는 과정인 길쌈으로 만든 삼베와 무명은 가장 널리 쓰인 물품화폐였다.

를 강제로 통용하자, 민간에서는 그것을 쌀과 삼베 등 물품화폐와는 달리 "굶주려도 먹을 수 없고 추위도 입을 수 없는 한 조각의 검은 자루에 불과한 것"으로 생각하였다고 한다. 원나라가 보증한 지폐를 사용한 원간섭기의 경험에 의거하여 1401년 지폐인 저화를 통용하려다 실패하였다. 지폐는 소재가치가 낮아 금속화폐보다 훨씬 통용하기 어려웠기 때문이다. 국가 화폐를 보유하면 가치 하락으로 손해를 보았으므로, 정책 실패가 거듭할수록 국가 화폐에 대한 민간의 불신은 커졌다. 둘째, 금속화폐의 통용을 지원할 시장이 발달하지 못하였기 때문이다. 1473년 신숙주는 지방 시장이 없는 까닭에 화폐가 유통하지 않는다고 보고, 화폐유통을 위한 전제로서 지방 시장을 개설할 것을 주장하였다. 시장이 발달하지 못한 조선 초에 국가가 처음 금속화폐가 아니라 지폐의 통용책부터 추진한 것은 중대한 실수였다. 셋째, 동전은 원료인 구리의 생산과 대일 수입의 부진으로 충분히 공급하기 어려웠다.

1678년 상평통보(常平通寶)가 발행되기 전에는 금속화폐가 널리 유통되지 못하였다. 우리나라는 문명이 발달한 지역 중에서 금속화폐의 보급이 늦었다. 세계적으로 금속화폐는 외부 교역에 힘입어 유통되었는데, 고려 초기와 조선 초기에 국제무역이 위축된 상황도 금속화폐의 유통을 어렵게 만들었다.

금속화폐가 널리 유통되지 않았다고 해서 물물교환 경제를 벗어나지 못한 것은 결코 아니었다. 고려시대에 이미 쌀과 삼베와 같은 물품화폐가 널리 사용되었고, 거칠게 짠 추포도 화폐로 쓰였다. 이 물품화폐들은 교환의 매개 수단과 가치 척도로서의 기능을 원활히 수행할 수 있었고, 가치의 저장 수단으로서도 큰 불편이 없었다. 15세기 초까지는 삼베가 주된 물품화폐였으나, 15세기 전반에 무명이 널리 보급되면서 물품화폐의 주종은 삼베에서 무명으로 바뀌었다.

1460년 이후 포화(布貨)와 저화를 국폐(國幣)로 삼았는데, 저화는 사실상 화폐로 기능하지 못하고 있었다. 국폐인 정포(正布) 한 필은 승수(升數)가 5승(1승=80가닥), 폭은 7촌(寸), 길이는 35척(尺)이었다. 세종 때에 확립된 도량형 제도에 따르면, 척도에는 주척(周尺), 황종척(黃鐘尺), 영조척(營造尺), 예기척(禮器尺), 포백척(布帛尺) 등이 있어서 한 자의 길이가 서로 달랐다. 그 중 옷감의 척도인 포백척 한 자는 46.8센티미터다. 그렇다면 정포 한 필은 폭이 32.8센티미터, 길이가 16미터 38센티미터인 셈이다. 5승포는 400가닥의 실로 폭을 짰다. 포백척은 조선 후기에 길어지는 경향을 보인다.

도시 영세민의 일상적인 소액 거래에는 품질이 열악한 추포가 주로 사용되었다. 특히 2승포는 옷감은 물론 자루로도 쓸모가 없을 정도여서 국가는 그 사용을 금지한 적도 있지만, 영세민 생계의 타격을 우려하여 결국 묵인하였다. 이처럼 물품화폐의 기능은 도시 영세민의 일상생활에까지 뿌리박혀 있었다.

1101년 은 1근으로 은병(銀瓶)을 주조하여 유통시켰다. 1근은 642그램(g)으로 추정되므로, 은병은 고액 거래용이니 그 사용은 제한될 수밖에 없다.

그런데 은의 유출로 인해 1331년 소은병이 주조되어 은병을 대체하였고, 14세기 후반 은화는 거의 유통되지 않게 되었다.

임진왜란 때에 중국 군대가 군량 구입과 상금 지급에 모두 은을 사용함에 따라, 은화의 유통이 확산되어 "상인은 다른 재물은 저축하지 않았고, 오직 은으로 재물의 많고 적음을 헤아렸다." 한다. 17세기에는 일본으로부터 무역 결제물로서 은이 대량 유입됨에 따라 은화 유통이 활발해졌다. 은화는 무게와 순도에 따라 가치가 결정되는 칭량화폐이며 청나라 은화는 1냥(兩)=10전(錢)=37.3g이었다. 은화 유통은 물품화폐시대에서 금속화폐시대로 전환하는 계기로

소은병(한국은행 화폐박물관 소장)
식화(食貨)2에 따르면, 은병은 우리나라 지형을 본떠 만들었고, 민간에서 활구(闊口)라 하였듯이 구멍이 트인 병 모양이었다. 소은병은 그 축소형일 것이다.

작용하였다.

은화는 고액 화폐여서 도시 서민과 농민의 소액 거래에서는 무명 등이 화폐의 기능을 담당하였다. 임진왜란 이후 농업 생산과 인구의 증가, 그리고 시장의 성장은 소액 화폐인 동전의 통용을 위한 경제적 여건을 마련하였다. 인조반정 직후부터 병자호란까지 세 차례 추진한 동전 통용책도 좌절하였으나, 시장이 발달한 개성과 그 주변에 통용 거점을 확보하였다. 그에 힘입어 김육의 주도로 추진된 1651~1656년간 동전 통용책은 평안·황해도로 통용 지역을 확대하였다. 1678년(숙종 4)부터 이전의 실패를 거울로 삼아 세심한 통용책이 추진된 결과, 동전은 전국에 보급될 수 있었다. 상평통보(常平通寶)라는 동전의 명칭은 1650년대 정책에서 비롯한 것으로 보인다. 숙종 때

이후에도 사용되는 상평통보의 명칭은 불가안정책
인 상평법, 더 소급하면 중국 한나라의 평준법(平準
法)에서 유래하여, 여기에는 동전 주화의 발행으로
물가를 안정시켜 서민의 경제생활을 보호하겠다는
정책 이념이 담겼다. 1650년대 상평통보 10개 가치
의 십전통보(十錢通寶)도 주조, 통용하였다.

십전통보(한국은행 화폐박물관 소장)
상평통보 10개 가치의 고액권 주화
로 효종 때 주조되어 유통되었다.

동전 주화인 상평통보는 어떻게 유통하였을까

상평통보 한 개는 한 푼[分]이었다. 열 푼이 1전(錢), 열 전이 한 냥(兩)이
다. 동전 한 꿰미[緡]는 100개, 곧 1냥이었다. 국가가 주조한 주화인 상평통
보의 무게는 원료인 동의 시세에 따라 변하여 4.5~9.4그램에 걸쳐 있었다.
동전 주조가 늘면서 그 유통 범위가 경기·충청도로부터 점차 확산되어 18세
기 초에는 전국에 미쳤다. 1718년 "야채를 파는 노파나 소금을 파는 인부까
지도 곡물보다는 동전을 요구"할 정도로 동전의 통용력이 증대하여, 화폐를
매개로 거래가 성립되는 화폐경제가 진전되었다. 동전을 서울의 상점인 시
전(市廛)에 무이자로 대출하고, 일부 조세를 동전으로 거두어들이는 등의 국
가정책도 동전의 통용을 촉진하였다. 여러 일기에 따르면 동전의 사용은 18
세기부터 농촌의 일상적 거래에 확산되고, 현물을 교환할 때에도 동전을 계
산 단위로 삼아 정산하기도 했다.

19세기의 방랑 시인 김삿갓은 〈범주취음(泛舟醉吟)〉이란 시에서 "지금 세
상에 영웅이 따로 있나, 돈이 바로 항우장사지 [今世英雄錢項羽]"라고 읊조렸

다. 또 〈동전[錢]〉이란 시에서 "천하를 두루 다녀도 어디서나 모두 환영하네 [周遊天下皆歡迎]."라며 돈의 위력을 묘사하였다.

소액 거래에 편리한 동전은 추포를 급속히 몰아냈고 점차 은화를 압도하게 되었다. 18세기 전반에 일본으로부터 은 유입이 감소하다 끊긴 반면, 사신 행차 비용과 수입 결제물로서 은이 중국으로 대량 유출됨에 따라, 은화 유통이 급격히 위축되었다.

화폐경제의 성장은 상업적 동기를 촉진하고 경제생활, 나아가 사회생활에 변화를 초래하였다. 농업을 중시하던 당시의 위정자들은 화폐의 부작용을 우려하였는데, 특히 농촌 고리대의 성행을 가장 심각한 문제로 생각하였다. 농촌에서는 봄에 쌀 두 말을 빌려주면 가을에 이자까지 서 말을 받는 장리(長利)가 성행하였다. 한 냥이 봄에 쌀 두 말 가치이면 추수 후에 보통 세 말 이상의 가치에 해당하였다. 그래서 쌀 대신 동전 한 냥을 봄에 빌려주고 가을에 한 냥 다섯 전을 받는다면, 쌀로 환산하여 2배 이상을 받는 셈이다.

▌ 엽전궤와 상평통보 꿰미(서울역사박물관 소장)

곡물 장리와 달리 동전 장리는 고리대로 변질하였던 것이다. 이 때문에 빈부격차가 심해지고 하층 농민이 몰락하였다.

1695~1697년간에는 심한 흉년이 들어 그 구제 경비를 마련하고자 대량 주전(鑄錢)을 한 후에 물가가 급등하자, 국가는 주전을 중단하였다. 이후 동전을

폐지하자는 주장이 나타나 세력을 늘렸는데, 동전 보급으로 고리대·도적·뇌물의 성행, 빈부격차의 확대, 순박한 풍속의 손상이 이유였다. 영조는 동전의 폐지를 의도하여 1727년(영조 3)에는 동전을 조세 납부 등 공적 용도에 사용하지 않는 조치를 취하였으나, 물화의 유통이 막혀 곧 철회하였다. 동전을 대신할 더 나은 대안을 찾지 못하는 가운데 1731년에 심한 흉년을 만나 그 재원 확보가 필요해지자 동전을 주조하는 정책으로 전환하였다.

생산 증가와 시장 성장으로 동전 수요는 꾸준히 증가하여 1710년대에 전황(錢荒) 현상이 나타났다. 황은 흉작을 의미하니, 전황은 동전의 부족을 말한다. 1716년 "동전이 이미 오래 통용하여 점차 널리 유포되는 데에도 오랫동안 추가로 주전하지 않으므로" 동전이 은화와 가치가 같아질 정도로 귀해졌다고 하고, 1731년 조정에서 "전황의 폐단이 이루 말할 수 없다"는 말이 나왔다. 18세기 전반 일본 은 유입의 감소로 고액화폐인 은화량이 줄면서 전체 화폐량도 줄어들어 전황이 심해졌다. 전황으로 동전이 매우 귀하여 농민과 상인의 교역에 불편이 초래되었고, 소수의 부유한 상인이 동전을 집중적으로 소유하여 고리대를 행하였다.

1742년 전황 대책으로 고액전 주조론이 대두하여, 영조는 민심을 조사하였는데, 반대 여론을 알고 채택하지 않았다. 이후에도 고액권 주장은 이어졌으나, 물가 안정으로 민생 안정을 도모하려는 정책 이념 때문에 채택되지 않았다. 국가는 흉년 구제비의 마련을 주전의 동기로 삼기도 했으나, 물가 안정과 경제생활의 편의를 근본 동기로 삼아 과도한 주전 이익을 낳은 악화(惡貨)와 고액전을 주조하지 않았다. 그런데 십전통보 정도의 우량한 고액권을 계속 주조하지 않은 일은 아쉽다. 그러다 1866~1867년 경복궁 재건의

**당백전(한국은행 화폐박
물관 소장)**
상평통보 100배 가치에
해당하는 고액권 주화
로 만들어졌다.

비용을 마련하기 위해 소재가치는 상평통보의 5~6배이
나 명목가치는 100배인 당백전(當百錢)을 1,600만 냥 대량
주조하여 통용하였으나, 물가가 폭등하여 그 사용을 중단
하였다. 당백전은 토목·건축 사업비 마련을 위한 재정 수
입을 중심 동기로 삼은 첫 번째 주화였다.

　1678년부터 1697년 사이 관에서 주조한 동전은 약 450
만 냥이며, 불법적인 주전, 동전의 파손 등을 고려하였을
때, 동전의 유통량은 1700년에 500만 냥을 넘었을 것이
다. 그 동전 총량으로 쌀 생산량의 7퍼센트에 가까운 130
만 석 정도를 살 수 있었고, 그것은 자급분을 포함한 국내
총생산(GDP)의 2퍼센트 정도로 추정된다. 1731년부터
1798년, 1809년부터 1857년까지 관이 주조한 동전은 각
각 500만 냥 이상, 600만 냥 이상이다. 1860년경에 동전량은 1,400만 냥 내
외이고, 그것은 쌀 생산량의 12퍼센트에 해당하는 180만 석에, 국내총생산
의 3퍼센트 정도에 상당하였을 것으로 추정된다.

물가는 어떻게 변동하였을까

　이제 화폐의 구매력, 곧 물가를 살펴보자. 조선시대에 이미 물가 변동은
수요와 공급이라는 시장의 조건에 의하여 영향을 받고 있었다.《경국대전》
에는 5승(升) 정포 1필=3승 상포(常布) 2필=저화 20장=쌀 4말이라는 공정(公
定) 시세를 규정하였는데, 이후 시장 시세가 변해 공정 시세는 의미를 잃었

다. 15세기 중엽 무명 1필은 삼베 2필로 교환되었는네, 면화의 재배와 무명의 공급이 늘어남에 따라 양자의 가격차는 줄어 18세기 중엽에는 동일한 가치를 지니게 되었다. 1440년대에 무명 한 필의 가격이 쌀로는 닷 말에 해당하였는데, 1480년대 초반에는 서 말로 떨어졌고, 1490년대에는 두 말로, 16세기에는 한 말 이하로 떨어졌다. 이렇게 쌀로 환산한 무명의 가치가 폭락한 주된 원인은 화폐로 통용되던 5승포가 뒤에 추포로 대체되었던 데에서 찾을 수 있다. 면화 재배의 확대로 쌀보다 무명의 공급이 빠르게 증가한 점도 원인으로 작용하였다.

물가 통계가 없는 조선시대에는 상평통보로 표시된 쌀값이 물가 변동을 잘 보여 준다. 1678년 국가는 공정 교환율을 쌀 1말=은화 1전=상평통보 4전으로 잡았으나, 이후 시장 시세와 괴리됨에 따라, 1680년 교환 비율을 시장에 맡기기로 하였다. 18세기 쌀값은 풍흉에 따라 종종 2배 이상 차이를 보였으며, 춘궁기인 봄의 시세는 추수기인 가을에 비하여 50~60퍼센트 비쌌다. 이처럼 단기적인 가격 변동이 심한 까닭은 낮은 기술 수준으로 인하여 농업생산이 자연재해에 취약하고 쌀을 1년 내내 저장할 수 있는 농가가 5퍼센트 정도였을 뿐만 아니라, 시장의 지역간·시간적 수요·공급조절기능이 약하였기 때문이다. 당시 사람들의 식생활이 그만큼 불안정하였음을 알수 있다. 쌀을 중심으로 하는 곡물 가격의 등귀는 서민의 경제생활을 위협하였으므로 국가는 곡물 가격을 선도하는 쌀값의 안정 대책을 마련하는 데 고심하였다.

동전으로 표시한 재화의 가격은 1695~1697년간 대량 주전(鑄錢)으로 급등하였다가 이후 주전 중단으로 하락하였다. 1710년대부터 1820년대까지 동전 공급이 거래량을 따라가지 못해 동전이 귀한 전황 현상이 지속된 결과, 물가는 낮은 수준에서 안정되었다. 주전이 재개되면서 18세기 중엽 이후 물가는 완만히 상승하였다. 1829~1832년간 동전 152만 냥이 주조되어 유통하면서 전황 국면이 끝났다. 1세기 이상 안정적이던 물가는 19세기 후반 연평균 3퍼센트 이상의 상승 추세로 바뀌었다. 이러한 인플레이션의 화폐적 요인은 1850년대 대량 주전, 이어서 당백전과 당오전 등 소재가치가 명목가치보다 크게 낮은 고액화폐의 주조였다.

실물 부문의 변동은 물가에 어떤 영향을 미쳤을까. 임진왜란 이후 모심기법의 보급, 무역 성장, 대동법·동전주화제도의 개혁 등에 힘입어 1세기 이상 생산이 증가하고 시장이 성장하고 인구가 증가하는 경제의 상승국면이었고 18세기 후반이 그 정점이었다. 재화 공급의 증가에 따른 거래량의 증가는 물가를 내리는 방향으로 작용하였다. 거래 목적의 동전 수요가 증가하여 물가를 올리는 방향으로 작용하나, 안정되고 높은 가치인 동전의 저장 수요가 증가하여 물가를 내리는 방향으로 작용하였다. 이런 실물 요인이 동전량의 완만한 증가와 결합하여 물가를 안정시켰다. 문호개방 이전 19세기에는 인구가 정체하거나 감소하였을 것으로 보이며, 논 생산성의 하락과 조세제도의 문란으로 인해 생활수준은 하락하였을 것이다. 논 생산성의 하락은 쌀의 공급량, 나아가 거래량을 줄여 물가를 올리는 작용을 낳는다. 물가 상승기에 저장 목적의 동전 수요의 감소도 물가를 올리는 방향으로 작용한다. 19세기에는 이런 실물 요인뿐만 아니라 대량 주전도 물가를 올리는 작용을 하여 물가 상승률이 높아졌다.

돈 한 냥의 가치는 얼마일까

조선시대 식료품이 소비 지출 중 차지하는 비중인 엥겔지수가 70퍼센트 정도였고 주식물인 쌀의 생산이 국내총생산의 20~25퍼센트를 차지하였으므로, 한 냥의 오늘날 구매력을 쌀로 계산하는 방법이 좋다. 쌀 시세는 변하고 지역에 따라 차이가 있는데, 18세기 후반 서울의 쌀 한 섬은 평석으로 닷 냥 내외였다. 2021년 8월 보통 품질의 쌀 20킬로그램의 소매가격은 7만 원 정도이다. 지금 현미 한 섬은 155킬로그램이니, 18세기 후반 평석으로 쌀 한 섬은 《경국대전》과 조선 말기 양기의 중간 값으로 잡아 계산하면 90킬로그램 정도이다. 그렇다면 18세기 후반 한 섬은 지금 시세로 30만 원 정도이고, 한 냥의 구매력은 지금 화폐로 6만 원 정도인 셈이다. 식량이 부족한 조선시대에 쌀의 상대가격은 오늘날보다 높아서, 한 냥의 평균 구매력은 그보다 높게 잡아야 할 것이다. 《의궤(儀軌)》에 따르면, 국가사업에 동원된 노동력의 월급은 18세기에 평균 6냥 정도였다. 2020년 평균 월급은 300만 원 정도이니, 1냥은 50만 원 정도에 해당한다. 그런데 2020년의 1인당 실질소득은 18세기의 30배 정도이니, 쌀로 환산한 가치가 객관적이다. 다만, 우리가 타임머신을 타고 조선시대로 간다면, 1냥은 50만 원에 상당하는 의미를 가진다고 하겠다.

1746년에 편찬된 《속대전(續大典)》에는 중요 납세 품목의 가격 환산식이 나와 있다. 지역적으로 다소 차이가 있지만, 쌀 한 섬은 대개 닷 냥이었고, 콩 한 섬은 두 냥 반으로 쌀값의 절반이었다. 5승의 무명이나 삼베 한 필은 모두 두 냥으로 정해져 있었고, 쌀로 환산하면 여섯 말이었다. 경북 예천 박 씨가의 일기에 따르면, 19세기에 쌀값은 보리값의 1.0~1.8배였다. 식량이 절대적으로 부족한 시기에 보리는 결코 열등한 재화가 아니어서 그 상대가격이 높았다. 18세기 논 1마지기[斗落]의 가격은 쌀 3섬 내외였다. 〈조선총독부통계연보(1910년도)〉에 따르면, 벼 1말을 파종하는 면적인 1마지기는 논이 평균 138평, 밭이 평균 187평이었다. 정조가 수원읍 소재지를 옮길 때, 1789·1794년 철거한 구읍 소재지의 초가 243호는 평균 7.4칸[間]이며 최저 2냥(2~3칸 집), 최고 122냥(18칸 집), 평균 12.6냥, 1칸당 평균 1.7냥을, 24.5칸 기와집은 400냥을 보상받았다. 신읍 소재지의 가옥의 1칸당 평균 보상액은 15채 흙집이 1냥, 47채 초가가 3.8냥, 3채 기와가 15냥이었다. 이곳 주택은 전국 평균보다 좋았고 가격을 후하게 보상받았다. 조선시대 사람에게 곡물과 달리 농지와 주택의 상대가격은 낮았던 것이다. 지금보다 엥겔지수가 높고 토지생산성과 인구밀도가 낮았기 때문이다. 30대 남자 종 1명의 가격이 1700년대에는 쌀 1섬 남짓이었는데, 18세기 말에는 그 절반 이하로 떨어졌다. 이것은 노비제의 쇠퇴를 보여 준다.

쌀 등 재화의 가격을 종합적으로 고려하여, 18세기 후반 한 냥의 구매력은 2021년 화폐로 10만 원 정도라고 보기로 하자.

이헌창 _고려대 명예교수

장돌뱅이, 조직을 결성하다

조영준

장돌뱅이의 역사는 어디에서 찾아야 할까?

조선시대의 사농공상 중에서 상인은 말업(末業)에 해당하는 미천한 존재였고, 그중에서도 장돌뱅이는 가장 가난하고 보잘것없는 계층이었다. 스스로 글을 읽고 쓸 수 있는 능력을 갖추기도 어려웠을 것이기에, 장돌뱅이가 남긴 개인 기록을 찾아보는 일은 거의 불가능에 가깝다. 그러한 사정 때문인지 이른바 '마지막 보부상' 유진룡의 구술이 《장돌뱅이 돈이 왜 구린지 알어?》라는 책으로 활자화되었을 때 세간의 주목을 받을 수밖에 없었다. 아래와 같은 이야기에서 18~19세기 조선시대의 모습을 찾을 수 있을지는 가늠하기 어렵겠지만 생업의 생생한 현장을 그대로 전해 주고 있음은 분명하다.

보부상 해서 돈 번 사람 없어. 잘 모아서 객줏집 차린 사람이 있기는 하지만, 그건 드물어. 돈이란 것이 한 푼이라도 벌면 꽉 움켜쥐고 불려야 하는데, 떠돌아다니는 나그네가 돈을 어떻게 모아? 또 뺏기지를 않나? 아전한테 뺏기고, 불한당한테 뺏기고. 이제 안 뺏기려고 돈을 발바닥 밑의 버선

"장돌뱅이 돈이 왜 구린지 알어?" 표지
출처: 유진룡, 《"장돌뱅이 돈이 왜 구린지
알어?"》, 뿌리깊은나무, 1984.

에다가 넣어 가지고 다니고들 했어. 그래서 보부상 돈은 구린 냄새가 난다고도 했지.

하지만 구술을 통해 역사를 복원하기는 너무나 어렵다. 시점과 장소를 특정하기가 곤란한 탓이다. 그래서 결국은 문헌 자료를 찾는 노력이 필요하다. 그런데 조선시대의 대표적 기록인 '실록'에서는 장돌뱅이의 대명사인 보부상, 더 구체적으로는 봇짐장수[褓商]나 등짐장수[負商]를 찾아보기가 쉽지 않다. 몇몇 기사가 적혀 있기는 하지만, 대부분 19세기 후반의 예외적인 것들뿐이어서, 조선시대의 장돌뱅이가 어떻게 살았는지를 자세히 알기에는 너무나 부족하다. 이는 《승정원일기》나 《비변사등록》 같은 정부측 기록에 공통된 현상이다. 하층의 상인은 역사의 주역이 아니었을 뿐 아니라, 그들에게 혹시라도 일상의 소소한 사건 사고가 있었더라도 정부의 공식적인 역사 서술에 반영될 만큼 대단한 것은 없었으리라.

그렇지만 범주를 조금 확장해서 키워드를 행상(行商)으로 바꿔 보면 상대적으로 다양하고 풍부한 내용이 확인된다. 하지만 행상은 아주 일반적인 용어라서 흔히 말하는 장돌뱅이와는 거리가 있다. 우선 평소에 농사를 짓고 살던 농민이나 물건을 만들던 장인이 자신의 생산물을 가지고 다니며 파는 경우에도 행상이라 할 수 있고, 이는 이른바 절반은 농민이고 절반은 상인인 반농반상(半農半商)이거나, 절반은 수공업자이고 절반은 상인인 반공반상(半工半商)에 해당한다. 또한 인근 고을이 아니라 멀리 떨어진 지역까지 물건을 팔러 다니는 원격지 교역을 담당한 무역상도 행상의 범주에 속한다. 그렇다면 각 도의 군현에서 5일장을 오가며 일상적인 소비재를 유통시키던 명실상부한 장돌뱅이의 역사는 어디에서 찾아야 하는 것일까?

서로 돕기 위해 조직을 결성하다

"돌아다니며 파는 것을 상(商), 자리를 잡고 파는 것을 고(賈)"라고 한다는 옛 시절의 글자 풀이에 따르면, '상'이라는 글자 속에 이미 '돌아다닌다'는 의미가 들어 있다. 하지만 보다 분명히 구분하여 표현하기 위해서 행상(行商)과 좌고(坐賈)라는 용어가 널리 사용되었다. 둘을 통칭하는 표현이 상고(商賈)임은 말할 나위도 없다. 요즘의 행상은 손수레를 끌고 지하철을 돌아다니거나, 트럭을 몰고 아파트 단지를 돌아다닌다. 하지만 조선 후기의 행상이 돌아다닌 곳은 주로 장(場)이었다. '장'은 시(市)를 가리키며, 그래서 장시(場市)라고도 했다. 요즘의 시장(市場)과 달리 글자 순서가 뒤바뀌어 있는데 같으면서도 다른 말이다. 시장이 보다 일반적인 개념이라면, 조선 후기의 장시는 주로 5일장과 같은 정기시장을 가리킨다. 다시 말해 행상의 활동 공간이 '장'이나 '시'라면 좌고의 판매 장소는 전(廛)이나 점(店)이었다.

5일장이란 닷새마다 한 번씩 정기적으로 열리는 장을 가리킨다. 예컨대 매월 1일에 장이 열리는 곳에는 매월 6일에 그 다음 장이 열리고, 매월 11일에 또 그 다음 장이 열리는 형식이다. 마찬가지로 매월 2일에 장이 열린 곳

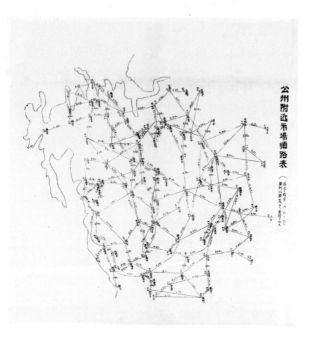

1920년대 충청남도의 장시 네트워크
출처: 朝鮮總督府, 『市街地の商圈』, 1926.

에서는 그 다음 장이 매월 7일에 열렸다. 그렇게 5일마다 장이 열리게 되면, 한 곳에서는 한 달에 여섯 번씩 장이 열리는 셈이다. 그렇게 장이 열리는 6일을 제외하면, 한 달 30일 중에서 나머지 24일은 아무도 찾지 않는 빈터로 남아 있는 것이 장시의 특징이었다. 그러한 장터에는 대개 건물이나 설비가 없었고, 장날에만 노점이나 차양을 펼쳤다가 철수하는 형태였다.

18~19세기 조선에서는 전국적으로 무려 1천여 곳에 장이 주기적으로 섰고, 그중에서 평균 2백 곳에서 날마다 장이 열렸다. 대부분의 장이 30일 중에서 6일간 열렸으니, 5분의 1로 계산하면 되기 때문이다. 하지만 장이 한

곳에서 연일 열리는 것이 아니었으므로 물건을 팔기 위해서는 장이 서는 지역을 찾아서 계속 이동해야 했다. 그렇게 '장을 도는' 장사치가 장돌림이요, 장돌뱅이다. 조금 더 고상하게 표현하자면 순회상인이나 편력상인이라고도 할 수 있겠고, 요즘 식으로 표현하자면 이동상인이라고도 한다.

장에서 장으로 이동하려면 야음을 틈탈 수밖에 없었다. 낮에 장사를 해야 했고, 해는 빨리 저물었기 때문이다. 한밤중에 들길을 지나며 눈에 들어온 메밀꽃이 "소금을 뿌린 듯이 흐뭇한 달빛에 숨이 막혀 하얗다"던 광경은 바로 그런 상황에서 연출되는 장면이었다. 《메밀꽃 필 무렵》의 주인공 허생원은 동료인 조선달, 동이와 함께 나귀를 타고 대화장(大化場)으로 향하는 밤길을 갔다. 그렇게 삼삼오오 뭉쳐서 가야 했던 이유는 도적이나 맹수를 만나는 예기치 못한 위험에 대처하기 위함이었으리라.

안전을 도모하려는 행상의 처지가 반복적으로 누적되면서 인원을 단속하고 규율하거나 서로 돕고 의지하는 조직이 생겨났던 것으로 보인다. 언제부터 그런 조직이 만들어졌는지는 정확히 알 수 없지만, 아무리 빨라도 19세기 중엽에 들어서야 제대로 형성된 것이 아닌가 한다. 이른바 두목(頭目)을 차출하고서 관아의 공인을 받으려 한 1840~1850년대의 기록이 남아 있기 때문이다. 나중에는 그 우두머리의 공식 명칭이 접장(接長)으로 통일되는 것이 전국적 현상으로 자리 잡았다. 그 접장을 비롯한 구성원이 조직 차원에서 남긴 기록이 전국의 몇몇 지역에 아직도 현존하고 있어서 장돌뱅이의 역사를 구체적으로 재구성해 볼 수 있는 근거를 마련할 수 있다.

충청남도 곳곳에 남은 행상 조직의 기록

그렇게 만들어진 초기의 행상 조직은 원격지 교역을 행하는 상인보다는 인근 고을의 5일장을 순회하는 자들이 중심이 되었다. 그래서 하나의 도(道)를 모두 아우르는 광역 조직보다는 몇몇 군현을 넘나드는 정도의 지역 범위가 설정되어 각 조직마다 적당히 분할된 구역을 관할했던 것으로 보인다. 대표적인 사례를 충청남도에서 찾을 수 있는데, 충남에는 다른 지방과 달리 상대적으로 많은 수의 지역별 조직이 남긴 기록이 아직까지도 현존하기 때문이다.

충남의 행상 조직은 지리적으로 크게 세 구역으로 나눌 수 있다. 첫째는 예산, 덕산, 면천, 당진 등 북서부 지역이고, 둘째는 홍주, 광천, 보령, 청양, 대흥, 결성 등의 중서부 지역이고, 셋째는 부여, 정산, 임천, 한산, 서천, 비인, 남포, 홍산 등의 남서부 지역이다. 남서부 지역에서는 모시가 집중적으로 생산된다고 하여 저산팔읍(苧産八邑)이라는 별칭이 생겨났다. 그 안에서 다시 상권이 남동과 북서로 양분되어, 위의 네 고을과 아래의 네 고을이라는 두 계통으로 아래와 같이 연속적으로 장이 서는 구성을 보인 것으로 알려져 있다.

> 윗 4골에서는 은산(恩山)이 1일장, 홍산(鴻山)과 정산(定山)이 2일장, 부여(扶餘)가 3일장, 임천(林川)이 4일장이다. 아랫 4골에서는 한산(韓山)이 1일장, 서천(舒川)이 2일장, 비인(庇仁)이 3일장, 남포(藍浦)가 4일장이다.

이러한 개시(開市) 날짜 구성은 지형과 물산 등에 따라서 국지적 네트워크

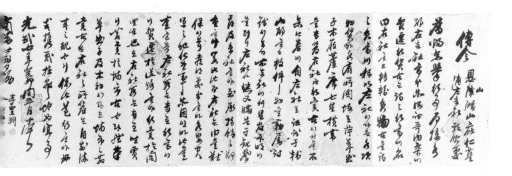

전령(국립부여박물관 소장)

가 형성된 결과라 하겠다. 더 넓은 지역의 유통을 담당한 상인은 장돌뱅이보다 한 단계 위의 물류를 도맡았던 선상(船商)을 비롯한 별도의 계층이었을 것이다. 한 가지 분명히 해 두어야 할 점은 '보부상'이라는 조직이 형성되지 않고 '보상'이라는 조직과 '부상'이라는 조직이 각기 별도로 결성되었다는 것이다. 이러한 측면이 현존하는 문서를 통해 바로 확인되는 지역이 곧 저산팔읍이다. 저산팔읍이라는 동일 지역을 무대로 활약하였지만 보상은 상무우사(商務右社)로, 부상은 상무좌사(商務左社)로 전해진다. 둘 사이의 구분은 아주 명확했다. 우사는 보상을, 좌사는 부상을 가리키는 19세기말 이래의 표현이다.

보상과 부상의 구분에 대한 통설적 기준은 취급 물종의 차이였다. 부상은 이른바 5조(五條) 물종이라고 하여 일찍부터 물고기, 소금, 무쇠, 토기, 목물(나무) 다섯 가지를 전담한 것으로 알려져 있다. 나중에는 미역, 담배, 누룩, 죽물(대나무) 등까지 취급했다고 한다. 반면에 보상은 삼베, 무명, 비단, 모시, 종이, 금·은·동, 인삼, 가죽, 유기(놋쇠), 망건, 주석 등의 판매를 담당하였다. 서로 간에 물품의 독점권을 인정하고 있었기에 애초에 분쟁의 소지가 없었던 것이라 할 수 있다.

하지만 현존하는 고문서 중에서 "좌사는 오로지 행상으로 주를 이루니 길에서 물건을 거래하여 마을에서 돌아다니며 파는 사람들이요, 우사는 오로지 앉아서 파는 상인들로 주를 이루니 장시에서 물건을 내다 파는 사람들이다."라고 한 사례가 있어, 부상이 행상의 전통을 잇고, 보상이 좌고의 후신이 된 것으로 이해되기도 하였던 것으로 보인다. 그래서 현존하는 보상의 기록에서 각종 가게[廛]가 기록되어 있는 사례를 찾을 수 있다. 충청남도의 조직 기록에서는 예산·덕산·면천·당진에서 백목전, 어곽전, 철물전, 목화전 등이 보이고, 저산팔읍에서는 포목전, 백목전, 청저전, 남초전 등이 보인다.

조직의 운영과 멤버십 관리

장돌뱅이는 사회적으로 말단에 위치한 존재였기에 생계를 유지하기도 쉽지 않았다. 그들은 부평초처럼 떠돌아다녔기에 가정을 이루지 못하는 경우가 많았고, 너무 가난해서 집을 가지지 못한 미실미가(靡室靡家)의 상황임을 스스로 자주 토로하였다. 그러한 불안정성으로 말미암아 새로이 조직을 결성하게 된 것이다. 그래서 주요 기능 중의 하나가 바로 상호부조였음은 어쩌면 당연하다. 상부상조는 뭔가 거창한 것이 아니라, 같이 돌아다니며 장사를 하다가 누가 다치거나 병들면 돕거나 보살펴 주고, 혹시라도 객사하게 되면 장례를 치러 주는 것을 기본으로 하였다.

서로 간의 협력이 긍정적 효과를 보이면서 조직의 규모가 커지게 되자,

보상과 부상이 각기 조직의 체계를
갖추고 정연한 질서에 따라 운영하
려는 의지도 생겨났던 것으로 보인
다. 종래의 향촌에서 계(契)를 통해
운영하던 것과 같은 부조금 갹출을
위해 《부의절목(賻儀節目)》과 같은
그럴듯한 규정을 마련하기도 했다.
직책의 높낮이에 따라 납부 금액을
차등화하는 방식으로 위계를 갖추
었던 것이다.

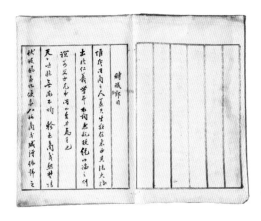

부의절목(백제문화체험박물관 소장)

또한 조직의 구성원이 늘어나면서 각종의 병폐가 속출하게 되자 멤버십
의 엄정한 관리를 위해 《벌목(罰目)》이라는 규정을 만들어 페널티를 부과하
였다. 그에 따라 국가 공권력에 의한 처벌과 관계없이 조직 내부에서 상호간
에 징벌을 시행한, 일종의 사형(私刑)이 공공연하게 이루어졌다. 물미작대기
는 그러한 처벌의 도구이자 조직 구성원의 상징과도 같은 것이었다. 형벌의
실태에 관해서 A. 헨리 새비지-랜도어(A. Henry Savage-Landor)가 1895년
에 영국에서 출판한 《한국 또는 조선: 고요한 아침의 나라》에서 다음과 같이
묘사한 바 있는데, 다소 과장이 섞인 듯하지만 어느 정도는 수긍할 만하다.

조선에서 아마도 가장 잘 결성되어 가장 잘 통제되는 길드를 조직한 마부
와 등짐장수의 경우도 마찬가지이다. 이들은 전국에 걸쳐 수천 명의 멤버
를 보유하고서 우편 제도를 운영할 뿐만 아니라, 각기 다른 지방이나 마을

을 오가며 전체적인 교역도 수행한다. 이 길드의 우두머리는 근년에 이르기까지 그 멤버에 대해 사형(死刑)을 내리는 권력을 실제로 가졌었지만, 지금은 그가 부과할 수 있는 가장 높은 형벌은 곤장을 치는 것이다.

이들 조직은 멤버십 관리를 위하여 임원을 비롯한 구성원의 명단을 작성하여 보관하였다. 기록은 대체로 정연한 위계를 갖추려 하였고, 그 형식은 대부분 양반이 만들어 가지고 있던 기존의 문건을 본뜬 것이었다. 그런데 그 명단에 수록된 인물의 면면을 살펴보면, 몇 가지 특이한 점이 관찰된다. 첫째는 품계를 가진 양반이 다수 포함되어 있다는 점이다. 이들 양반이 실제로 양반이라면 상행위에 가담하려 한 것을 이해하기 어렵겠지만, 19세기 후반에는 상인도 양반 신분을 가지는 사례가 많았다는 점을 고려할 필요가 있겠다. 둘째는 일본인, 중국인 등의 외국인이나 인근 절의 승려까지 명단에 기재되곤 하였다는 점이다. 개항 이후의 지역 상업이 처한 상황이 반영된 것이 아닐까 하지만, 구체적인 사연은 더 추적해 볼 필요가 있다. 셋째는 여성이 기재된 사례를 찾아볼 수 없다는 점이다. 실제로 행상 중에 여자들이 많이 있었다고 전해지지만, 공식적인 조직의 결성 및 운영과는 거의 관계가 없었던 것으로 보인다.

중앙에 의한 조직의 포섭과 관리

이와 같이 구성된 조직은 처음에는 각 지역별로 자발적으로 형성되어 관청의 공인을 받고 상권을 국지적으로만 장악하려 했을 것이다. 그런데 시간이 얼마 지나지 않아 그 집중과 동원의 강점에 주목한 권력 집단에 의해 중앙 조직으로 편성되어 관리되기에 이른다. 정치 세력으로 차출되는 것을 부끄러워하기보다는 국가에 대한 충성의 기회를 가지게 됨을 자랑스러워하는 경향이 강했다. 대표적인 사례로서, 동학당 토벌이나 독립협회 탄압에도 앞장선 바 있으며, 경복궁을 중건할 때 원납전을 상납하기도 했다.

보상 및 부상의 지역별 조직을 관리하는 중앙 조직은 혜상공국(惠商公局), 상리국(商理局), 황국협회(皇國協會) 등을 비롯하여 시기별로 여러 차례 변모하였다. 그중의 하나가 상무사(商務社)였다. 상무사는 1899~1904년간의 짧은 기간 동안 운영되다가 폐지되었지만, 아직까지도 보부상의 별칭이자 대명사로 이해되곤 한다. 하지만 설립하여 운영되던 당시의 문서를 보면 상무사는 지방의 행상뿐만 아니라 점포 상인까지 망라하며, 심지어 서울의 시전 상인도 포함하였다. 국내의 상업과 상인을 모두 아우르려 한 조직이었던 것이다.

중앙 조직으로 동원되는 과정에서 상인이 아닌 지역 유지나 중앙 관리도 명단에 등재되었고, 순수한 경제주체로서의 상인이라고만 보기는 어려운 조직이 되었다. 경제적 이권이 대단해서라기보다는 정치적 색채가 강했기 때문이다. 그래서인지 역대의 보상·부상 중에서 이름만 들으면 바로 알 수 있는 그런 인물은 거의 없고 행상 조직의 멤버 출신으로서 거부를 축적한

▍ 상무사 빙신표(교토대학 가와이문고 소장)

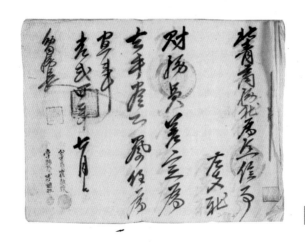

북청상무사 좌지사 차첩(서울대학교
규장각한국학연구원 소장)

굴지의 대상(大商)도 떠올리기가 쉽지 않다. 예외적으로 알려진 한 가지 사
례가 있다. 1887년의 《완문(完文)》에 따르면 충청도 해안의 옹암(甕巖)에 살
던 조재수(趙在洙)라는 봇짐장수가 건물과 경지 등 부동산을 조직에 기부했
다. 대략 1만여 평 규모로 홍도원(紅桃源)이라는 이름으로 아직까지 전해지
고 있어서 특기할 만하다.

보·부상이 정치색이 강한 조직으로 변모하게 되자, 세력을 불리고자 하
는 현상이 나타남과 동시에 이들 조직에 편승하려는 시도도 생겨나게 되었
다. 서울대학교 규장각한국학연구원에는 함경도 북청의 등짐장수 조직이
발행하려 한 임명장이 약 200매 정도 남아 있는데, 거기에는 임명하고자 하
는 인물의 이름을 적는 칸이 비어 있다. 가입비 성격의 종이값을 받고서 조
직원의 자격을 부여하려 했던 정황이 고스란히 확인되는 것이다. 일종의 공
명첩이라고 할 수 있으며, 임명하려 한 직책은 명사원, 재무원, 장무원, 서
기원 등으로 다양하다. 하지만 대개는 실직(實職)이라기보다는 이름뿐인 허

직(虛職)에 해당하는 것이라 하겠다.

　때로는 조직에 가입하라고 강권하는 사태도 발생했고, 이를 거부하는 과정에서 다툼이 일어나거나 심각한 폭력 사건으로 비화되기도 하였다. 역시 규장각에 남아 있는 검시 자료를 보면, 경기도 광주에서 일어난 살인 사건이 소상하게 기록되어 있어, 당시의 정황을 잘 전하고 있다. 임명장을 억지로 받으라고 하면서 조직에 가입하라고 하였는데, 이를 거부하자 어디론가 끌려갔다 돌아와서는 이틀을 앓다가 죽은 사건이었다. 행상들 사이에서 자발적으로 생겨난 조직이 어느 샌가 스스로 몸집을 불리기 위해 피해자를 양산하기에 이른 것이다.

조영준 _서울대 교수

역관들이 무역으로 거부가 되었다는데

김경란

서울 부자, 역관 변승업

허생은 남산 밑 묵적골에 살고 있었다. 허생은 글 읽기만 좋아하였고 그의 아내가 남의 바느질품을 팔아 겨우 입에 풀칠하는 신세였다. 하루는 그의 아내가 몹시 굶주려서 울며 하는 말이,

"당신은 한평생에 과거도 보지 않사오니 이럴진대 글은 읽어서 무엇 하시려오. …… 그래 공장이 노릇도 하기 싫고 장사치 노릇도 하기 싫다면 도둑질이나 해 보는 게 어떻소."

하였다. 이에 허생은 할 수 없이 책장을 덮고 문밖을 나섰으나 한 사람도 아는 이가 없었다. 그는 종로 네거리에 가서 저자 사람들에게 만나는 대로,

"여보시오, 서울 안에서 누가 제일 부자요."

하고 물었다. 때마침 변씨를 일러 주는 이가 있었다. 허생은 드디어 그 집을 찾았다. 허생이 변씨를 보고,

"내 집이 가난해서 무엇을 조금 시험해 볼 일이 있어 그대에게 만금을 빌리러 왔소."

했다. 변씨는

"그러시오."

하고는 곧 만금을 내주었다. 그러나 그는 감사하다는 말 한마디 없이 어디론가 가 버렸다.

연암 박지원이 지은 《허생전》에서 몰락한 양반 허생이 장사 밑천을 마련하기 위해 당시 서울 제일의 갑부로 소문난 변 부자를 찾아가는 대목이다. 여기에서 볼품없는 모습의 선비 허생에게 선뜻 거금을 빌려준 서울 제일의 부자 변씨는 대체 누구일까? 물론 《허생전》은 박지원이 만들어 낸 허구적인 이야기다. 그러나 연암 소설의 특징이 당시의 시대상을 정확히 반영하고 있고, 등장인물 또한 현실성 있는 인물이었다는 점에서 우리는 《허생전》에 나오는 주요 인물들이 실존하였을 가능성을 추정해 볼 수 있다. 특히 허생에게 자금을 빌려준 서울 제일의 부자 변씨는 역사상 실재했던 인물에서 그 모델을 구했을 가능성이 높다. 숙종 때에 실제로 존재했던 역관 변승업이 바로 그 모델이었을 것으로 보인다.

변승업은 일본어 통역관이었다. 그는 역시 역관이었던 변응성의 아들이며, 그의 아홉 형제 중 여섯 명이 역관이 되었을 정도로 변씨 집안은 유명한 역관 가문이

〈통신사행렬도〉 중에서 역관(위)과 소통사(국립중앙박물관 소장)

었다. 원래 변씨 집안의 축재는 변응성 때부터 이루어진 듯한데 변승업의 대에 이르러서는 서울 제일의 부자로 꼽힐 정도였다. 1696년(숙종 22) 변승업의 부인이 사망했을 때에 왕의 관과 같은 옻칠을 한 것이 문제가 되자, 그는 이를 무마하기 위해 수십만 금을 조정 요로에 뿌렸다. 또한 그의 말년에는 시중에 빚을 놓았던 것이 은 50만 냥 정도에 이르자 이 때문에 자손들이 박해를 받지 않도록 일부러 그 돈을 흩어 버리기도 하였다. 이러한 예로 볼 때 변승업을 비롯한 변씨 집안이 얼마나 큰 부자였는지를 알 수 있다.

그렇다면 직접 상업 활동에 종사했던 당시의 상인들을 제치고 서울 제일의 부자로 꼽힐 정도로 막대한 재산을 축적했던 역관 변승업의 부는 과연 어떻게 이루어질 수 있었던 것일까? 그 해답을 조선시대의 무역 실태와 역관에게 주어졌던 무역상의 특권을 통해 구해 보자.

조선시대의 무역은 어떤 방식으로 이루어졌나

조선 전기의 국제무역은 기본적으로 조공 무역 체제였다. 조공이란 전근대 동아시아의 독특한 외교 형태로서 중국 주변의 국가들이 정기적으로 중국에 사절을 파견하여 공물을 바치는 것을 말한다. 중국에서는 이에 대한 답례로 하사품을 보냈다. 중국 주변의 동아시아 국가들은 조공과 회사(回賜)의 방식을 통해 물자 교류의 욕구를 충족하였다. 당시 중국의 명나라는 주위 여러 나라에 대해 책봉의 형식으로 사대교린 관계를 확인하면서 물자 교류는 정부 주도의 공무역인 조공만 인정하고자 하였다. 이에 따라 교역의 횟수와 양은 철저히 제한되어 동아시아 국가 간의 교역은 제한적일 수밖에 없었다.

그러나 16세기 들어서 중국 내부의 변화가 시작되면서 동아시아 교역 관계는 새로운 국면에 접어들게 되었다. 이 시기에 이르러 중국에는 은 중심의 화폐제도가 정착되었고, 상공업에도 새로운 전기가 마련되어 비단, 면포, 도자기 등의 생산이 활발하게 이루어졌다. 또한 이에 앞서 유럽에서는 지리상의 발견이 이루어진 결과, 중국에 도착한 유럽 상인들에 의해 중국의 상품이 유럽에까지 보급되었다. 상품 시장이 확대되고 사무역이 성행하게 되자 중국은 종래의 조공 무역 중심의 교역 체계에 집착하지 않게 되었다. 이제 중국을 중심으로 한 동아시아 국가 간의 국제무역은 새로운 국면에 접어들게 된 것이다.

16세기 이후 상호 교역 체계를 발전시켜 나가던 조선, 중국, 일본 등 동아시아 국가들은 또 한 차례의 전기를 맞게 되는데 바로 임진왜란의 발발이었다. 임진왜란 중인 1593년부터 중강(中江: 압록강의 난자도)에서는 조선의 기근 구제와 군마(軍馬) 조달을 위하여 중국과의 국제 교역이 이루어졌다. 당시 극심한 식량난으로 인해 면포 한 필로 피곡 한 말을 사기 어려운 지역이 많았으나 중강에서는 쌀 20여 말을 살 수 있었고, 은, 구리, 무쇠로 교역한 자는 10여 배의 이익을 보았다고 한다. 이것이 중강개시이다. 개시(開市) 무역은 국가에서 공인한 공무역으로, 중강개시에서 비롯되었다. 명나라가 멸망하고 청나라가 중국을 지배하기 시작한 17세기 이후에는 회령, 경원, 책문 등지에서 개시가 속속 이루어졌다.

그러나 무역의 확대는 비단 개시 무역의 확대에만 그치지 않았다. 개시 무역에 이어 대규모의 사(私)무역인 후시(後市) 무역이 벌어진 것이다. 이때의 교역에서는 품목에 따른 가격 차가 10~20배에 달하는 것이 많아 양국

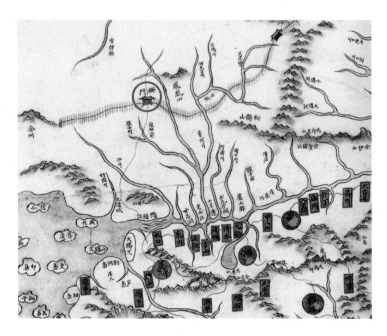

《해동지도》중〈평안도〉에 보이는 책문(서울대학교 규장각한국학연구원 소장)
책문 부근(밤색 원)에서 책문후시가 열렸다.

상인들은 교역 활동에 적극적이었다. 이제 조공 무역 중심의 공무역 체제는 사무역의 활발한 전개로 점차 그 양상이 변모되어 갔다.

한편 중국과 더불어 조선의 주된 교역 대상국이었던 일본과의 무역도 활발해지기 시작하였다. 임진왜란으로 일본과 국교를 단절했던 조선은 일본이 포로를 송환해 오자 그 대가로 1609년에 국교를 재개해 주었으며, 왜관에서의 교역도 재개되어 점차 활발해졌다. 이 왜관 무역을 통해 조선은 중국에서 들여온 비단과 원사를 수출하고 일본으로부터 은을 결제가로 받는 중계무역을 전개하였다. 이때의 중계무역은 최소한 구입 가격의 세 배의 차익을 조선에 보장해 주었다.

무역이 점차 활기를 띠어 가기 시작하자 무역을 주도하고 그로 인해 발생한 부를 누린 사람들이 생겨난 것은 당연한 일이었다. 그들은 과연 누구일까? 이 무렵에도 후시 무역에서는 사상(私商)층이 활동하였지만, 바로 《허생전》에 나오는 변승업과 같은 역관들이 무역의 중심축을 이루고 있었다.

변박, 〈왜관도〉 부분(국립중앙박물관 소장)

역관이 적극적으로 무역에 참여하게 된 배경은

역관은 조선왕조가 외교 관계를 수행하는 데 없어서는 안 될 매우 중요한 존재였다. 역관은 사신과 함께 중국 등에 파견되어 통역 임무를 담당하였고 중국 등지의 사신이 우리나라를 방문하였을 때 왕 또는 대신들과 외국 사신 사이에서 통역을 맡았다. 한편 역관은 이러한 위치를 이용하여 공공연히 무역 활동을 하여서 상역(商譯)이라고도 불렸다. 상역이란 말은 역관의 상업적 행위 특히 밀무역 행위를 멸시하는 관료들의 용어가 관용화된 것이다. 역관을 상역이라 지칭한 데서 볼 수 있듯이 조선시대의 역관은 통역뿐만 아니라 무역에도 상당히 중요한 비중을 차지하고 있었다.

역관 선출은 역관의 과거인 역과를 통해 이루어졌다. 역과는 문·무과와 더불어 조선 초기부터 3년마다 한 번씩 정기적으로 실시되었다. 그 밖에 수시로 국가에 경사가 있을 때마다 이를 경축하기 위해서 증광시(增廣試)가 실시되었는데 이때에도 문·무과와 더불어 역과가 실시되었다. 조선 후기에는 정기 시험 외의 과거가 자주 시행되었고, 이에 따라 역관의 수는 점차 증가하여 숙종 대에는 총 600여 명의 역관이 사역원에 소속되어 있었다. 그러나 이 역관들 중 실제로 필요한 인원은 50~60명에 지나지 않았다.

정부는 일일이 이들에게 직책을 마련해 줄 수 없었으며 이들 모두에게 보수를 지급할 만한 재정적인 능력도 없었다. 그러나 역과 합격자들을 언제까지나 방치해 둔다면 역관의 전업을 초래하여 외교정책 수행에 차질을 빚을 수밖에 없었기에 새로운 방법을 강구해야 했다. 이에 따라 정부는 임시방편책으로 역관에게 체아직(遞兒職)을 제수하게 되었다. 즉 관원 몇 명이 한 명 몫의 녹봉을 나누어 받고 돌아가며 근무하는 체아직 제도를 역관에게 적용함으로써 실수요 인원보다 10여 배에 달하는 역과 합격자를 수용하여 역관의 이탈을 방지하고자 했던 것이다.

그러나 체아직은 보수가 충분치 않아 역관들에게 경제적 안정을 보장해 주지 못하였다. 이러한 당시의 역관 정책의 결함으로 인해 역관들은 경제적인 자구책을 도모할 수밖에 없었다. 이는 역관들로 하여금 사신을 수행하여 외국에 가는 것을 무역의 기회로 포착하게 한 근본적인 요인이 되었다. 역관이 은밀히 무역 자금을 가지고 사신을 수행하여 외국에 나가는 것은 조선 전기부터의 관행이었다. 역관의 이탈을 방지하기 위해 체아직 제도를 실시한 조선 정부는 이제 역관들에게 일정한 액수의 무역 자금을 가지고 갈 수 있게 하여, 공식적으로 이 범위 내에서 사무역을 허용하였다. 이것은 체아

금유심 외, 〈송조천객귀국시장〉부분(국립중앙박물관 소장) 명나라에 조회 왔다가 고국으로 돌아가는 조선 사신을 전송하는 광경을 그린 그림이다.

직에 대한 일종의 보수였던 셈이다.

역관의 무역상 특권과 청·일 중계무역

정부로부터 허가받은 역관들의 무역 규모는 어느 정도였을까? 또 그 무역 자금은 어떤 형태의 것이었을까? 청의 북경에 자주 왕래하던 만주어 통역관을 중심으로 살펴보자.

역관들이 무역 자금으로 중국에 가져간 것은 인삼이었다. 당시 인삼은 국내 생산물 중에서 높은 가치가 있었고, 중국에서는 약용으로 인기가 있었기에 교역에 유리한 품목이었다. 역관들에게 허용된 무역 자금은 팔포 무역이라는 말로 대표된다. 팔포란 인삼을 열 근씩 한 꾸러미[包]로 묶어 모두 여덟 꾸러미[八包]로 나누어 포장한 것을 말한다. 즉 80근의 인삼 정액 내에서 역관들은 사무역을 할 수 있었던 것이다.

이 팔포의 정액은 반드시 인삼으로만 채워진 것은 아니었다. 18세기에 들어설 무렵까지 인삼은 아직 재배 단계에 이르지 못하여 산에서 채취한 자연삼이었으므로 국내 수요를 충당하기에도 부족한 실정이었다. 이에 따라 17세기 중엽 이후로는 인삼 한 근당 은 25냥으로 환산하여 인삼 80근 대신 은 2,000냥을 팔포 정액으로 규정하였다. 이것을 당시 쌀값으로 환산하면 수천 석에 달하여 역관에게 허용된 사무역의 규모가 매우 컸음을 알 수 있다.

역관의 무역 자금은 팔포 정액 내에만 그치지는 않았다. 당시에는 서울에 있는 각 관청에도 팔포 내의 무역이 허용되었는데, 이때 역관이 이 중앙 관서들의 팔포 무역을 대신해 주고 있었다. 이것을 소위 별포(別包) 무역이라 한다. 역관들은 자신들에게 허용된 팔포 무역 외에 이 별포 무역에서 얻는 차익까지 누림으로써 그들에게 허용된 사무역의 한계를 확대시키고 있었던 것이다.

그런데 사행 무역에는 역관뿐만 아니라 일부 부유한 상인들이 일정한 대가를 내고 지방관아의 무역별장 자격으로 합법적, 비합법적으로 참여하고 있었다. 이로 인해 무역 활동이 활발해지자 사행의 성격이 변질되어 갔으며 이를 빌미로 청나라의 관원들이 뇌물을 요구하기 시작하였다. 청나라의 조정에 바치는 예단은 물론 정부가 지급하였지만 사무역의 확대에 사용된 뇌물은 사행 무역에 참여하는 역관과 상인들이 조달해야 했다. 이 뇌물의 액수가 점차 커지자 원만한 외교 관계를 유지하기 위해서 정부가 자금의 융통을 돕기에 이르렀다. 정부는 각 관청의 은화를 역관에게 대출하도록 하여 이를 활용할 수 있게 하였다. 이것을 공용 은(公用銀)이라 한다. 역관이 관청의 자금을 무역 자금으로 빌릴 수 있는 합법적인 통로가 열리게 된 것이다.

이러한 부역상의 특권을 가진 역관들은 17세기 동안 대대적인 무역 활동을 전개하면서 막대한 부를 축적해 나갈 수 있었다. 특히 역관들이 부를 축적할 수 있는 가장 큰 통로는 청과 일본을 잇는 중계무역이었던 것으로 보인다. 일본은 청나라와 국교가 단절되어 사절의 왕래가 없었고 청의 해금(海禁) 정책으로 상선의 내왕도 두절된 상태였다. 따라서 일본은 조선에 설치한 왜관을 통해서만 청나라의 상품을 수입할 수 있었다. 당시 일본에서는 청국산 명주실과 비단류에 대한 사회적 수요가 급증하고 있었다. 사행 무역에 참가한 역관과 상인들은 청나라에서 수입한 비단과 원사 등을 주로 왜관을 통해 일본으로 수출하였다.

왜관 개시는 사역원에서 파견된 일본어 통역관들에 의해 주도되었다. 따라서 역관들은 이 동료 역관들과 결탁함으로써 청나라에서 수입한 물품을 쉽게 판매할 수 있었던 것으로 보인다. 왜관을 통한 대일 수출량이 수십만 냥, 많을 때에는 100여 만 냥에 달하였고 당시 수출 가격이 수입 가격의 2~3배에 이르렀다고 하니 무역을 통해 역관들이 축적한 부의 규모가 어느 정도였는지 대략 짐작할 수 있을 것이다. 우리가 앞에서 보았던 서울 제일의 부자 변승업이 일본어 통역관이었던 점에서도 왜관을 통한 중계무역이 어느 정도의 이윤을 보장해 주고 있었는지 가늠해 볼 수 있지 않을까?

역관 무역의 쇠퇴

청·일 중계무역으로 막대한 부를 축적해 가던 역관들은 18세기 전반기에 들어 무역 활동에 심각한 타격을 입게 되었다. 청·일 간의 국교가 수립되어 양국 간에 직교역이 시작되었던 것이다. 청나라는 1687년에 일본과 처음 국교를 수립하여 나가사키에 상관(商館)을 설치하였다. 청·일 국교가 수립되자 종래에는 역관에 의해 왜관에서 거래되던 중국의 비단 및 원사는 중국 또는 네덜란드 선박에 의해 직접 나가사키항으로 들어가게 되었다. 이에 따라 역관들에게 막대한 이윤을 안겨 주던 청·일 중계무역은 자연히 쇠퇴 일로를 걷게 되었다. 게다가 이 시기에는 청·일 중계무역의 주요 상품이던 비단, 원사 등의 수입을 조선 정부가 엄격하게 금지하였고, 공용 은을 구실로 관청의 자금을 무역 자금으로 대출받던 관행마저 금지되었다. 이렇게 무역 여건이 달라졌기에 이제 역관은 종전과 같은 활발한 무역 활동을 전개할 수 없게 되었다.

이와 같이 18세기 전반기 무역 여건의 변화는 역관 무역의 쇠퇴를 가져왔다. 그러나 이로 인해 조선의 대외무역이 전반적으로 침체된 것은 아니었다. 역관에 의한 대외무역이 침체되는 대신 개성상인, 의주 상인을 비롯한 국내 사상들에 의한 밀무역이 성행하여 결과적으로는 이전 시기보다 더욱 활발한 양상을 띠기 시작한 것이다. 사상들은 공무역이 이루어지는 중강, 책문에서 개시 무역이 끝난 뒤 이어서 벌어지는 후시 무역을 통해 점차 교역량을 늘려 가고 있었다. 사상들의 밀무역을 통해 수입된 상품들은 사상들의 상 조직을 통해 도회지는 물론 벽촌 농가에까지 침투하게 되었다. 이로 인해 교역품의 국내 판매가 어렵게 된 역관들은 사상들과 갈등을 빚게 되었지만, 점차 사상들에게 무역의 주도권을 넘겨주는 국면에 접어들게 되었다.

18세기에 이르러 무역의 주도권을 상실하기 전까지 역관들의 무역 활동은 그들 자신들에게는 막대한 부를 안겨 주었고 국내 경제에도 활력소 역할을 했다. 청·일 중계무역을 통해 대량으로 유입된 은화로 인해 국내에도 은화 유통이 활성화되어 보조화폐로서 동전 유통이 실현되었다. 또한 대외무역의 발전은 국내의 상업, 수공업, 농업 등 다른 산업을 자극하여 조선 전기에는 볼 수 없었던 상업적 분위기가 확산되는 데 주요한 역할을 하였던 것이다.

김경란 _고려대 동아시아문화교류연구소 연구교수

광산으로 몰려드는 사람들

오수창

생계를 위해 노동력을 팔다

1811년(순조 11) 12월 15일 평안도 박천 진두의 장터, 어느 상인의 집에 운산의 금광에 가서 일하고자 하는 사람들이 하나 둘 모여들고 있었다. 진두는 청천강에 합류하는 대령강 하류에 있는 장터로서, 의주와 안주 사이에 자리 잡은 상업 중심지였다. 그곳에는 농토를 잃거나 흉년을 이기지 못한 각지의 가난한 사람들이 흘러들어 일용 노동이나 행상으로 끼니를 이어 가고 있었다.

당시 그 지방을 떠돌던 가난한 상인의 예를 스물두 살 먹은 최동이(崔同伊)를 통해 살펴보자. 그는 원래 개천 사람으로, 은산의 옹기 굽는 마을에 들어와 어느 주인 밑에서 옹기를 팔면서 살았다. 장날 하루 장사에 4전 5푼어치의 물건을 받아다 팔고 1전을 남기는 수준이었다. 그 뒤 호적과 호패도 지니지 않고 밥을 빌어먹으면서 떠돌다가 평양으로 들어가 청어 장사를 하기도 하였다. 5전을 들고 부잣집에 곡식을 사러 갔으나 주인이 팔지 않은 일에 앙심을 품고 있다가 홍경래의난이 터지자 동생, 동료들과 함께 그 집을 털

근대의 운산금광
평안도 운산에 있는 미국인이 경영한
한국 최대의 노다지 금광으로서 1895
년부터 1938년까지 채광되었다.

고는, 그 부자가 봉기에 가담했다고 관군에 고발하기도 했다. 경제적으로나
사회적으로나 사회질서의 중심에 들지 못하고 주변을 떠돌아다닌 인물임을
알 수 있다.

운산에서 금광을 크게 채굴한다는 말을 듣고 그곳으로 노동하러 가려 했
던 진두 장터의 사람들은 대개 그러한 처지에 있었다. 패랭이를 쓰고 다니
던 최인택은 나이가 43세였는데 진두에 살면서 대령강에서 사람들을 건네
주는 사공 일을 생업으로 삼고 있었다. 이름을 보더라도 사회계층을 짐작할
수 있는 김둘이산은 50세로서 장터에서 남의 짐을 날라 주고 받는 품삯으로
먹고살았다. 43세의 윤이복은 남의 집 곁방에 세 들어 사는 진두의 빈한한
백성이었고, 58세나 된 신봉덕도 지극히 가난하여 광산에 갈 것을 자원하였
다. 이들은 광산에서 일하는 데 필요한 전문적인 기술도 특별한 도구도 없
었으며, 가진 것이라곤 그저 맨몸의 노동력뿐이었다.

이들은 광산에서 일하는 품삯으로 우선 한 냥씩을 선금으로 받았다. 그때
노동자를 모으던 사람은 그 돈이면 가장이 광산에 가서 일을 하는 한 달 동

안 집안 식구들 양식을 대는 데 충분하다고 사람들을 구슬렸다. 윤이복처럼 특별히 석 냥을 선금으로 받는 사람도 있었다. 뒷날 윤이복은 기근이 든 상황에서 석 냥은 천금에 해당하는 금액이어서 그 돈을 받을 수 있는 기회를 도저히 버릴 수 없었다고 진술하였다.

그런데 이 인물들이 정말로 광산에 일하러 가게 된 것은 아니었다. 운산에 금광이 열린다는 소문은 홍경래의난을 준비하던 주모자들이 봉기군을 모으기 위해 퍼뜨린 거짓말이었고, 그렇게 하여 모은 사람들은 다복동의 봉기군 군사기지로 안내되어 가산과 박천을 점령하는 병력으로 동원되었던 것이다. 하지만 위의 내용이 19세기 초반 농토를 지니지 못한 평안도의 가난한 사람들이 단지 생계를 유지하기 위해 광산에서 맨몸의 노동력을 팔려고 하던 상황을 보여 주는 것임에는 틀림이 없다. 당시 사람들은 "가난한 사람이 살아갈 길은 광산에서 일하는 데 있다."라고 모두들 입을 모으고 있었던 것이다.

가족과 함께 하는 독립 노동 – 금광의 매력

박지원이 《열하일기》에서 소개한 금 채취자들은 사정이 조금 나았던 것으로 보인다. 그가 1780년(정조 4) 팔촌 형 박명원의 수행원으로 중국에 갈 때, 평안도 박천에 이르러 짐 꾸러미를 이고 지고 길을 가는 많은 남녀들을 만났다. 가족과 함께 성천 금광으로 가는 사람들이었다. 그들은 각기 금을 채취하기 위한 도구들을 갖추고 있었다. 땅을 파는 데 쓰는 끌, 금을 포함한 흙과 돌을 담기 위한 포대, 흙과 돌을 일어 금을 얻기 위한 바가지 등이 바로 그것이었다. 도구들은 비록 엉성하였지만 가족 단위로 독립하여 노동하고 그 결과를 개별적으로 누릴 수 있는 바탕이 되었다. 피 낱알만 한 금 조각을 골라내는 일인데 재수가 없으면 하루에 서너 알을 얻고, 재수가 좋으면 여남은 알을 얻었다. 온종일 흙 한 포대만 일면 별로 애쓰지 않아도 먹을 수 있었으며, 특별히 재수가 트이면 삽시간에 부자가 되기도 한다는 것이었다.

이 일은 농사짓기보다 이익이 나았다. 한 사람이 하루에 얻는 금이 적어도 예닐곱 푼쭝은 되어서, 돈으로 바꾸면 두세 냥이나 되었다. 동전 두세 냥이라면 미곡 반 석에 해당하는 금액으로, 가난한 농민들에게 그것이 얼마나 큰 액수인가는 위의 최동이가 장날 장사하여 버는 돈이 한 냥의 10분에 1에 불과한 단 1전에 그쳤다는 사실을 보더라도 헤아릴 수 있다. 그리하여 농사꾼들이 수없이 농토를 떠나 그곳에 모여들었을 뿐 아니라, 사방의 건달패와 놈팡이들까지 달려들었다. 과장된 표현이겠지만 성천 금광에 무려 십여만 명이 들끓었으며, 쌀이나 기타 여러 가지 물건이 넘쳐나고 술과 밥이며 떡과 엿 같은 것을 파는 장사들이 산골에 가득 차 있다고 하였다. 1780년 승지 유의양(柳義養)의 보고에 따르면 그가 부사로 재직하던 때만 하더라도 성천의 금 생산량이 2만 냥이었다고 한다. 공정가격으로 환산하면 무려 화폐 80만 냥에 해당하는 액수였다.

18세기 후반부터 대동강과 청천강 유역의 각지에 사금광이 개발되고 농민들이 몰려들고 있었다. 또한 은광과 동광 개발도 크게 진전되었다. 정부로서는 심히 우려되는 현상이었다. 농민들이 광산으로 몰려들어 농사지을 생각을 하지 않을 뿐만 아니라, 심지어 토지를 훼손하기까지 하여 농사 소출이 줄어든다는 것이었다. 정조와 같이 사회의 변화를 잘 파악하는 국왕조차도, 광산에서 일하는 자들은 농사짓기 싫어하고 놀고먹으려는 자들이며 그곳이 범죄의 소굴이 되고 있으므로 엄히 다스려 농촌으로 돌아가게 해야 한다는 정책을 폈다. 또한 상인들을 통해 중국으로 금이 유출되는 것도 작지 않은 걱정거리였다.

하지만 농민들로서는 높은 소득도 소득이지만, 자기들의 노력과 기술에 따라 성과가 보장된다는 점에서 금광 채굴은 매우 매력적이었다. 18세기 말에 정조가 몇 차례에 걸쳐 금광에 대한 가혹한 금압 조치를 취했지만 궁극적인 성공은 거둘 수가 없었다. 그 후로도 광산 개발이 더욱 진전되고 종사자도 다시 늘어났다. 19세기 초반 당국자는 "백성들이 이익을 추구하는 것은 물이 아래로 흐르는 것과 같아 큰 이익이 있는 한 매일같이 매를 쳐서 금하더라도 그 형세를 걷잡을 수 없다."라고 평가하기에 이르렀다.

광산 노동자의 역사

사람들이 광산에 몰려들던 상황이 조선시대에 항상 위와 같았을까? 그렇지 않았다. 조선 초기에는 금·은 광산에 대해 정부에서 억제 정책을 폈을 뿐 아니라, 농민들도 힘든 작업에 동원만 되고 자기 이익을 취할 여지가 없었기 때문에 광산 개발을 반대하였다. 그래서 관리나 기술자를 매수하여 금이 나는 곳을 나지 않는다고 보고하기도 하고, 매장량이 풍부한 곳을 풍부하지 않다고 보고하기도 하였다. 수령과 향리로서도 정부로부터 가외의 책무를 지게 되고 농민들의 저항도 심했기에 금·은 광산의 개발을 기피하기 마련이었다. 결국 성종 대 《경국대전》에서는 금의 채굴을 금지하고 다만 그 광산

┃ 운산금광에서 사금을 채취하는 사람들(1896)

을 잘 보호하도록 법제화하였다. 15세기의 광업은 금·은보다 생활필수품과
무기 등의 철물을 조달하기 위한 철광이 중심이 되었다. 거기서는 일반민이
자발적으로 참여할 여지가 없고, 광산 인근의 농민들이 부역에 동원되어 광
석을 채취하여 운반하거나 땔나무를 마련하고 철을 제련하는 작업을 하였
다. 민간에서 이루어진 생산이 없었던 것은 아니지만 엄격한 통제와 세금
징수의 대상이 되었다.

　후대로 내려오면서 상황이 조금씩 달라져 갔다. 16세기에는 중국과 무역
이 확대되어 비단 수입이 늘어나고 그 값으로 지불하기 위한 은이 많이 필
요해졌다. 그리하여 국가에서 은광을 채굴하는 것 외에 민간인의 불법적인
채굴도 이루어졌다. 함경도 단천을 비롯한 은의 산지 또는 그 인근에 거주
하는 농민들 중에는 정부의 채굴에 동원되거나 고용되어 일하는 과정에서
익힌 기술을 바탕으로 하여 점차 사사로이 은을 생산하는 사람들이 생겨났

던 것이다. 그러나 아직도 은광이 경제적 이득을 확실히 보장해 주지는 못하였다. 16세기 전반 중종 때만 하여도, 은 산지인 단천의 주민들이 일정한 재산을 가지지 못하고 다른 도민에 비해 훨씬 빈궁하다고 지적되는 형편이었다.

17세기에는 정부에서 경영하는 수공업이 해체되었으며 그것은 광산 경영에서도 마찬가지였다. 병자호란을 겪고 북벌론이 표방되면서 군수품 조달을 위한 철·유황·연철(鉛鐵)의 생산이 활발해졌다. 그러나 이 시기에도 역시 은광이 경제적으로 광업의 중심을 이루었다. 17세기 중반에 정부는 파주, 교하, 곡산, 춘천, 공주 등지에 은광을 열고 세금을 징수하였다. 1687년에 이르러서는 전국에 약 70개의 은광이 개발되어 있었다. 그중에서 역시 단천 은광이 가장 컸다. 이 시기 광산 작업에서 채굴·제련의 전문 인력인 장인(匠人)들 외에 일반 노동자들은 대개 정부 관인들이 강제적으로 모집하였고, 그 대상은 광산 주변의 농민들이었다.

이 시기 중앙의 군영이 제각기 광산을 차지하고 있던 상황은 17세기 말, 18세기 초에 호조에서 광산을 일원적으로 관리하면서 변해 갔다. 특히 연광 (鉛鑛), 은광들이 그러하였다. 지역이나 시기에 따라 조금씩 달랐지만 이 때는 서울에 거주하는 상인들이 별장(別將)에 임명되어 광산을 열고 세금을 거두었는데, 실제 현장에서 채굴을 담당한 자들은 점장(店匠)이라 불리는 한층 발전된 광산기술자들이었다. 그들이 은 광맥을 발견한 후 중앙과 연락이 이루어져 별장이 임명되고 정식으로 광산이 열리게 되면 연군(鉛軍)·은군(銀軍)이라 불리는 노동자들이 모여들었다. 이때의 노동자들은 토지에서 밀려나고 생활의 터전을 잃어버려 호적에도 들지 못한 인물들이었다. 그들은 앞

시기에 비해 임금노동자로서의 성격이 짙어져 매월 또는 매년 일정액의 임금을 받고 일하였다. 18세기 전반에는 매장량에 따라 한 곳에 수백, 수천의 광산 노동자들이 몰려들었다고 한다.

18세기 말, 19세기 전반기에 와서는 자본을 바탕으로 한 민영 광업이 발전하였다. 이때는 국가의 비효율적인 통제 속에 은광은 오히려 쇠퇴하였지만, 큰 이익이 남는 금광의 개발이 매우 활발해졌다. 이제는 임금을 받고 일하는 광산 노동자, 가족노동력을 이끌고 금광 채굴에 나서는 사람들이 더욱 일반화하였다. 글머리에서 말한 대로 농토에서 유리된 노동자들이 임금을 받기로 하고, 그리고 선금을 받고 금광 노동에 자원하던 상황은 바로 이런 역사적 과정을 통해 빚어졌던 것이다.

민간 광산 경영자의 등장

광산에 몰려든 사람들이 농업이나 소행상에 종사하던 가난한 농민들만은 아니었다. 그리고 그들 역시 역사적 상황에 따라 성격이 달랐다. 16세기 광업의 중심이었던 은광에서 경영을 담당하던 사람들은 중앙에서 파견된 관리들이었다. 그들은 직접 농민을 징발하여 은광을 채굴하거나, 부유한 상인들을 통해 인부를 동원하여 은을 채굴하게 하였다. 17세기에 각 군영을 중심으로 광산 경영이 활발해졌을 때의 경영자도 여전히 정부에서 임명한 관리였지만 그 성격은 많이 달라져 있었다. 그들은 자기 지방의 광산 사정에 밝은 인물들로서 대개 광맥을 찾은 보상으로 그 자리에 임명되었으며, 자기가 관리·운영하는 광산에 상주하였다. 이들 중에는 무과 급제자, 한직(閑職)

김준근, 〈금점 모양〉(프랑스 국립 기메동양박물관 소장)
사금을 채취하는 모습을 그린 그림이다.

에 있는 관리들도 있었지만 대개는 일반 양민들이었다. 이들은 광산 운영의 경제적 이익보다는 신분 상승에 더 깊은 관심을 기울였다.

17세기 말 이래 연광·은광을 모두 호조에서 관리하게 되면서 경영자의 임명도 호조에서 담당하였다. 이로부터 경영자의 성격이 앞 시기와 크게 달라졌다. 경제적 이득을 찾아 움직이던 부유한 서울의 상인들이 납과 은의 채굴에 손을 대기 시작하였고, 그들이 고위 관료에 끈을 대어 호조에서 파견하는 관리의 명목을 띠고 광산을 운영하게 되었던 것이다. 이들은 광산을 열고 세금을 거두는 대가로 많게는 총생산량의 3분의 2까지도 차지하였기에 이권을 둘러싼 치열한 경쟁과 대립이 일어나기도 하였다. 특히 호조에서 파견한 관리와 원래 광산에 상주하고 있던 감독관 사이에서는 살인 사건이 터지기도 할 정도였다.

18세기 후반에는 큰 자본을 축적하게 된 인물들의 광산 경영이 더욱 늘어 갔다. 이에 따라 호조에 소속되어 세금을 바치도록 하던 제도가 더 이상 유지되지 못하고 광산이 있는 지역의 수령이 광산 개발에 대한 감시와 세금 징수의 책임을 맡는 제도가 공인되었다. 이 제도에서는 자본을 갖춘 인물들이 자유롭게 활동할 공간이 더욱 커졌다. 나아가 정부의 허가를 받지 않고 불법적으로 광산을 채굴하는 '잠채(潛採)'가 확대되어 갔다. 수령 이상의 권력자와 손을 잡은, 지위와 능력이 있고 노동자들을 동원할 자본을 갖춘 토호나 대상인 등이 물주(物主)로서 은광을 경영하는 경우가 늘어 갔던 것이다.

광산 채굴 전문가가 아니라 상업이나 고리대금업을 크게 벌이던 자본가들이 금광 운영의 주체가 되는 양상은 점점 늘어 갔다. 때로는 그들이 직접 나서서 일꾼들을 모으기도 했을 것이다. 앞에서 본 것처럼 홍경래의난을 일으키기 위해, 광산을 연다고 선전하면서 노동자들을 모은 인물들도 바로 그런 이들이었다. 선금을 주고 광산으로 데려간다고 꾀어 많은 사람을 봉기의 군사기지로 데려간 강득황은 그 아버지와 함께 진두에서 작지 않은 규모로 상업을 행하고 군관을 겸하기도 한 인물이었다. 같은 일을 한 김여정도 아버지인 김정혁과 더불어 박천 진두에서 배를 부리면서 상업을 크게 벌이던 인물로서, 거래처가 전라도까지 미치고 있었다. 그들이 내세운 금광 채굴 그 자체는 거짓이었지만, 실제로 금광이 채굴되던 여러 양상을 반영하고 있었다.

금광의 비중이 커지는 중에, 사금광에서 쉽게 채취할 수 있는 부분이 다하게 되면 새로운 금맥을 찾아내고 작업을 지도하는 사람들이 있어야 했다. 광산 채굴의 오랜 경험으로 그 지방 사정에도 밝은 데다가 관청이나 상인들과 긴밀한 관계를 유지할 능력이 있다면 경영의 일선에서 활동할 조건을 마련할 수 있었다. 18세기 말에서 19세기 전반에는 그런 인물들이 혈주(穴主) 또는 덕대가 되어 시설 비용과 운영자금을 제공하는 물주를 업고 직접 광산을 경영하였다.

혈주와 덕대는 사업가로서의 위치를 차지하는 경우도 있었지만 경영에 실패하여 큰 불상사를 빚는 일도 있었다. 1799년(정조 23)에 일어난 살인 사건이 그 예이다. 함경도 사람인 박종정(朴宗楨)과 박창백(朴昌白)은 은광 일을 하다 실패한 후 여관에 머물면서 금광을 몰래 개발할 계획을 세웠다. 면에서 고발할 것이 두려워 풍헌을 찾아가 사정을 봐 달라고 청탁하다가 마을의 책임자가 고발할 것이라는 사실을 알았다. 그에게 가서 부탁하였으나 소매를 뿌리치고 듣지 않자 길에서 기다리다가 살해하고 만 것이다.

위와 같은 다양한 사정에 나타나듯이 조선시대의 광산은 점차 자본주로서의 물주와 그 밑에 고용되어 임금을 받고 노동력을 파는 인물들이 중심을 이루게 되었다. 광산에서 일하던 사람들에게서 나타난 다양한 변화는 조선 후기 경제 및 사회구조의 전체적인 변화와 맞물려 있던 것으로서, 18세기 말에서 19세기 전반에는 결국 자본제적 경영 방식을 성립시켰다고 설명되고 있다.

오수창 _서울대 교수

하얀 작은 황금, 소금의 생산과 세금 이야기

김의환

왜 소금이 중요하며, 소금의 역할과 용도는?

소금은 오늘날 너무 흔하다. 그런데 왜 소금이란 말에 귀한 '금'이 들어 있을까? 이것은 옛날에는 소금을 생산하는 과정이 매우 어려워 '작은 황금'과 같이 무척 귀하였기 때문이다. 요즈음 말로 봉급[salary]을 뜻하는 라틴어 '샐러리움(salarium)'의 어원은 '소금[salt]'이다. 이것은 로마시대에 위험한 일을 하는 군사들에게 곡식·돈 대신에 귀한 소금으로 봉급을 지급하여 유래된 말이며, 군인인 솔져(soldier) 역시 솔디에(soldier)에서 파생되었다.

소금의 역할과 용도는 다양하다. 소금은 우리 몸의 생리작용과 생명 유지에 필수적인 물품이다. 몸의 0.9퍼센트를 차지하는 소금은 혈액과 위액 등 체액의 주요 성분을 이루고, 혈액의 순환과 신진대사를 촉진시키며, 담즙과 췌장액 등 소화효소 분비를 도와준다. 소금은 심장과 근육의 수축·이완을 도와주며, 뇌의 자극을 전달하는 동시에 전신 근육을 원활하게 하고, 혈관의 노폐물을 제거하는 작용을 한다.

따라서 사람은 일정량의 소금을 섭취해야 생명을 유지할 수 있다. 소금이 부족하면 현기증·식욕 부진·피로·무기력증과 함께 정신 불안 등 현저한 정신적 기능 상실은 물론 생명을 잃을 수 있다. 사람이 아프면 병원에서 먼저 생체 균형과 생리작용의 활성화를 위해 식염수인 링거 주사액을 주입하는 것도 이 때문이다. 세종대왕은 몸이 아플 때 자주 소금국을 마셨다고 한다.

소금은 옛날부터 쌀·면화와 함께 사람을 이롭게 하는 3대 흰색 물품이었으나, 이제는 설탕·백미와 함께 생명을 단축시키는 해로운 물질이 되었다. 사람이 소금을 먹지 않아도 문제지만, 과다 섭취하면 오히려 인체에 독이 되어 '침묵의 살인자'라고 하는 고혈압·뇌졸중을 비롯하여 심근경색·위암·신장염·골다공증 등 각종 질병을 일으킨다.

특히 우리는 김치·장류·젓갈 등 전통적 염장 식품과 인스턴트식품으로 하루 권장량 5그램(나트륨 2,000mg)의 2~3배 정도를 섭취하여, 고혈압과 심혈관계 질환의 발병률이 매우 높다. 그러나 '소금이 악'이라는 인식 역시 잘못된 것이다. 하루 3그램 이하를 섭취하면 오히려 심장과 혈관질환 및 사망률이 더 높아진다고 한다. 최근 세계는 소금의 섭취를 줄이려고 노력하면서 건강 소금에 관심이 많다.

▌ 김치와 소금

소금은 특히 김치·간장·된장·고추장 및 생선의 염장과 젓갈 등 발효 음식의 주재료이다. 채소와 무를 절이는 김치의 어원인 딤채는 '담근 채소'를 말하는데, 조선 전기까지 김치는 주로 채소를 소금에 담가 절였다. 소금은 '광 속에서 인심 나고 간장에서 맛 난다'라는 말이 있듯이 가문의 전통과 격조를 상징하는 간장의 주재료였다. 소금은 영광 굴비·안동 간고등어·제주 갈치 등 각종

해인사 장경판전 내부
건물의 바닥에 소금과 숯을 깔아 땅의 습기와 해충을 방지하도록 하였다.

생선의 보관과 가공에도 많이 사용되었다.

소금은 또 흉년 때 기근을 극복하는 구황염으로 활용되었다. 보릿고개 시절 사람들은 초근목피로 겨우 연명하면서 온몸이 붓는 부황 현상으로 생명을 위협받았다. 이때 정부는 진휼을 실시하면서 채소·풀뿌리에 함유된 독소를 제거하여 해독제 역할을 하는 소금을 간장·미역과 함께 지급하였다.

소금은 건물을 건축하는 데도 중요한 구실을 하였다. 궁궐·사찰의 건물 바닥과 기둥에 소금을 깔아 습기와 흰 개미 등 해충을 방지하였다. 팔만대장경이 보관된 해인사 장경판전 바닥에는 숯과 함께 소금이 깔려 있으며, 충청남도 논산에 있는 돈암서원의 강당인 응도당 기둥 밑에도 소금이 깔려 있다. 고건축용 소나무는 오랫동안 바닷물에 담가 갈라지지 않게 하였고, 오늘날 테니스장에는 소금을 뿌려 땅의 먼지를 없애고 땅이 얼지 않게 한다.

소금은 약용으로 사용되어 이제마의 《동의수세보원》에는 부종에 소금이 효과적이라고 하였다. 특히 민간에서 두드러기·피부병·감기·관절염 등을 치료하는 데 많이 이용되었다. 희고 짠 성질의 소금은 부정과 악귀 및 화재를 쫓기 위한 주술용 액막이로 사용되었고, 오줌싸개를 예방하는 등 각종 민속신앙과 관련되어 애용되었다. 정월 대보름에 해인사 앞쪽 매화산의 다섯 봉우리에 소금 단지를 묻었으며, 통도사·범어사 등 사찰 경내에 소금을 묻어 화재 예방을 기원하고 있다.

조선시대까지도 소금은 값이 비싼 귀한 물품이었다. 바다에서 멀리 떨어진 내륙은 더욱 그러하였다. 소금이 생산되지 않던 만주 영고탑(寧古塔)의 여진족은 자주 국경을 넘어 조선의 장수와 군사를 납치하였고, 인질을 교환하는 조건으로 소금을 요구하였다. 그리고 삼수·갑산에서 군 복무를 하던 군인들은 곡식 대신에 귀한 소금을 가지고 가서 군대 생활 비용으로 쓰기도 하였다.

소금은 1774년 스웨덴의 칼 셀리가 염소(Ci)를 발견하고, 1791년 니콜라 르블랑이 소다를 발견하기까지 식용에만 사용되었으나, 산업혁명 이후 화학산업의 제1원료가 되면서 수요가 크게 증가하였다. 현재 소금은 식품 가공용뿐만 아니라 약품·고무·피혁·페인트·접착제·유리·비누·염색·표백제 등 1만 4,000여 가지의 다양한 산업에 이용되고 있다.

소금은 어떻게 만들었을까?

우리는 소금 하면 먼저 '천일염(天日鹽)'을 떠올린다. 과연 천일염이 우리의 전통적 소금 생산이었을까? 소금의 생산방식은 자연환경과 나라에 따라 다르다. 중국과 유럽은 바닷물로 생산하는 해염(海鹽), 짠물의 소금 호수에서 생산하는 지염(池鹽), 산과 바위에서 채굴하는 암염(巖鹽), 우물에서 생산하는 정염(井鹽) 등 다양한 방식으로 소금을 생산하였다.

프랑스 게랑드에서는 9세기부터 현재와 같은 염전을 조성하였고, 중국의 운성(運城)과 내몽골 닝샤, 미국 솔트레이크 시티, 붉은 홍학으로 유명한 세네갈 장미호수와 볼리비아 우유니 평원에서는 호수에서 소금을 생산하였다. 중국 쓰촨의 쯔공[自貢], 차마고도(茶馬古道)로 유명한 티베트 라싸, 페루의 살리나스, 바다가 없는 라오스에서는 우물에서 소금을 생산하였다.

유럽 지역에는 특히 암염이 많다. 모차르트의 고향이자 〈사운드 오브 뮤직〉의 무대로 유명한 오스트리아 찰츠부르크 근처에는 세계 최초의 소금 광산인 할슈타트가 있다. 도시 이름은 찰츠[salt]와 부르크[castle]의 합성어에서 유래되었다. 그리고 13세기부터 소금을 채굴한 폴란드의 비엘리츠카 소금 광산은 현재 성당과 전시실 등 다양한 문화공간이 조성되어 유명한 관광지가 되었다.

우리나라는 다른 나라와 달리 바닷물로 소금을 생산하였다. 다만 《영조실록》과 이익의 《성호사설》에는 북부지역에 나무에서 생산하는 목염(木鹽)이 있다고 기록하고 있다. 원래 식물에는 미량의 소금 성분이 있는데, 소금이 귀한 내륙에서는 붉나무의 열매를 채취하여 조미료와 간수로 사용하였다. 그리고 무장과 태안에 염정(鹽井)이 하나 있었다는 기록도 있다.

소금은 처음에는 바닷물을 토기와 솥에 넣고 직접 끓이는 해수직자식(海水直煮式)으로 생산하였다. 이 방식은 열 효율성이 떨어지고 생산성이 매우

통자락(위)과 함수통(간통)
함수통을 포함한 염전 전체 시설을 '통자락'이라 하고, 웅덩이
[鹽井]를 함수통 또는 간수통이라 한다.

낮았다. 그 때문에 통일신라시대를 전후하여 갯벌이 발달한 해안에서는 염
전(鹽田)을 만들어 3도의 바닷물을 1차 농축시켜 소금을 생산하였다.

소금은 크게 3가지 과정을 거쳐 생산되었다. 먼저 갯벌에 나무를 박아 우
물 모양의 함수통[鹽井]을 설치하였다. 다음으로 상현·하현 때 소에 써레·덩
이판을 메달아 염전 바닥을 여러 차례 갈아엎어 짠흙[함토(鹹土)]과 짠물[함수
(鹹水)]을 채취하였다. 마지막으로 물지게로 이 짠물을 큰 솥[鹽盆]에 운반한
후 끓여서 소금 결정체를 만들었다.

바닷물이 갯벌에서 멀리 물러나는 상현·하현 때 갯벌 한가운데에 나무를
촘촘히 박은 후 갈대·짚으로 그 주위를 둘러 깊이 1.5~2미터 정도의 우물
모양의 함수통을 만들었다. 이러한 구덩이와 직경 8~9미터의 염전 시설은

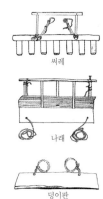

써레

나래

덩이판

써레질하는 염부와 염전에서 사용하는 기구들
써레는 염전 바닥을 갈아엎을 때, 나래는 함토를 긁어모을 때, 덩이판은 함토를 잘게 부술 때 썼다.

충청도에서 '통자락'이라 불렀고, 전라도에서 '섯등'이라 하였다.

이것이 완성되면 약 7~8일 동안 갯벌 흙에 소금기가 달라붙게 하여 짠흙[함토]을 만들었다. 소에 써레를 매달아 하루에 2~3차례 염전 바닥을 갈아엎고, 덩이판으로 잘게 부수기를 반복하였다. 이렇게 하면 더욱 소금기가 많이 달라붙은 함토를 만들 수 있다.

이러한 함토는 나래를 이용하여 함수통 주변에 긁어모았다. 여기에 밀물이 살짝 함토를 적시면서 농도 높은 짠물이 함수통 속에 모였다. 이 과정에서 3도의 바닷물은 15~18도의 짠물이 되며, 이 함수는 물지게로 솥에 운반하여 끓여서 소금을 생산하였다. 이 고농도의 짠물을 조개껍질이나 철로 만든 솥에 넣고 끓였기에 이 소금을 '자염(煮鹽)'이라 불렀다.

반면에 갯벌이 없이 모래가 있는 동해안과 서·남해안 일부 지역에서는 사정이 달랐다. 이곳은 염전 조성이 어려웠기에 해안가의 모래 위에 진흙이나 점질토를 두껍게 깔아 바둑판처럼 인공 염전[鹽板]을 만들어 소금을 생산하였다.

먼저 염전 바닥에 바닷물을 뿌리고 써레질을 하여 수분을 증발시킴으로써 소금기가 달라붙은 짠흙을 만들었다. 다음으로 함수통과 같이 염전 옆에 깊이 1.5~2미터 정도의 구덩이인 섯등을 판 후 그 위에 나뭇가지와 짚으로 체를 만들어 얹었다. 여기에 짠흙을 쌓고 바닷물을 부어 함수를 채취한 다음 끓여서 생산하였다. 화산지대인 제주도와 일본 역시 이와 비슷한 방식이었고, 일부는 넓은 암반 위에 바닷물을 증발시켜 자연 '돌소금'을 채취하였다.

18세기 이후에는 조수 간만의 차이가 적은 영흥·문천·김해 명지도·신안 지도에서는 제방을 쌓은 유제염전(有堤鹽田)이 만들어져, 상·하현의 조수에 상관없이 소금을 생산함으로써 생산성이 보다 향상되었다. 이러한 '자염' 방식의 소금 생산은 1940~1950년대까지 지속되었다.

소금은 이렇게 매우 복잡하고 고된 노동을 거쳐 생산되었다. 땡볕에서 하루 종일 작업을 해도 염분 하나에 5섬[石] 정도밖에 생산하지 못하였다. 게다가 '소금은 하늘이 짓는 농사'라는 말처럼 장마철은 제외되고, 봄·가을철 상·하현 때 한 달 중 10~12일밖에 생산할 수 없었다. 따라서 소금 1섬 가격은 쌀 1섬과 비교하여 1/2 가격에 거래될 만큼 비쌌으므로 19세기에도 소금은 여전히 '작은 황금'이었다.

한편 19세기 서해안 일부에서는 제방을 쌓아 저수지와 도랑을 만든 다음 5개의 구덩이를 조성하여 차례로 증발시키는 천일염 방식의 쇄염법(曬鹽法)이 등장하였다. 대규모 천일염전은 1907년 이후에야 조성되었다. 일본인들은 부평에 주안염전을 조성하였는데, 지금 인천광역시 부평구 십정동에는

일제강점기 인천 주안염전
일제는 1907년 바닷가에 긴 제방을 쌓아 근대식 대규모의 천일염전을 조성하였다.

'천일제염 기념비'가 세워져 있다. 요즈음에는 전기분해로 바닷물을 이온교환막에 통과시킨 정제염[기계염]이 생산되고 있고, 천일염을 다시 세척한 재제염[꽃소금]도 있다.

소금은 어떻게 유통되었나?

바닷가에서 생산된 소금은 수로와 육로를 거쳐 내륙 깊숙한 곳까지 유통되었다. 생산지에서 소비지로 이어지는 소금 길은 때로는 수백 리나 되는 고된 머나먼 여정의 길이었다. 고구려 을불(乙弗)이 미천왕(美川王)에 즉위하기 전 소금 장수를 한 데서 보듯이 상인들은 소금을 구입하여 교통의 중심지와 장터와 깊은 산골까지 돌아다니면서 판매하였다. 이 때문에 염포·염창·염리·염티·염전 해변 등 소금과 관련된 지명이 많이 생겼다.

17세기 이후 서울이 해상교통의 발달과 함께 인구 20여 만 명의 상업도시로 성장하면서 마포·용산 등은 상품유통의 중심지가 되었다. 이에 따라 전

김준근, 〈소금 장수〉 부분(프랑스 국립 기메동
양박물관 소장)

국에서 생산된 소금·곡물·어물 등은 선박을 이용하여 경강에 집결되었다가 다시 분산되었고, 1년에 이곳에서 유통된 소금은 수십만 석이었다.

당시 서울의 상업은 정부가 공인한 시전(市廛) 상인에게 역을 부담시키는 대가로 상품을 독점적으로 사고팔수 있는 특권인 금난전권(禁亂廛權)을 부여하는 시전 체제로 운영되었다. 소금 상인들[염선상(鹽船商)]이 선박으로 생산지에서 소금을 구입하여 한강 포구의 염창(鹽倉)에 도착하면, 여객 주인(旅客主人)이 구매 독점권을 가진 시전에 중개하였고, 시전은 이를 소비자에게 판매하였다.

서울에서 소금을 판매하는 상점[鹽廛]은 조선 전기에는 내염전[鹽床廛]과 용산염전이 있었고, 후기에는 도성의 경염전과 마포염전이 있었다. 경염전은 주로 선박으로 운송된 소금을 도성 안에서 판매하였고, 용산염전은 주로 수레나 짐바리로 운송된 소금을 판매하였다.

서울이 상업도시로 성장하고 새로운 염전이 생겨나면서 상업권과 시전의 운영권을 둘러싸고 상권 경쟁도 벌어졌다. 마포염전은 시전 체제에 새로이 편입되는 과정에서 내염전의 구매 독점권을 침해하였고, 젓갈을 판매하는 마포염해전은 젓갈 외에도 소금을 취급하여 경염전과 갈등하였다. 그리고 소금 유통의 이익이 크자 훈련도감 등 군영들도 난전에서 소금을 판매하였다.

이렇게 염전은 구매 독점권이라는 특권을 내세워 소금의 자유로운 유통을 왜곡하고 가격을 임의로 조종하여 서울의 소금값을 뛰어오르게 하는 등 큰 피해를 끼쳤다. 그 때문에 염선상들은 정부에 시정을 요구하는 동시에 그 대응책의 하나로 궁방·내수사 등 권력기관에 투탁하여 일정액을 납부하고 소금을 판매하기도 하였다.

18세기에 오면 염전이 단지 수세만 하고 염선상의 자유로운 판매를 허용하는 경향이 늘었다. 경염전과 마포염전은 소금 1섬당 각각 2전과 1전을 징수하였고, 소금 판매 가격 1냥마다 5푼씩을 거두기도 하였다. 이러한 독점적 도고(都庫) 상업은 1791년(정조 15) 신해통공으로 육의전을 제외하고 폐지되었다.

평소 2~3냥 하던 소금 한 섬의 가격은 장마철과 흉년에는 4~5냥이나 되었다. 이때 서울의 궁방·권세가·양인 등 대자본을 가진 상인들은 황해도를 비롯하여 생산지를 돌아다니면서 수백 석의 소금을 구입하여 판매하였다. 이들은 지역과 계절에 따른 가격 차이를 이용하여 6월경 지방에 내려가 소금을 사들인 후 장마철인 7~8월경에 소비자에게 판매하였다.

19세기 후반에 오면 소금의 생산과 유통으로 부를 축적하여 대지주로 성장한 사례가 많았다. 남양의 박씨 집안, 서산·태안의 이씨 집안, 암태도의 문씨·천씨 집안, 강릉 선교장의 전주 이씨가 대표적이다. 내포 지역의 이태영이 19세기 중반 자염업에 종사한 이후 이공우가 일제강점기 대지주가 되었다. 태안의 이희열은 10여 곳의 염전을 운영하여 수천 석의 소금을 서울과 인천 등지에 판매하였고, 이를 기반으로 그의 아들과 손자 때 여러 명이 대지주가 되었다.

지방에는 강을 거슬러 배로 수송하거나 행상이 육지에 지고 다니면서 소금을 판매하였다. 이때 소금 장수는 다른 지방의 재미있는 소식을 전해 주는 통신원과 문화의 전달자 노릇도 하였고, 때로는 문학작품에서 묘사되는 것처럼 사랑의 로맨스를 엮어 내기도 하였다.

특히 낙동강 유역의 소금 유통은 통영(統營)에서 상인의 사사로운 판매를 금지하고 이를 독점하였다. 그 때문에 소금값이 열 냥 이상으로 뛰어올랐으며, 많게는 5~6배의 이익을 남기기도 하였다. 최근 인기 있는 안동 간고등어는 남해안의 생선을 내륙으로 운송하는 동안 부패를 막기 위해 자주 소금을 뿌리면서 생겨난 것이다.

소금은 국가 재정에 어떻게 기여했는가?

인류 문명은 강에서 시작되었고, 국가의 번영과 운명은 소금에 좌우되었다. 소금 산업은 단기간에 막대한 이득을 얻을 수 있어 동·서양을 막론하고 일찍부터 국가가 이를 장악하였고, '나라를 넉넉히 하고 백성의 삶을 구제하는 길은 소금을 굽는 것이 으뜸'이라고 하였다. 소금을 뜻하는 한자 '염(鹽)'은 신하[臣], 소금물[鹵], 그릇[皿]으로 구성되어 국가가 이를 관할하였음을 의미한다.

고대국가부터 소금과 철은 국력과 직결되었고, 이를 장악한 세력이 중심국가로 성장하였다. 중국의 주·진·한·당·송은 모두 소금으로 국가재정을 크게 확충하였다. 로마제국은 60여 곳의 소금 산지를 점령하여 소금으로 번영의 기반을 삼았으며, '모든 길은 로마로 통한다'라는 말이 있듯이 소금을 운송하려고 살라리아 가도를 건설하였다.

우리나라에서도 일찍부터 철과 소금 확보에 주력하였다. 고구려는 동해안의 옥저를 복속시켜 천리 먼 길에서 소금과 해산물을 공급 받았다. 광개토대왕은 만주 일대의 염수(鹽水)를 정복하여 소금을 확보하기도 하였다.

고려 말에는 궁핍해진 국가재정의 해결 방안으로 소금세를 이용하였다. 권문세족과 사찰은 원나라에 보내는 공물 조달로 재정이 어려워진 가운데 토지와 염분까지 차지하여 막대한 이득을 독점하였다. 이에 충선왕은 국가재정을 확충하고 권문세족을 억누르기 위해 소금의 전매정책을 실시하였다.

조선 초기에는 개인의 염분(鹽盆) 소유를 허용하고, 국가는 생산자에게 일정액의 세금을 징수하였다. 세종 말 흉년에 굶주린 백성을 구제하기 위하여 의창곡(義倉穀)을 마련하려고 소금 전매를 추진했으나 오히려 가격 폭등을 초래하여 곧 폐지하였다. 소금 정책은 생산은 염한(鹽漢)에게, 유통과 판매는 상인에게 맡겨 세금을 징수하는 수세제로 운영되었고, 호조는 세금으로 거두어들인 소금을 곡식과 면포로 교환하여 군사재정에 활용하였다.

16세기 후반 임진왜란 이후에는 염분에 대한 수세권이 '절수(折受)'의 이름으로 궁방과 중앙 관청에 지급되어 국가재정에 제대로 활용하지 못하였다. 그 후 절수는 더욱 확대되고 국가재정이 어려워지자 수세권을 환수하자는 논의가 계속되었으나, 왕과 직결된 세력의 반대로 실현되지 못하였다. 그러다가 17세기 후반에는 기존 궁방의 절수는 금지하고 신설 궁방에도 3곳[坐]으로 제한하였다가, 1750년(영조 26) 균역법을 시행하여 균역청에 수세권을 귀속시켰다.

이후에도 소금 전매제는 실시되지 않았고 수세제로 운영되었다. 국가가 직접 소금의 생산과 유통을 관장하면 광범위한 생산시설을 관리·유지하는 데 여러 문제가 발생할 수 있고, 생산 활동을 포함한 유통경제 전반을 위축시킬 수 있었기 때문이다.

소금 산업은 긴급한 재정확충이 필요할 때 요긴하게 활용되었다. 임진왜란 때에는 유성룡의 건의에 따라 국가가 염분을 설치하여 소금을 생산·판매하였고, 병자호란 이후에도 청에 지급할 막대한 세폐(歲幣)를 마련하는 데 활용하였다. 당시 서산과 태안 등에 관영 자염장을 설치하여 소금을 생산·판매함으로써 호조 재정의 7~8퍼센트에 해당하는 큰 재정적 효과를 거두었다.

소금은 흉년과 기근이 발생했을 때에도 크게 활용되었다. 국가재정이 어려운 가운데 굶주린 백성들에게 지급할 진휼재원을 마련하는 일은 매우 중요하였다. 특히 영조 때 김해 명지도에 관영 자염장을 설치하여 그 수입을 진휼곡 마련 등 여러 용도에 활용하였다. 소금 산업은 재정확충에 매우 효과적이었으나 당시 정부는 전선과 조운선을 확보하려고 금송책(禁松策)을 최우선하였고, 산림천택(山林川澤)은 백성과 함께 이익을 공유해야 한다는 '여민공지(與民共之)' 이념 때문에 계속 시행될 수 없었다.

바다와 토지는 사회 구성원 모두가 그 이익을 공유할 공공재이지만 오늘날에도 또 다른 형태의 '절수'가 행해지고 있다. 현재에도 특정 세력과 계층의 이기심은 삶의 터전이자 생활공간을 빼앗아 수많은 골프장·공항·군사기지·아파트를 세워 그 이익을 강탈하고 있다. 바다 생명체의 보고이자 어민들의 젖줄인 새만금의 갯벌을 메워 세계 최대 30개 규모의 골프장을 건설하려는 현실이 그 예이다.

조선 중기 임꺽정이 항쟁을 일으킨 원인의 하나가 공동으로 이용하던 강과 바닷가의 갈대밭과 거기서 나는 이익을 궁방과 권세가가 독점하였기 때문이라는 점은 시사하는 바가 크다. 일찍이 다산 정약용은 소금업의 폐단을 비판하고 나름대로 대안을 제시했다. 그 동상의 두 눈이 "자신의 오늘과 우리들의 오늘이 어떻게 다른가?"라며 200여 년이라는 시대를 뛰어넘어 우리에게 강하게 묻고 있다.

김의환 _충북대 교수

농사는 어떻게 지었나

김건태

농토의 확장

요사이 우리 식단에 오르는 음식 가운데 국내에서 생산된 농산물로 만든 것은 쌀밥과 김치뿐이라고 해도 지나친 말이 아니다. 나머지 음식은 대부분 외국에서 수입된 원료로 만든 것들이다. 그에 따라 외국 농산물이 대량 수입됨으로써 농산물 값이 하락하고 농민이 파산하는 중대한 문제가 생겨났다. 그러나 정부와 대다수 국민들이 오늘날의 농촌문제에 대해 가지는 관심은 그다지 크지 않은 듯하다.

이와 달리 조선시대에는 농사와 관련된 여러 가지 일은 정부와 백성들의 가장 중요한 관심사였다. 식량의 자급자족 문제는 바로 국가의 흥망성쇠와 직결되었기 때문이다. 그래서 당시 사람들은 더 많은 식량을 확보하기 위하여 여러 방면으로 노력하였다. 그 가운데 하나가 새로운 농지를 확보하는 일이었다.

고려 말 홍건적과 왜구의 침략으로 말미암아 적지 않은 농민들이 정든 고향 땅을 뒤로 하고 피난길에 나섬으로써 농토의 상당 부분이 황폐화되었다.

농촌이 활기를 되찾기 시작한 시기는 조선 건국을 전후한 무렵이었다. 농민들이 고향으로 돌아가서 황폐한 지역을 개간하였던 덕분이다. 그 결과 15세기 전반 《세종실록지리지》가 편찬된 시점에는 농토가 고려 말보다 두 배 반 정도 늘어 170만 결 정도에 달하였다. 이때 새로이 확보된 농토의 상당 부분은 중앙의 권세가에서 주도한 바닷가 간척 사업으로 마련된 땅이었다. 16세기에는 내륙 지방의 황무지를 농토로 일구는 개간도 활발히 진행되어 농토가 앞 시기보다 더 늘어났다.

개간과 간척 사업으로 북부 지역에 적지 않은 농지가 새로이 생겼으나 농경지의 대부분은 여전히 하삼도, 즉 전라·경상·충청도에 분포되어 있었다. 15세기에는 하삼도와 경기도의 논밭이 전국 농경지의 60퍼센트 정도를 차지하였다. 농경지의 절대 면적뿐만 아니라 논과 밭의 분포 비율 또한 지역적으로 편중되어 있었다. 이 시기 농경지에서 논이 차지하는 비율은 20퍼센트, 밭이 차지하는 비율은 80퍼센트 정도였다. 그리고 논의 80퍼센트 정도는 하삼도와 경기도에 분포되어 있었다. 결국 논농사 지대는 경기도와 하삼도에 편중되어 있었고, 강원도를 비롯한 북부 지방은 대부분 밭농사 지대였다.

시간이 지남에 따라 농경지 가운데서 논이 차지하는 비율은 조금씩 높아졌다. 19세기 말이 되면 전체 경지에서 논의 면적이 차지하는 비중은 30퍼센트, 밭은 70퍼센트 정도였다. 밭을 논으로 전환하는 작업이 진행되었기에 이같이 논의 비율이 높아졌다. 논농사의 중요성이 강조되고 수리 시설이 확충됨으로써 그러한 현상이 일어나게 된 것이다. 여기에 더하여 지속적으로 이루어진 개간 사업도 논의 비중을 높이는 데 적지 않은 기여를 하였다.

모내기에서 벼 베기까지

조선 정부는 밭농사보다 논농사를 더 중요시하는 농업정책을 시행하였다. 공물을 쌀로 받은 17세기 이후 이 같은 현상은 더욱 심해졌다. 경기도와 하삼도의 농민 또한 논농사, 곧 벼농사에 많은 관심을 가지고 있었다. 그런데 정부와 농민이 많은 관심을 쏟았던 벼농사는 밭농사에 비해 그 과정이 더 복잡하고, 많은 노동력이 필요했다.

벼 재배 과정은 이른 봄철 논을 갈고 고르는 작업, 봄철의 씨앗 뿌리기와 씨앗 덮기, 여름철의 김매기와 비료 주기, 가을철의 벼 베기, 늦가을 초겨울의 논갈이 작업으로 이루어졌다. 벼 재배 방법에는 물을 채운 논에 미리 발아시킨 볍씨를 파종하는 직파법, 비료 성분을 묻힌 볍씨를 물이 없는 논에 파종하는 건경법, 못자리에서 모를 일정 정도 키운 다음 전체 논으로 옮겨 심는 이앙법 등이 있었다.

조선 초기까지도 대부분의 농민들은 그들의 조상이 했던 것처럼 직파법으로 벼를 재배하였다. 직파법으로 벼를 재배하게 되면 농부들은 이른 봄철에 쟁기를 사용하여 논을 한두 차례 갈아 두었다가 4월 중순에서 하순 사이에 써레를 이용하여 논을 고른 다음, 미리 발아시켜 둔 볍씨를 파종했다. 그리고 한 달가량 지난 후부터 호미를 이용하여 김매기를 시작하는데 추수 때까지 총 네댓 차례 반복했다.

이앙법으로 벼를 재배할 경우 농부들은 이른 봄철에 쟁기를 사용하여 한두 차례 논을 갈아 두었다가, 그 가운데 대략 1할 정도의 면적에 4월 하순경에서 5월 초순에 못자리를 설치하였다. 모가 모판에서 자라는 동안 떡갈나무의 잎, 연한 버드나무 가지 등을 사용하여 만든 거름을 모낼 곳에 뿌려 준

다. 볍씨를 뿌리고 약 한 달이 지난 6월 초순경부터 모내기를 하는데, 한 그
루는 어린 모 네댓 포기를 넘지 않도록 하고, 그루와 그루 사이 간격을 적당
히 남겨 두었다. 김매기는 모낸 후 약 20일이 지나서부터 시작하며 추수 때
까지 모두 두세 차례 실시하였다. 잡초가 그다지 많지 않을 경우 맨손으로
김매기를 하기도 하였다.

이앙법이 가져다준 이득

이앙법으로 벼를 재배하던 농부들은 직파법으로 벼를 재배하던 사람들보
다 김매는 횟수를 줄일 수 있었다. 여기에 더하여 이앙법으로 벼를 재배하게
되면 직파법에 비해 한 번 김맬 때마다 들어가는 노동력도 절감되었다. 이
앙법으로 벼를 재배하면 직파법으로 재배할 때보다 대략 6, 7할 정도의 김

매는 노동력을 절감할 수 있었다. 하늘에서는 쇳덩이도 녹일 듯한 햇볕이 내리쬐이고 논에서는 온몸을 땀으로 적셔 버리는 열기가 솟아오르는 여름날, 허리를 구부려 벼 사이에서 자라고 있는 잡초를 제거하는 일은 대단히 고통스러운 작업이었다. 이앙법은 농민들의 이러한 고통을 훨씬 덜어 주었다.

이앙법으로 벼를 재배하던 농부들은 김매는 노동력을 절감하는 효과에 더하여 다른 즐거움도 동시에 누릴 수 있었다. 이앙법으로 벼를 재배하면 동일한 면적에서 생산되는 벼의 수확량이 직파법으로 재배할 때보다 더 많았다. 이앙법으로 벼를 재배함으로써 논을 더욱 기름지게 할 수 있었기 때문이다. 논을 기름지게 하는 작업은 초겨울 혹은 이른 봄에 새로운 흙을 논에 넣어 주는 객토, 씨앗을 뿌리기에 앞서 다양한 비료 성분을 넣는 기비(基肥), 벼가 자라는 동안 비료 성분을 뿌려 주는 추비(追肥) 등이 있다. 이앙법으로 벼를 재배하면 기비를 더욱 효과적으로 할 수 있었다. 모가 모판에서 자라는 동안 연한 떡갈나무 잎, 어린 나뭇가지 등을 잘라서 모내기 할 논에 넣어 주었다. 그리고 김매는 품이 줄어 놀게 된 일손으로 여름철에 무성히 자란 풀을 베어 퇴비로 만들어 두었다가 봄에 모내기할 논에 뿌려 주었다.

이앙법은 또한 벼 재배가 끝난 가을부터 이듬해 모내기가 시작되는 초여름까지 논을 밭으로 이용할 수도 있도록 해 주었다. 벼농사가 끝난 논의 물을 빼고서 그곳에 보리를 심고 이듬해 늦봄 보리를 수확한 후 다시 물을 대어 모판에서 자라고 있는 모를 옮겨 심었다. 이러한 벼와 보리의 이모작은 18세기 중·후반에 금강 이남 지역에 널리 보급되었다.

우리 조상들은 이 같은 엄청난 효과를 가져다준 이앙법을 왜 일찍부터 실시하지 않았을까? 그 까닭은 이앙법이 앞에서 열거한 장점만이 아니라 단점도 가지고 있었기 때문이었다. 이앙법은 모내기 시기에 가뭄이 들면 농사를 그르칠 위험성이 높은 재배법이었다. 이 같은 단점 때문에 15세기 동안 조정은 이앙법을 금지하였다. 그러나 앞서 본 여러 장점 때문에 조정의 금지 조치에도 시간이 지날수록 이앙법으로 벼를 재배하는 농민의 수가 늘어났던 것이다.

15세기에 경상도 북부의 일부 지역, 그리고 강원도 동해안 일부 지역에서 조금씩 실시되는 수준에 머물

〈경직도〉 부분(국립중앙박물관 소장)
이앙 후 김매기 하고 물 대는 모습을 그린 것이다. 김매기는 대체로 2번 정도 하고, 일찍 심은 벼는 3차례 하기도 했다. 이앙 후 주기적으로 물을 넣고 빼 주어야 한다. 물이 항상 차 있으면 벼가 잘 자라지 않고, 심지어 썩기도 한다.

러 있던 이앙법은 16세기 후반이 되면서 경상도 북부 지역에서는 일반화되기에 이르고, 17세기 후반이 되면 하삼도 지역의 농민들은 대부분 이앙법으로 벼를 재배하였다. 이 같은 이앙법의 일반화는 수리 시설의 확충과 긴밀한 연관을 맺으면서 진행되었다. 이앙법의 일반화에 가장 큰 영향을 미친 수리 시설은 보(洑)였다. 보는 작은 하천 혹은 개울을 가로질러 둑을 쌓아 물을 저장하는 수리 시설로 천방(川防)이라고 부르기도 했다.

한편 이앙법은 김매는 노동력을 줄일 수 있었지만, 대신 모내기할 때에는 짧은 기간에 많은 일손이 필요했다. 그래서 이앙법이 일반화되면서 두레라는 공동 노동조직이 생겨났다. 두레가 활성화됨으로써 모내기 작업을 더욱 효과적으로 할 수 있었다.

노란색 쌀과 회색 쌀

벼가 방앗간을 거치면 윤기가 흐르는 흰 쌀이 된다. 쌀의 종류에는 흰색 쌀 외에도 밭에서 자란 곡식을 가공함으로써 얻게 되는 회색 쌀과 노란색 쌀이 더 있다. 회색 쌀은 보리의 껍질을 벗긴 보리쌀이고, 노란색 쌀은 조의 껍질을 벗긴 좁쌀이다. 밭에서는 보리, 조 외에도 콩을 비롯하여 다양한 농산물이 생산되었다. 그 가운데 남부 지역에서는 보리가 특히 중요시되었다. 가을 곡식이 바닥을 보이기 시작하는 봄철, 농민들의 희망은 오직 들판에서 넘실거리는 보리뿐이었다. 보리가 익을 때까지 주린 배를 움켜쥐고 생활하는 시기, 그 기간이 곧 '보릿고개'였다. 보리를 수확하는 하지 무렵부터 갑자기 사라지는 고개였다. 보리 수확기는 초여름이었지만 파종 시기는 보리 종류에 따라 달랐다. 가을철에 파종하는 보리는 가을보리, 봄에 파종하는 보리는 봄보리라고 불렀다.

적지 않은 농부들은 이미 15세기에 보리를 베어 내고, 그 자리에 다시 콩을 심기도 하였다. 이같이 같은 밭에서 1년 동안 보리와 콩을 교대로 경작하는 방식을 그루갈이라고 한다. 모든 콩을 그루갈이로 재배하지는 않았다. 어떤 콩은 봄철에 파종해야만 제대로 자랄 수 있었다. 그러므로 콩은 종류에 따라 봄에 심기도 하고, 초여름에 심기도 했다. 보리, 콩과 달리 조는 모두 봄에 심었다. 봄철 밭에서 보리, 콩, 조가 동시에 자라고 있었으므로 이러한 작물을 같은 밭에서 섞어 짓는 일은 쉬운 작업이 아니었다. 밭작물의 김매기에도 적지 않은 노동력이 필요했기 때문이다. 15세기에는 농지가 적은 농민들만이 섞어짓기를 조금씩 행하고 있었다.

보리, 콩, 조의 섞어짓기는 17세기 말 18세기 초에 일반화되었다. 이 시기에는 밭작물의 파종 방법도 변했다. 밭작물의 파종 방법에는 밭갈이로 인해 높아진 부분인 이랑에 씨앗을 파종하는 농종법(壟種法), 고랑에 종자를 뿌리는 견종법이 있었다. 조선 후기가 되면 대부분의 밭작물을 견종법으로 재배하였다. 견종법으로 파종한 작물은 이랑이 바람을 막고 습기를 머금어 주므로 이랑에 파종한 작물보다 추위와 가뭄에 강했다. 나아가 곡식이 어느 정도 자라면 이랑 부분의 흙으로 곡식의 뿌리 부분을 덮어 주어 작물이 더욱 충실하게 자라도록 하였다. 견종법은 밭갈이에 이용할 수 있는 소가 늘어남에 따라 더욱 발전하였다. 밭갈이가 더 효과적으로 행해짐으로써 이랑과 고랑의 구분이 더욱 확연해진 것이다.

견종법과 섞어짓기는 이앙법이 일반화됨으로써 빠르게 확산되었다. 이앙법의 실시로 절감된 노동력이 밭농사에 투입되었기 때문이다. 이앙법이 널리 보급되자 재배 기간 동안 많은 노동력이 필요한 상품작물의 재배도 용이해져 농민들의 실생활에 커다란 변화가 일었다. 고려 말 전래되어 16세기에 전국적으로 확산된 면화는 파종 이후 보통 일곱 차례 정도 제초 작업을 한 다음 수확하였다. 16세기 말 전래되어 18세기 전반기에 전국적으로 확산된 연초는 일반

심사정, 〈벼베기〉 부분(국립중앙박물관 소장)
조선 후기에는 10월 말경에 벼베기를 했다. 대체로 벤 벼를 며칠 간 논에서 말리는데, 단으로 묶어 세워 두기도 하고, 논두렁에 널어 두기도 했다. 이렇게 바짝 말려야만 벼가 썩지 않고, 타작도 쉽다.

밭작물의 대략 두세 배의 노동력을 필요로 했다. 연초를 비롯한 대부분의 상품작물은 많은 거름을 주어야만 제대로 자라므로 농부들은 논밭의 김매기가 거의 끝나는 늦여름 무렵에 퇴비용으로 적합한 풀을 베어 두었다가 필요할 때 사용하였다.

이앙법, 섞어짓기, 견종법이 일반화된 조선 후기의 농민들도 여전히 자연재해로부터 자유롭지 못했다. 이 시기에는 흉년에 대비하기 위한 구황작물이 널리 보급되었다. 조선 전기부터 내려오는 대표적인 구황작물은 메밀이었다. 오래전부터 농민들은 가뭄이 들어 벼를 재배하지 못하게 된 논에 메밀을 심어 식량으로 사용했다. 조선 후기에는 가뭄에 대비한 작물이 더욱 다양하게 보급되었다. 메밀에 더하여 북쪽 지방에는 감자, 남쪽 지방에는 고구마가 전래되면서 이전 시기에 비해 더욱 효과적으로 가뭄에 대처할 수 있게 되었다.

땅 없는 농민의 설움

모든 농민들이 자신의 땅을 갖고 농사를 짓지는 않았다. 15세기에는 거대한 기와집을 둘러싼 아담한 초가집 주위에 논밭이 흩어져 있는 농장에서 생활하는 노비들이 전형적인 예였다. 이들은 지주가 제공해 주는 종자와 농기구로 지주의 땅을 경작했다. 노비 가운데 일부는 지주로부터 매달 양식을 제공 받았고, 나머지 다수는 가을철 수확한 곡식 가운데 일부를 자신의 몫으로 배당 받았다. 지주가 노비에게 곡식을 배당하는 양은 사회적 관행에 따라 정해지는 것이 아니라 개별 지주마다 달랐다. 이 시기에는 노비뿐만 아니라 일반 양민들도 지주의 경지를 빌려 경작했다. 이 경우 경작인들은 수확물을 지주들과 반분하였는데, 이러한 방식을 당시에는 병작이라고 불렀다.

15세기 전반까지만 하여도 국가는 병작제를 금지하였다. 그렇지만 병작제는 날로 확산되어 16세기 후반 무렵부터 지주 경영의 중심을 이루었다. 병작제의 일반화는 농민의 몰락과 긴밀한 연관을 맺으면서 진행되었다. 이 시기의 과중한 부세는 자영농의 몰락을 초래하였고, 토지를 잃어버린 이들은 병작으로 지주들의 농지를 경작했다. 여기에 더하여 농장에서 생활하던 노비들도 지주가 임의적으로 곡물을 분배하는 처사에 대해 태업으로 맞섰다. 이 같은 사태가 빈번해짐에 따라 지주들은 노비들에게도 병작 방식으로 땅을 빌려주었다.

17, 18세기 이후의 지주제는 이전에 비해 상당히 변모하였다. 병작제에서는 지주가 종자와 전세를 부담하는 것이 관행이었다. 그런데 18세기 후반

김홍도, 〈타도락취도〉 부분(국립중앙박물관 소장)

논에서 말린 벼를 가져와 바로 타작하기도 하고, 마당에 쌓아 두었다가 필요할 때 타작하기도 했다. 볏단을 나무나 돌에 내리치는 방법으로 타작했다. 또는 그네라는 연장을 사용하여 벼를 훑었다. 그네는 마치 나무로 만든 새총같이 생겼는데, 벼를 한 움큼 쥐고 V자 모양으로 생긴 곳에 놓고 당기면 알곡이 떨어진다.

이후부터 서서히 병작인이 부담하기 시작하여, 18세기 말 19세기 초에는 관행으로 굳어졌다. 이처럼 전 시기에 비해 경작인들의 부담은 더욱 늘어났으나 지주로부터 병작지를 얻기는 더 어려워졌다. 토지가 소수의 지주에게 집중되어 토지 없는 농민이 다수 생겨난 결과였다. 17세기 후반에는 그전에는 볼 수 없던 도지제가 생겨났다. 도지제는 풍흉에 관계없이 가을이 되면 계약으로 미리 정해진 지대액을 지주에게 납부하는 정액 지대 방식이었다. 경작인들은 도지액이 일반적으로 연평균 소출의 반이 안 되므로 병작제보다 도지제를 선호하였다. 그렇다고 도지제가 항상 경작인에게 유리하게 작용하지는 않았다. 가뭄과 수해 등이 찾아와 흉년이 든 해에는 도지제하의 경작인이 부담해야 하는 지대액이 결코 적은 양이 아니었기 때문이다.

이러한 변화와 더불어 이전에는 볼 수 없었던 새로운 성격의 농부들이 농촌 사회 내부에서 나타났다. 바로 광작농(廣作農)들이다. 양반 지주, 서민 지주, 그리고 차지농으로 구성되어 있던 광작농들은 가족노동력에 더하여 임노동자를 고용해서 농사를 지은 다음 농산물을 시장에 내다 팔아 소득 증대를 꾀했다. 이 시기 광작하는 농민들이 출현하게 된 데에는 제초 노동력의 절감을 가져다준 이앙법의 일반화가 적지 않은 영향을 주었다. 이러한 광작농의 출현은 토지 없는 농민의 상당수가 병작지를 얻기 어렵게 만들어 이들이 농업이 아닌 다른 수단으로 생계를 꾸려 나가도록 내모는 한 원인이 되었다.

조선 후기에는 가족노동력 중심으로 면화, 연초 등의 상품작물을 소규모로 재배하여 가계 수익을 늘려 가는 현상이 일반화되어 있었다. 지역에 따라서는 임노동을 고용하여 전업적으로 상품작물을 재배하는 농가도 출현하였다. 그러나 농민의 노력으로 이익이 늘어날수록 수령과 향리, 향임 등의 침탈도 늘어나 이에 대한 농민의 항쟁도 점차 치열해져 갔다.

김건태 _서울대 교수

농민의 하루살이와 한해살이

염정섭

조선시대 농민에 대한 인상

흔히 조선시대의 농민은 심한 수탈을 받은 것으로 인상 지워져 있다. 농민은 한 해 농사를 천신만고 끝에 마치고 나면 허리 한번 제대로 펼 겨를도 없이 땅 주인과 관청으로부터 살을 저미는 수탈을 받는 모습으로 묘사되기 일쑤다. 현재 남아 있는 족보를 뒤져 보면 어느 집안의 조상일지라도 모두 양반인 것처럼 되어 있지만, 우리 대부분의 선조들은 농업 활동을 영위한 농민들이었다.

옛 농민들에게는 오늘날에는 어디에서나 쉽게 구할 수 있는 화학비료가 없었으며, 변변한 농기구조차 갖춘 경우가 드물었다. 이러한 농사 환경 속에서 농민들은 무척이나 힘들게 농사를 지었다. 문인화가들의 산수화 속에 그려져 있는 아름다운 산수를 배경으로 넓은 들판에서 일하는 목가적인 모습의 농민은 현실 농민 생활에서는 쉽게 찾을 수 있는 것이 아니었다.

조선의 농민들은 시큰거리는 허리를 두들겨 가며, 이마를 땀방울로 가득 채운 채, 김이 모락모락 나는 육수가 등줄기를 따라 흘러내려 가는 것을 느끼면서 계곡 언저리와 자그마한 도랑 근처의 논밭에서 농사일을 하였다. 농민의 대부분은 광대한 토지를 소유하고 있던 땅 주인에게 겨우 몇 배미의 땅 조각을 빌려서 농사를 지을 수밖에 없었던 소작인이었다. 자그마한 땅 조각을 가지고 있더라도 조만간 다른 사람의 손으로 넘어가기가 일쑤였다. 흔히들 지적하다시피 찢어지게 가난하여 하루하루를 겨우겨우 연명하고 있었다. 농부들의 하루는 말 그대로 고단한 나날이었다. 오늘날에는 아련한 그리움마저 곁들여서 사람들 입에서만 오르내릴 뿐인 '보릿고개[맥령(麥嶺)]'가 그때에는 고개 너머로 가기 위해서는 갖은 고초를 겪어야만 하는 험하디 험한 고개로 자리 잡고 있었다. 이렇게 비참한 지경에 처해 있던 것으로 묘사되는 농민의 모습은 과연 사실일까?

농민의 하루살이

조선시대 농부의 하루 일과는 대체로 긴 생산 노동 활동과 짧은 휴식으로 구성되어 있었다. 먼동이 트면서 아직은 모습이 드러나지 않은 햇빛이 먼발치에서 비치기 시작하는 이른 새벽부터 농부들은 일을 시작한다. 아침 식사는 일을 시작한 지 한참 지나서야 겨우 맞이할 수 있다. 그냥 서 있기만 해도 흐르는 땀을 주체할 수 없는 여름철 뙤약볕 아래에서 굵은 땀방울을 흘리며 일하다가 시원한 바람에 옷깃을 열고 잠시 쉬기도 한다. 어느덧 점심때가 되어 보리밥에 콩잎 나물을 반찬 삼아 나누어 먹은 뒤 잠시 낮잠을 즐기기도 한다. 해가 서쪽 산마루 너머로 떨어진 뒤 시냇물에 손발을 씻고 집으로 돌아오면 저녁 식사가 기다린다.

김홍도, 〈수운엽출(水耘饁出)〉 부분, 《행려풍속도》(국립중앙박물관 소장)
논에서 김매기를 하는 농부들에게 들밥을 내가고 있다.

하루 농사일을 수행하는 데에는 노래와 오락이 곁들여지기도 했다. 일하면서 부르는 노래는 노동의 고단함을 달래 주는 동시에 일의 능률을 높이기 위한 것이었다. 농요(農謠)로 불리는 이와 같은 노래(소리)들은 각 지방에 따라 그리고 농사일에 따라 매우 다양하였다. 솔직담백하게 농민의 생활상을 담은 농요에는 농민들의 애환이 담겨 있었다. 흙거름을 나르면서 부르는 〈흙거름 노래〉, 소에 쟁기를 매고 논밭을 갈 때 부르는 〈소 모는 소리〉, 특히 제주도에서 말을 이용하여 밭을 밟게 하면서 부르는 〈밭 밟리는 소리〉, 모가 자라 모내기를 하기 위해 여럿이 모를 찌면서 부르는 〈모 찌는 소리〉, 모를 심으면서 부르는 〈모내기 소리〉, 수십 명씩 두레패를 이루어 풍악을 치면서 논 맬 때 부르는 〈김매기 소리〉, 벼 타작을 하면서 부르는 〈바심 소리〉 등이 작업 현장에서 농부들이 부르는 노래였다. 이 노래들은 개인적으로 부르기보다는 집단으로 노동할 때 함께 불렀고, 입에서 입으로 이어지면서 현재까지 전해 오고 있다.

24절기와 한 해 농사

농민의 한해살이는 농사일을 중심으로 이루어졌다. 일반적으로 명절이나 생일, 제삿날 등은 모두 음력(陰曆)을 썼지만, 한 해의 농사는 태양의 움직임에 따라 정한 24절기에 맞추었다. 조선시대 농민들은 한 해 농사 과정을 이러한 24절기에 따라 진행함으로써 태양의 실제 움직임에 따라 나타나는 계절의 변화와 음력이 어긋나는 현상을 보완할 수 있었다.

계절을 24절기에 따라 나누어 보면 입춘에서 입하까지가 봄, 입하에서 입추까지가 여름, 입추에서 입동까지가 가을, 입동에서 입춘까지가 겨울이다. 24절기는 파종·제초·이앙 등의 농사일마다 해야 할 시기를 알려 주는 중요한 기준이었다. 17세기 초반 고상안(高尙顔)이 지은 《농가월령(農家月令)》이라는 농서(農書)에서도 농부들이 수행해야 할 농사일을 24절기를 기준으로 나누었고, 또 19세기에 정학유(丁學游)는 《농가월령가(農家月令歌)》라는 가사를 지어 농민들의 24절기에 따른 농사일을 노래하였다. 《농가월령》과 《농가월령가》에 묘사된 농사일과 여타의 세시풍속(歲時風俗)을 참고하여 24절기에 따른 관행적 농사법을 다음과 같이 정리할 수 있다.

태양력에 따르면 입춘(立春)과 우수(雨水)가 들어 있는 2월에 농부들은 한 해의 농사를 준비한다. 이때에는 국가에서도 농사를 권장하는 데 힘을 쏟는

《농가월령》(왼쪽)과 《농가월령가》

24절기에 따른 농부들의 삶

절기	월일(양력)	벼농사	잡곡 농사	의식주와 기타 잡일
입춘(立春)	2월 4일경	농기구 손질하기(봄 농사 준비)	얼보리 만들기	
우수(雨水)	2월 18일경	잡초 태워 재 만들기	얼보리 파종	목화밭 갈기 도롱이 만들기 메주 만들기
경칩(驚蟄)	3월 5일경	논밭에 재 묻기(비료 주기)	얼보리 심기 완료	삼씨 뿌리기 햇볕에 메주 쬐기
춘분(春分)	3월 20일경	논 갈기	얼보리밭에 조나 콩 심기 묵은 땅을 갈아 기장·조 파종 준비 여러 가지 채소 파종	쪽(옷감의 염료) 파종
청명(淸明)	4월 5일경	조앙종(이앙 벼) 올벼(직파 벼) 파종	올조, 올기장 파종	누에알 부화시키기
곡우(穀雨)	4월 20일경		율무 파종	목화 파종 누에섶(누에집) 만들기
입하(立夏)	5월 5일경	차도(올벼 다음 직파 벼) 파종 천수답에 건답 직파하기	보리밭 김매기 들깨 파종	뽕잎 따서 누에 먹이기
소만(小滿)	5월 21일경	늦벼(차도 다음 직파 벼) 파종 조앙종 모내기 파종 못 한 천수답에 만앙종 파종	올조, 올콩 김매기	목화밭 김매기
망종(芒種)	6월 5일경	차앙종(조앙종 다음에 심는 이앙 벼) 모내기	담배 모종 옮겨 심기 도리깨 수리(보리타작 준비)	왕골 베어서 자리 짤 준비 목화밭 김매기
하지(夏至)	6월 21일경	만앙종 모내기	보리 수확 보리 껍질로 재를 만들어 똥오줌과 섞어 비료 제작 보리를 수확한 밭에 그루갈이	
소서(小暑)	7월 7일경	논 김매기	얼보리가 자라던 곳을 분경하여 콩과 조 북돋우기 잡초와 버들가지를 베어서 외양간에 넣기 (비료 만들기)	
대서(大暑)	7월 23일경		올기장, 올조 수확 올기장, 올조 다음의 그루갈이	

130 조선시대 사람들은 어떻게 살았을까 2

절기	월일(양력)	벼농사	잡곡 농사	의식주와 기타 잡일
입추(立秋)	8월 7일경	논의 피 뽑기	메밀 파종 콩과 조밭 뿌리 북돋우기	삼밭에 무 사이짓기(김장용) 목화밭 김매기
처서(處暑)	8월 23일경	올벼 수확	잡초와 버들가지를 베어서 잘게 잘라 외양간에 넣기	
백로(白露)	9월 7일경	다북쑥을 베어서 비 맞지 않게 묶어 두기	잡초와 떡갈나무 가지를 베어서 외양간에 넣기	배추 파종(김장용)
추분(秋分)	9월 23일경	차도 수확 짚단 펼쳐서 말리기	가을보리 파종 밀 파종	
한로(寒露)	10월 8일경	잡초·떡갈나무 가지 베어 두기		풀 베어 말려서 쌓아 두기
상강(霜降)	10월 23일경		들깨 수확 늦곡식 수확	닥나무 베어 내서 가공하기 칡뿌리 채취해서 밧줄 만들기
입동(立冬)	11월 7일경		토실 만들기	갈대와 풀억새를 베어서 봄에 누에섶 재료 준비 메주 만들기 담장, 벽, 창호 고치기
소설(小雪)	11월 22일경	도리깨로 볏단 타작	나머지 곡식 수확 밭을 갈아 고랑 만들기	목화밭 뒤집어 엎고 갈기 땔감 쌓아 두기 억새풀 베어서 이엉 만들기
대설(大雪)	12월 7일경			물고기와 소금 교역하기 땔감 쌓아 두기 띠풀 채취 마소 잘 돌보기
동지(冬至)	12월 22일경		토실 만들기	소의 등을 두텁게 덮어 주기 멍석 짜기 이엉 엮기
소한(小寒)	1월 5일경			멍석 짜기 이엉 엮기
대한(大寒)	1월 20일경		보리 씨앗 준비	말똥 줍기(더위 먹었을 때의 약)

전거: 한국생활사박물관 편찬위원회, 《한국생활사박물관》9(사계절, 2003), 56~57쪽

다. 경칩(驚蟄)과 춘분(春分)이 들어 있는 3월에는 논밭의 봄갈이를 해 주고 가축 기르기, 약재 캐기와 아울러 적절한 농작물의 파종을 한다. 청명(淸明) 과 곡우(穀雨)가 들어 있는 4월에는 논밭에 파종을 하고, 과일나무 접붙이기 와 장 담그기를 하며, 입하(立夏)와 소만(小滿)이 들어 있는 5월에는 이른 모 내기·간작(間作)·이른 보리타작 등 본격적으로 농사일을 한다. 망종(芒種)과 하지(夏至)가 들어 있는 6월에는 보리타작·고치따기·모내기 등을 하며, 소서 (小暑), 대서(大暑)가 들어 있는 7월에 농부들은 간작·북돋우기·삼 수확·길 쌈·두레를 통한 김매기 등의 농사 작업에 땀흘리면서 가을의 풍성한 수확을 고대한다. 입추(立秋), 처서(處暑)가 들어 있는 8월이 되면 김매기, 피 고르 기, 겨울을 위한 야채 준비 및 김장할 무, 배추의 파종 등을 하며, 백로(白露) 와 추분(秋分)이 들어 있는 9월은 각 작물을 수확하여 한동안 뿌듯함을 가슴 속에 간직하는 시기이다. 한로(寒露)와 상강(霜降)이 들어 있는 10월에는 계 절상 늦가을 추수에 온 힘을 쏟으며, 입동(立冬)과 소설(小雪)이 들어 있는 11 월에는 무와 배추를 수확하고, 겨울을 대비하는 작업을 한다. 대설(大雪)과 동지(冬至)가 찾아오는 12월에는 메주 쑤기, 가축 기르기, 거름 준비 등을 차 질 없이 해 나가며, 소한(小寒), 대한(大寒)이 들어 있는 1월에는 코끝을 시리 게 만드는 겨울바람을 안고 새해 농사를 준비한다.

　농부들이 농사일에 여념이 없는 동안, 조선왕조의 왕과 관료들은 춘분에 서 추분에 이르는 시기를 농절(農節)이라고 하여 농사일에 보탬이 되지 않는 일을 금하였다. 민간의 소송사건도 농사일에 방해가 되면 미루었으며, 하늘 의 뜻을 거슬러 재해가 닥칠까 염려하여 사형 집행마저도 연기하였다. 국가 적인 차원에서 농사일에 전념하도록 배려하였던 것이다.

농부의 한해살이 ─ 세시 풍속과 농경의례

조선시대 농민들의 한해살이에는 삶의 슬기와 함께 간절한 기원이 담겨 있었다. 농부들의 슬기는 비가 오고 가뭄이 들고 큰 바람이 부는 등의 기후변화에 대처하고, 토질에 적합한 곡물 품종을 선택하는 장면에서부터 찾아볼 수 있다. 농사일에 노련한 농부, 즉 노농(老農)은 변화무상한 자연환경 변화에 맞서 오랜 농사 경험에서 얻은 풍부한 견식을 가지고 어려움을 극복해 나갔다. 그러나 지역의 환경과 기후에 노련한 농부도 어찌할 수 없는 자연재해에 대해서는 주술에 의지하여 대처할 수밖에 없었다. 한 해 농사의 풍흉을 점치기 위해서 음력 초하루부터 시작하여 절기에 따라 갖가지 농점(農占)을 쳤다. 또 각 곡식에 맞는 파종 날짜, 제초 날짜를 선택하기 위해서 간지(干支)에 대한 음양오행적인 풀이, 해석 등이 다양하게 이루어졌다. 자연환경을 이겨 낼 적합한 수준의 과학적인 방법이 갖추어지지 않은 상황에서 주술적인 방법은 농민들이 어쩔 수 없이 택할 수 있는 수단이 되었다.

김홍도, 〈춘일우경〉, 《풍속도》(국립중앙박물관 소장)
봄이 찾아오면 소에 쟁기를 매어 논밭을 갈아 준다.

한 해 농사의 풍흉을 미리 점치기 위해서 자연현상이나 동식물의 변화를 농사와 관련하여 풀이하는 방법이 있었으며, 또 간지와 곡물을 관련시켜 그 해의 곡종별 풍흉을 점치는 방법이 있었다. 예를 들면 입춘 날에 보리 뿌리를 캐어 보아 그해의 풍흉을 점치는 방법이 있는데, 보리 뿌리가 세 가닥 이상이면 풍년이 들고, 두 가닥이면 평년작이며, 한 가닥으로 가지가 없으면 흉년이 든다고 풀이하였다. 이러한 방법은 보리 뿌리의 성숙도를 통하여 그 지역, 그 시기의 기후변동을 파악하는 수단이 되었다. 한편 줄다리기와 같은 민속놀이에서 인위적으로 승부를 조작하여 암줄 편이 이기도록 함으로써 풍년을 기원하기도 하였다.

한편 농부들의 일상적인 삶은 의례 및 제의와 결합되어 있었다. 한 차례 의례나 제의가 끝나면 다음의 의례가 이어지는 식이었다. 농경 사회에서 농작물의 풍요한 수확을 초자연적인 존재에게 기원하는 행위는 워낙 오랜 옛날부터 유래하는 것이었다. 이러한 기원 의식이 점차 의례로 정착되면서 농촌 사회 내부에서 전래되었다. 조선시대의 농경의례는 각 계절이나 절기에 따라 다양한 형태로 정제된 모습을 띠고 있었다. 국가에서도 왕이 직접 농사 시범을 보이는 적전친경(籍田親耕)이나, 선농단(先農壇)에서 제사를 올리는 등의 의례를 행하였지만, 농부들이 실행하는 의례만큼 절실한 기원을 담고 다양하게 이루어지지는 못하였다.

농경 사회에서 초자연적 존재에게 기원하여 성취하고자 하는 목적은 인간의 원초적 관심사인 음식물의 획득, 즉 농작물의 풍요한 수확과 생식이라고 할 수 있다. 이 두 가지를 얻으려는 욕구의 반영이 바로 농경의례였다. 대부분의 농경 사회에서는 농업생산의 풍요 여부를 결정짓는다고 믿는 초

자연적인 존재, 즉 농신(農神)을 신앙하고 있으며, 농경의례의 과정과 내용에는 이와 같은 신앙 체계와 관념이 일정한 행위 양식으로 표출되고 있다. 농경이 해마다 주기적으로 이루어짐에 따라 의례도 해마다 반복되는 주기성을 띠기 마련이며, 생산 과정에 따라서 의례의 속성을 달리하기도 하였다.

이러한 농경의례의 기원이 멀리 신화적인 세계에까지 올라가는 것을 《삼국유사》 등 우리 역사 기록에서

김홍도, 〈논갈이〉, 《풍속화첩》(국립중앙박물관 소장)
한 사람은 두 마리 소를 옆으로 연결하여 쟁기질을 하고 다른 두 사람은 쇠스랑으로 논을 고르고 있다.

찾아볼 수 있다. 농경의례에서 가장 중요한 것은 역시 다가올 1년간의 수확의 풍요를 미리 축원하고 농사의 성과를 예측하려는 축원 의례이다. 이 축원 의례에서는 생산의 풍요로움을 상징적으로 축원하는 모의 농작 과정을 펼치면서 한 해의 풍년을 기약하는 의식이 베풀어졌다. 이러한 의식은 실제의 파종 작업에도 곁들여졌다.

전국에 흩어져 있는 농촌 마을에는 그 마을을 대표하는 깃발로서 농기(農旗)가 보관되어 있었다. 두레를 실행하거나, 마을 제사를 지내거나, 이웃 마을과 비전투적인 싸움을 벌일 때에는 으레 농기를 앞세웠다. 농기는 흰색 천에다 먹글씨로 '신농유업(神農遺業)', 또는 '황제신농씨유업(黃帝神農氏遺業)', '농자천하지대본(農者天下之大本)' 등의 문구를 적거나 단순히 용의 모습

만 깃발에 가득 차게 그리기도 하였다.

잊혀진 노농과 역사 발전

농민의 자식들은 출생하여 몇 해가 지나면 곧 생산 활동 인구의 일원이 되어 주어진 일생을 꾸려 나갔다. 농민의 자녀가 성장하여 혼인하고 가정을 이루면 공동체 구성원의 일부가 됨과 아울러 국가의 제한과 구속을 받았다. 농민의 일생은 고단함의 연속도 아니고, 그렇다고 장밋빛 미래가 보장되어 있거나 꿀물이 뚝뚝 떨어지는 무릉도원(武陵桃源)이 눈앞에 펼쳐지는 희망에 가득 찬 나라에서 살고 있는 것도 아니었다.

그렇다면 도대체 조선시대 농민의 일생은 역사적으로 어떠한 의미를 가진 것일까? 우리가 잘 알고 있는 황희(黃喜) 정승과 한 노농에 얽힌 이야기로 말머리를 풀어 보자. 황희가 밭을 갈고 있는 누런 소와 검정 소 가운데 어느 소가 나으냐고 묻자 우리의 주인공 노농은 황공한 순간에도 전혀 당황하지 않고 소가 들을까 꺼려 하면서 귓속말로 일러 주었다. 이렇게 참된 지혜를 보여 준 노농은 이름 모를 인물로, 역사라는 인식 체계 속에 전혀 자신의 이름 석 자를 남길 가능성을 지니지 못한 채 당대 및 후세에도 변변한 대우를 받지 못하였다. 한편 황희는 오늘날에도 조선의 유명한 청백리(淸白吏)로 이름을 떨치고 있다.

오늘날 우리의 농촌은 젊은 사람이 떠나 버리고 늙은 농부만 남아 논밭을 지키는 상황에 처해 있다. 지금은 늙고 농사일에 노련한 농부가 천대를 받고 있는 형편이지만, 조선시대에는 이와는 사정이 전혀 달랐다. 당시의 노련한 농부는 농사일에 대한 전문가로 대접을 받았던 것이다. 국가에서 또는 지방 수령이 농사일에 자문을 구할 때 가장 먼저 찾아가야 할 사람이 바로 늙은 농부였다. 세종대왕이 《농사직설(農事直說)》(1429)을 편찬하기 위하여 충청도, 경상도, 전라도 관찰사에게 농업기술을 수집하라는 명을 내리면서 강조한 점도 당시 각 지역의 가장 선진적인 농사 기술을 알고 있는 노련한 농부의 경험을 수집하는 것이었다. 17세기 중반 효종 대에 신속이 《농가집성》을 편찬할 때도 당시의 속방(俗方) 즉 어느 지역, 어떤 농부들이 사용하고 있던 선진적인 농업기술을 참조하였다. 이러한 사례는 지금과는 비교할 수도 없을 정도로 노농에 대한 사회적 인식과 평가가 높았음을 보여 준다.

이들 노련한 농부들은 하루살이와 한해살이를 계획하고 조정하며 집행하는 주체로서 농사일의 중심에 서 있었다. 노농을 중심으로 하나의 가족은 내부의 분업 체계를 구성하고 농사일을 중심으로 하루살이와 한해살이를 꾸려 나갔다. 노농을 중심으로 하여 농부들은 조선시대 역사의 주체로서 그 소임을 다하였던 것이다.

역사는 흔적찾기라고 한다. 남아 있는 자료를 통해서 그 옛날 우리의 조상들이 살았던 자취를 복원하고, 현재를 살아가는 지혜와 미래를 내다보는 안목을 기르는 작업이다. 노농의 자취를 복원하는 작업은 언뜻 힘들기도 하다. 그러나 이러한 작업을 통하여 농부들의 삶이 지닌 역사적 의미를 재해석하고 미래를 전망해 보는 일은 오늘날 우리의 과제로 남아 있다.

염정섭 _한림대 교수

농민이 두레를 만든 까닭

이해준

'두레' 조직의 성격

마을은 생업에 종사하는 민중들이 살아가는 최소 단위의 공동체 문화 기반이었다. 또한 마을 사람들은 일상 의례·공동 행사·공동 노역을 통해 결속된 자신들의 조직을 가지고 있었다.

이 마을들의 조직은 시대와 사회구조에 따라 명칭과 성격은 달리하지만, 오랜 전통을 가지고 발전해 왔고 그중에서도 '두레' 조직은 우리 역사에 나타났던 다른 수많은 조직들과 비교하여 몇 가지 점에서 특별한 모습과 성격을 지니고 있다.

두레는 생산 주체인 피지배 농민들이 구성한 노동조직이라는 점, 대상의 범위가 전통적인 생활문화 공간이었던 마을을 단위로 하고 있다는 점에서 특별했다. 이에 따라 두레는 단순한 노동조직이라기보다 마을 문화의 총체적인 모습과 관련되면서 기능하고 있었다. 이 점은 두레 조직이 그 자체의 성격상 우리의 전통적인 마을 문화 변천상을 반영할 수밖에 없었음을 뜻한다.

'두레'라는 이름의 민중 조직

우리의 전통적인 마을에는 두레 이외에도 여러 형태의 조직들이 존재하였다. 예를 들면 양반 신분의 동계나 문중계, 마을 주민 모두를 대상으로 하는 대동계나 향약계, 촌계, 그런가 하면 상부계나 유산계(놀이계), 서당계 같은 특정 목적만을 위한 것도 있었다. 두레 조직도 크게 보면 농업과 관련된 특정 목적의 조직이라고 할 수 있지만, 그 구성원이 차지하는 마을에서의 지위 때문에 다른 조직과 비교하면 독보적인 성격을 지닌다. 이들은 청장년으로서 마을의 실질적인 노동력을 가진 집단이었고, 공동체 운영의 각 방면에 동원될 실질적인 연령층이었다. 그렇기에 동제나 마을 농악, 공동 부역 같은 생활문화와 관련되는 방면에서는 이들의 협조와 참여가 꼭 필요했다.

대체적으로 우리의 전통적인 마을 민중 조직들은 생활문화 공동체로서 복합적 성격을 지녔다. 두레와 같은 민중 조직의 선행 형태로는 고려~조선 시기의 향도나 각종 동린계들을 떠올릴 수 있다. 성현(成俔, 1439~1504)의《용재총화》에서는 향도연회를 "대체로 이웃의 천민들끼리 모여 회합을 갖는데 적으면 7~9인이요, 많으면 혹 100여 인이 되며 매월 돌아가면서 술을 마시고, 상을 당한 자가 있으면 같은 향도끼리 상복을 마련하거나 관을 준비하고 음식을 마련하며, 혹은 상여 줄을 잡아 주거나 무덤을 만들어 주니 이는 참으로 좋은 풍속이다."라고 묘사하였다. 조선 후기의 허목(許穆, 1595~1682)도 그의 저서인《기언(記言)》에서 "제를 지내는 날에는 새해의 풍흉과 가뭄·홍수·질병을 점치며 기도하였다."라고 하여, 사족 중심의 유교적 이념과 의식이 덧씌워지기 이전 마을 주민들이 자체적으로 행해 왔던 생활공동체적 모습을 전해 주고 있다.

이념보다 앞선 지연적 공동체 문화

이 같은 전통적인 마을 주민들의 공동체적 조직이었던 향도는 조직 범위를 대부분 자연 마을로 하였고, 구성원도 하층민들이었으며, 인원 수는 적으면 7~9인에서 많으면 100인 정도였다. 한편 이들이 주체가 되어 행했던 행사들도 공동 노역이나 혼례와 상례, 민속, 무속적 신앙과 관련된 마을 제사(동제나 당제) 등 공동체적 생활에 직결된 것이었다. 여기서 보이는 산천수목신에 대한 제의는 농경을 위주로 하는 기층 사회의 신앙 민속으로 오랜 전통을 가지는 것들이었다. 또한 조선 사회가 기본적으로는 농업 중심의 사회였다는 점에서 이들 신앙 체계가 잠재적으로 계속 이어졌을 가능성은 충분하며, 우리는 오늘날까지 전승된 당제나 동제, 농악, 두레 등을 통하여 그 실체를 엿볼 수 있다.

이 조직들은 각 시대가 요구하는 지배 이념이나 체계와는 일정한 거리를 유지하면서 변모를 겪어 왔다. 그런 의미에서 마을의 민중 조직은 전통 사회가 공유했던 생활문화 공동체의 원형이라고도 할 수 있다. 이러한 마을 공동체적 민중 조직의 모습은 이수광의 《지봉유설》에서 "지방의 방방곡곡에 모두 계를 만들어 서로 규검한다."라고 한 것처럼 일반화된 것이었다. 실제로 이러한 마을 조직들은 후일 성리학적인 지배 이념이 확산되면서 덧씌워지는 사족 중심의 향약이나 동계 조직에서도 그 잔영을 확인할 수 있다. 특히 "나막신으로 벼를 수합하여 상부상조의 자산을 삼았다."라는 영암 구림의 동계 집회소인 회사정(會社亭)의 유래는 이 같은 사족 중심의 동계 조직 저변에 조선 전기 향도 이래의 촌락공동체적 유대가 배경이 되었음을 일러 준다.

이러한 기층 농민들의 공동체 조직은 사족 중심의 지배 실서가 확립되면서 지주제적 강제와 신분제적 제약, 그리고 이념적으로는 향약 질서의 강요로 말미암아 사족들의 통제 구조에 점차 예속되게 된다. 즉 향약 실시 논의와 함께 이 촌락민 조직들은 고려 말 이래의 자연촌적 모습을 잃고 점차 사족들의 동계나 향약의 하부 단위로 예속되어 갔다. 그런 과정에서 이들 마을민의 조직들은 하회(河回)의 동계(洞契) 예에서 볼 수 있는 것처럼, 독립적인 모습으로 창설 운영되던 것이 사족들의 동계에 의해 전통을 규제받으면서 편입을 강요당하기도 했다. 어쨌든 임진왜란과 병자호란을 거친 이후 동계를 다시 만들면서 기존의 촌락과 그 조직들은 거의가 지배층과 피지배층이 결합된 상하합계(上下合契) 형태의 동계 조직 아래 수렴되어 간 것으로 추정된다.

이러한 조직은 본질적으로 상하층 주민 사이에 목적과 이해가 다른 상태에서 상층민의 조직인 상계(上契)에 의해 주도되기 마련이었고, 따라서 지도력의 한계를 드러낸 사족들이 기존의 특권과 영향력만을 강요하는 형태였다고 할 수 있다. 그러나 다른 각도에서 보면 조선 후기 사회·경제적 변화와 함께 자체 성장 과정을 겪고 있던 마을 하층민들은 동계 운영에서 자신들의 참여 폭을 전에 비해 훨씬 확대하였을 가능성이 크다. 즉 마을 하층민들은 그들대로 당시의 제한된 사회구조 속에서나마 현실에 대한 인식과 대응의 방향을 일정하게 모색하고 있었다. 이러한 점에서 주목되는 것이 바로 두레 조직인 것이다.

조선 후기에 두레가 뜨는 이유

두레는 일부 지역의 노동조직에서 출발하여 농업기술상의 변화와 관련하여 확산되어 간 측면도 있지만, 크게 보면 이같이 사회구조가 변화하는 과정 속에서 부각되었다고 할 수 있다. 두레는 기본적으로 지주층의 참여와 간섭을 배제하고 자작·소작 농민을 그 성원으로 했던 까닭에 신분제적 강제를 벗어나려는 움직임을 보였을 것은 자명하다. 여기에 더하여 생산력의 향상으로 농민의 자율성이 높아졌을 때 그 기능이 더욱 강화되어 명실상부하게 기층 촌락민의 입장을 대표하는 조직으로 기능하였을 것임은 쉽게 추측된다.

한편 두레의 확산은 조선 후기 촌락 사회의 변화와도 매우 밀접한 관련을 가진다. 촌락의 분화는 촌락의 증가와 더불어 각기 그들이 지녔던 공동체적 기반 및 촌락 내 주도 세력의 변모와도 밀접하게 연결되었을 것이기 때문이다. 대체로 조선 후기의 촌락은 인구의 자연 증가, 농지의 확대 및 분포상의 변화, 동족 마을의 형성 과정과 짝하여 변화하였다고 생각된다. 이 시기 정

김두량·김덕하, 〈사계산수도〉 부분(국립중앙박물관 소장)
농민 여럿에서 도리깨로 타작을 함께하고 있다. 그 옆에서는 나비질을 하여 까끄라기와 북데기를 날리고 있다.

부의 향촌 통제 방식이 변화된 것도 주요 변수의 하나였다. 즉 사족 지배 체제가 한계에 직면하면서 중앙정부가 추진했던 면리제나 공동납 체제와 같은 통치방식, 부세 정책의 변화가 바로 그것이었다.

사족들의 지배력이 강고하던 시기에 광역의 리(里) 밑에 존재하던 자연촌들은 18세기 후반 이후 독자적인 조직과 규모를 지닌 독립된 마을로 분화 발전되었다. 촌락들은 종래의 고유 명칭을 사용하면서 분화 독립하기도 하지만, 본 마을과의 연계가 강하면 상(上)○○, 하(下)○○, 내(內)○○, 외(外)○○, 원(元)○○, 구(舊)○○, 신(新)○○, 본(本)○○ 등의 방식으로 지명 앞에 그 관계를 나타내는 말을 덧붙임으로써 분화 독립해 간 흔적을 보이고 있다.

촌락의 분화 과정에서 사족들의 동계·동약 조직은 관념적인 형태로 남게 되었고, 그 영향력의 범위는 사족들의 본동(本洞·本里)에 한정되었을 가능성이 크다. 본동 이외의 지역에서는 대부분 분리된 마을 단위의 조직을 통하여 운영되어 가고, 그 과정에서 기존의 소규모 생활문화 공동체가 새롭게

기능을 발휘하였을 것이다. 바로 그러한 마을 조직의 분화 모습은 동제(당제)를 지내는 대상인 '당(堂)'이 큰 당, 작은 당으로 분화되거나 아예 다른 당산을 새로 마련하여 독립하는 사례, 농악대 구성의 선후와 위세 차이, 두레의 분화, 나아가 상여·혼례 도구나 동답의 분리 운영 같은 것을 통하여 확인할 수 있다. 이처럼 많은 촌락이 사족의 지배권에서 벗어나 공동체 조직의 기능이 활성화되고 또한 이앙법이 발달하자, 농민의 노동조직인 두레의 기능도 활성화되었다.

농투성이들의 '두레' 구성

흔히 두레는 상부상조하면서 공동으로 농사를 짓던 농민들의 대표적인 조직으로 널리 알려져 있다. '두레'는 마을 단위 농업 생산 조직의 대표일 뿐 실제 생산 형태와 지역에 따라서는 밭농사 지역의 '황두'라든가 제주도의 '수눌음', 영남 지역의 '풋굿' 등의 다양한 조직들을 모두 그 범주에 넣을 수 있다. 또한 두레의 경우만 보더라도 동두레(대두레), 두레, 농사 두레, 길쌈 두레, 호미씻이 등등으로 지역에 따라 다양하게 존재하였다.

대체로 두레의 조직 범위는 하나의 자연 마을을 기본으로 한다. 물론 아주 큰 마을은 몇 개의 두레가 결성될 때도 있고 작은 마을에는 아예 없거나 몇 개의 이웃 마을이 합두레를 짤 때도 있다. 그렇지만 적절한 규모의 인구와 농지가 있는 마을에서는 두레꾼이 확보되면 언제든지 조직할 수 있었다.

마을에 거주하는 청장년 중 일정한 노동력을 가지고 있다고 공인받으면, 간략한 신입 절차만으로 두레에 참여할 수 있었다. 10~50명이 가장 일반적인 두레 규모였고, 마을 내의 주민들로 구성되므로 신분보다는 나이에 따라 서열이 결정되었다. 또한 두레를 효율적으로 운영하고 통솔하기 위하여 임원과 유사를 두었다. 즉 영상과 좌상으로 불리는 노령의 감독 및 지도 고문이 있고, 그를 보좌하거나 각종 보조역을 하는 우상, 문서잽이, 공원(유사), 그리고 실제적인 두레패의 지휘자인 총각대장(총각대방, 수머슴)이 있었다. 우상은 좌상을 보좌하며, 공원은 대개 밥 공원과 논 공원으로 구분하는데, 논 공원은 두레패가 동원되는 대상 농지의 조건을 구분하여 노역가를 산출하고 밥 공원은 식사를 조달하였다.

한편 두레의 꽃인 총각대장은 두레 조직의 효율적 운영과 통솔을 맡은 사람으로 힘이 세고 영리하며 우스갯소리를 잘하고, 통솔력이 있어 군기를 잡거나 체벌도 가할 수 있는 정도의 권위가 있어야 했다. 지역에 따라 총각, 수머슴, 총각대방, 총각좌상 등으로도 불렸다. 총각대장에게는 소동패가 소속되기도 하였는데, 이들은 아직 두레에 가입하지 않은 아이들로 뒷일, 보조일을 맡는 두레 예비대라고 할 수 있었다. 특별히 소임(총각소임)이라고 하여 군기 단속과 체벌을 책임진 사람을 별도로 두기도 하였고, 식화주라고 하여 밥 나르는 일을 맡은 사람도 있었다.

들돌들기와 진세턱

두레는 매우 개방적이고 민주적인 마을 단위 조직이라고 할 수 있지만, 노동력을 단위로 결성되는 공동체 조직이었던 터라 가입 과정에서 노동력의 수준을 점검하는 재미있는 심사 절차가 있었다. 흔히 주먹다듬이로 통칭

되는 가입례와 관련하여 대표적인 것이 들돌들기와 진세턱이다.

마을의 미성년자가 16, 17세가 되면 성년으로 인정받아 두레에 가입할 수 있게 되는데, 이때 바로 들돌(전라도는 들독, 제주도는 똥돌)이라는 둥그런 돌이 심사 도구로 사용된다. 이 둥그런 돌은 손때가 묻어 반질반질하며 무게는 보통 사람이 들기에는 약간 힘에 겨울 정도이다. 들돌은 대개 당산나무나 동각 밑에 보존되어 있으며, 대·중·소로 무게가 다른 둥근 돌을 모셔 신앙 대상으로 섬기는 경우도 있다. 이 들돌을 들거나 들어서 어깨 위로 넘기면 당당히 가입 자격을 얻는 셈인데, 이는 노동 담당자로서 생산 활동에 참가할 자격을 인정받는 의미를 지닌다. 마을에 따라서는 7월 백중에 청장년들이 모여 힘을 겨루고 장사(수머슴)를 뽑는 과정에 이용되기도 한다. 이때 뽑힌 장사는 두레의 대표가 되거나 임금을 곱절로 받는 특혜를 부상으로 받는다.

이들 신입자들은 주로 술과 가벼운 안주로 대접하여 신입례를 치르는데, 이를 진세턱이라 한다. 이 신입례는 두레에서 1인의 동등한 노동력으로 인정받는 절차이자 성년식 통과의례라고도 할 수 있다. 들돌들기와 신입례는 두레 조직의 세대교체와 생산력 제고, 구성원 사이의 유대 강화를 이루기 위한 의식이었다고 할 수 있다.

호미씻이와 두레기

호미는 다용도로 활용된 가장 기본적 농기구였다. 두레가 노동조직이었던 탓으로 이 같은 호미를 상징적 행사에 동원한 것이 바로 호미모듬과 호

ⓒ한국학중앙연구원

❶ 어른들의 인증이 필요한 들돌들기
❷ 호미씻이(고양군 호미씻이 놀이 중 상산제, 전국민속놀이경연대회)
❸ 합두레와 농기 세배(전국민속놀이경연대회)
❹ 두레꾼이 하나 되어 공동 작업하는 모습
❺ 두레꾼들의 대표적인 집단 놀이인 '백중놀이'(밀양 감천리)

미걸이, 호미씻이였다. 호미모듬은 두레 작업이 본격적으로 시작되기에 앞서 두레꾼들이 농청에 모여 역원을 선출하고 공동의 조직을 민주적으로 결정하고 작업을 준비하는 날, 각각 자기의 호미를 한 개씩 농청에 모아 걸어 두는 의식이다. 대개 이 호미는 첫 두레일까지 걸어 두는 것이 관례였고, 그 시기는 대개 2월 하래아드렛날(2월 초하루), 혹은 2월의 머슴날이었다.

호미걸이는 두레 최고의 축제로서 1년 농사의 실제적 마무리가 되는 7월 15일을 전후하여 행해지는 행사이다. 호남 지역은 호미씻이라고 하는데, 이는 농사가 끝나 호미를 씻는다는 의미이다. 경기 지역에서는 두레기의 버릿줄에 호미를 걸어 두기 때문에 이를 호미걸이라고 한다.

한편 두레기는 마을의 자긍심이자 두레의 표상이다. 따라서 두레와 관련된 의례도 우선적으로 이 기를 모시는 일에 집중된다. 두레기는 흔히 농기라고도 부르지만, 지역에 따라 용당기, 용덕기, 덕석기, 용술기, 서낭기, 대장기, 농상기 등으로 다양하게 부르며, '농자천하지대본', '신농유업(神農遺業)' 등의 글과 용 그림이 그려지기도 한다. 용은 수신(水神)을 나타내며, 용을 그리는 것은 논농사 지역의 관행이다. 두레기는 마을에서 가장 힘센 장정만이 들 수 있을 만큼 큰 기로 일터에 세워 두고 옮길 때에도 기를 앞세워서 길군악을 치며, 두레군이 움직일 때에는 그에 앞서 항상 풍물을 울려 고사를 지낸다.

두레기는 큰 대나무 장대에 달며, 꼭대기에는 꿩장모기라 해서 꿩 털로 만든 깃봉을 꽂고 그 밑에 총을치(칡껍질)를 달고 세 개의 버릿줄을 달아 말뚝으로 고정시켜 세워 둔다. 두레기는 매우 존엄한 것이어서 '말을 탄 양반들도 두레기 앞을 지날 때에는 그냥 지나가지 못하고 말에서 내려야 했다'고 한다. 이로부터 조선 후기 두레의 위세와 반신분적 성향을 짐작할 수 있다.

두레기가 두레의 상징이자 권위를 나타냈기에 마을 간에 두레기뺏기 싸움이 벌어지면 혈전이 일어나기도 했고, 사당패가 마을에 놀이판을 만들 때에도 먼저 두레기에 인사를 드려야 했다고 한다. 또 하나 흥미로운 점으로 두레의 형성과 분화를 반영하는 형두레와 아우두레의 기세배놀이라든가, 이웃 마을의 두레를 보면 북을 둥둥 쳐서 서로 인사를 하는 관행도 있었다.

두레의 대동 회의

두레의 1차적인 목적은 공동 노동과 생산이다. 그러나 그와 함께 그 구성원들이 바로 전근대 시기 피지배 농민층이었다는 사실을 염두에 두면, 과연 풋풋한 이들 민중들의 의사 결정 과정이나 내용이 어떠했었는지 매우 궁금하기만 하다. 두레의 회의는 두레굿의 제의와 결부된 대동 회의로서 제의가 끝난 뒤 음복과 함께 이루어지는 것이 보통이었다.

두레가 농업 생산 조직이었으므로 농신에 대한 제의도 중요했지만, 농업 생산과 관련해서는 두레의 임원 선출과 회계가 한층 중요하였다. 그리고 두레꾼들이 바로 마을의 공동체적인 운영을 실질적으로 담당하는 청장년 집단이었기에 자연히 마을 일 전반이 회의의 주된 내용을 이루었다. 회의는 후대에는 주로 유사집(도가집)에서 이루어진 것으로 조사되지만, 원래는 두레꾼의 집회소인 농청에서 이루어졌다.

두레 회의는 농번기를 중심으로 전후로 구분할 수 있다. 전 회의는 농사 준비 회의로서 2월경에 열려 여기서 1년 농사의 대소사를 결정하였다. 즉

▌ 1970년대 호남 지역 두레 모임

두레의 재조직 및 역원 선출, 신입례와 신참례, 농사 순서 결정, 두레샘의 기본 원칙 확인, 농악기의 보수나 구입, 품앗이와 품삯 결정, 호미모듬 준비 등의 일이 정해졌다. 농사 후의 회의에서는 한 해의 결산, 상호부조, 농악기 보수, 마을 살림과 마을의 대소 공사(길닦기, 풀베기) 해결 등이 의논 결정되었다.

의사 결정은 완전히 민주적인 방법으로 진행되었다. 그리고 의례적이고 균분적인 사족들의 부조와는 달리 현실적인 상부상조를 이룰 수 있는 결정들을 내렸던 점이 주목된다. 예컨대 두레가 과부, 노인, 환자가 있거나 어린아이만 있는 집의 농사를 거들어 주고 마을 전체의 이해가 걸린 노역에 우선적으로 인력을 제공함으로써, 공동체적 삶의 유지를 위해 노력하였던 것이다.

봉건 말기에 두레가 택했던 길

이처럼 조선 후기 사회에서 농민 조직으로 급부상한 두레를 단지 흥미로운 민속으로만 본다면 그 의미가 반감될 것이다. 두레를 다른 시기의 노동 조직, 농민 조직과 비교하면 매우 괄목할 여러 모습들이 발견되기 때문이다.

즉 두레로 대표되는 조선 후기의 노동조직은 이전의 공동 노동조직들과는 비교되지 않을 정도로 촌락 사회 내에서의 위상이 강화되었다. 그리고 바로 이러한 변화와 17~18세기의 사회·경제적 변동이 맞물려 진행되었다는 점이 중요하다. '두레'는 기본적으로 상민·천인의 마을 단위 조직이었다. 그런데 이들이 활동하던 조선시대에는 국가가 봉건 지배층의 이익을 중심으로 운영되고 있었다. 따라서 신분제적 강제를 벗어나려는 의식이 강했을 두레의 지향이 지배 권력의 의도와 상충되었을 것임은 자명하다. 여기에 더하여 다른 시기보다 농민 조직이 성장할 수 있는 여건도 갖추어져 갔음을 염두에 두면, 조선 후기 농민 조직들이 봉건사회의 모순에 저항하는 주체로 등장할 개연성은 충분하였다고 할 것이다.

현재 우리는 이에 대한 구체적인 문헌 자료를 확보하고 있지 않지만 그 개연성은 충분히 예상되고 남는다. 즉 이 두레 조직들이 기존의 촌락공동체적 질서와 느슨한 연관 관계를 지니면서 다른 마을의 두레와 연대할 수 있는 단계에 이르게 되었다면 과연 그들은 어떠한 선택을 하였을까? 주지하듯이 조선 후기는 상품의 활발한 유통과 더불어 시장경제가 발달하는 가운데 의식(정보)의 확산이 크게 진전되었던 시기였다. 앞에서 소개한 호미씻이나 대동두레의 모습을 통해서 보면, 보다 광범위한 지역적 연대나 의식의 공유도 예견되는 바가 있다. 이들이 그러한 연대와 의식의 공유를 바탕으로 농민 세력으로 부상하였다면, 그동안 논의되어 온 두레 초군배의 19세기 농민 항쟁 참여도 분명히 이루어졌다고 볼 수 있을 것이다.

이해준 _공주대 명예교수

농민의 조세 부담

김성우

조선시대 조세제도는 현대와 얼마나 달랐나

현대인은 수입의 일부를 세금으로 국가에 납부해야 할 납세 의무가 있다. 여기에 우리나라 성인 남자라면 국토방위의 의무가 하나 더 추가된다. 그러면 경제의 주체이고 국방력의 근간인 납세자에게는 의무만 있는 것일까? 그렇지는 않다. 의무 수행을 유도하기 위해서 그에 상응하는 권리도 주어진다. 납세자가 누리는 권리로는 참정권, 의료 혜택, 연금 지원 등이 우선 떠오른다. 이러한 의무와 권리의 쌍방 교통로 확보 여부가 그 사회의 민주화, 비민주화를 가늠하는 지표가 된다.

조선시대에는 의무와 권리의 쌍방 교통로가 확보되어 있었던가?《경국대전》의 규정을 살펴보면, 의무와 권리에 대한 국가의 배려가 현대사회와 비교해서 조금도 뒤지지 않는다는 사실을 발견하게 된다. 조선시대 백성들도 소득의 일부를 국가에 납부하고 관직 참여권이나 법률적 보호, 그리고 구료 사업 등 다양한 형태의 권리를 누릴 수 있었다. 납세자에게 주어진 권리에 주목하면, 마치 조선 사회가 이미 근대사회로 접어든 것이 아닌가 하는 착

김윤보, 〈대지주소작료납입〉, 《농가실경도》(개인 소장)

각을 낳을 정도다. 그렇지만 법률적 규정을 확인하는 수준에서 한 걸음 더 나아가 그 사회가 운영되는 구체적 실상을 파악하면 이러한 추정이 매우 피상적임을 알 수 있다. 여기에서 현대와 조선시대 납세자의 위상 차이를 발견할 수 있다. 두 사회의 과세 형태의 차이점은 크게 두 가지로 나뉜다.

하나는 조선시대 조세제도는 신분에 따라 다르게 적용되었다는 점이다. 현대와는 비교할 수 없을 정도로 생산력이 낮았던 조선시대에는 경제주체로서 굳건히 설 만큼 충분한 경제력을 갖춘 가족이 많지 않았다. 자연히 국가의 조세정책은 자립할 만큼 경제 기반을 갖춘 가호를 대상으로 수립될 수밖에 없었다. 그렇지 않은 가호는 그 대상에서 제외되었다. 의무와 권리의 쌍방 교통로가 확보된 계층은 경제 기반을 갖춘 건실한 가호에 한정되었던 것이다. 국가는 이 납세층들을 공민(公民)으로, 그렇지 않은 계층을 사민(私民)으로 분류했다. 납세 여부를 둘러싼 이러한 인민 편제를 법제적으로 확인시켜 주는 장치가 양천제(良賤制)라는 신분 규정이다. 그리고 국가는 공민의 납세 참여를 유도하고 조세 운영을 원활하게 하기 위해 지주층에게 노비를 적절히 소유·이용할 수 있도록 권리를 보장해 주었다. 경제주체에서 애초에 제외되었던 천인층이 조선 사회 전체 인구에서 차지하는 비중은 30~50퍼센트 내외였고 18세기 전반 이후 급격하게 소멸되기 시작했다.

두 번째의 차이점은 세목의 내용이다. 현대 사회에서는 경제행위가 있는 곳에 과세가 존재하는 반면, 인두세나 가호세와 같은 불특정 경제행위자 일반에 대한 과세 비중은 매우 낮거나 감소 추세에 있다. 반면 전근대 사회에서는 한정된 양인층으로부터 가급적 많은 세원을 징수하기 위해서 경제행위에 대한 직접세뿐만 아니라 가호와 인정(人丁)에 이르는 잠재적 경제단위까지도 독립 세목으로 구성하여 과세하고 있었다. 이런 이유로 조선 사회의 세목은 토지에 대한 세금(전세: 租), 가호에 대한 세금(특산물: 調), 인정에 대한 세금(노동력: 庸)으로 크게 구분되어 통상 조용조(租庸調) 삼세 체제로 불렸다. 이 중에서 직접세에 해당하는 세원을 굳이 꼽자면 전세 정도였을 뿐이다.

조선시대의 조세제도는 양천제라는 신분제에 의해서 크게 규정되었다는 점, 그리고 인두세와 가호세가 상대적으로 큰 비중을 차지했다는 점이 현대 사회의 조세제도와는 크게 다르다고 할 수 있다. 이러한 차이가 이후 조선 사회에서 조세제도가 많은 우여곡절을 겪으면서 독특한 모습으로 전개되도록 작용한 결정적 요인이었다.

조세제도로 이익을 보는 계층, 피해를 보는 계층

조선시대 조세제도는 사회구조가 변화하면서 재편되었다. 그런데 사회·경제적 변화에 따라 조용조 삼세가 변화한 내용은 각각 달랐다. 재투자 여력이 많지 않았던 조선시대에 인력과 물자의 투자 비용이 비교적 큰 토지는 변동 여지가 적었다. 또한 고정자산이라는 점에서 변동 상황의 파악이 다른 세원보다 상대적으로 쉬웠다. 반면 인구의 증감 및 거주 형태와 긴밀한 관련을 맺는 가호세와 인두세는 상대적으로 크게 변화하였다. 이런 이유로 가호세와 인두세는 토지세와는 달리 빠져나갈 가능성이 매우 높았다. 이에 따라 국가재정은 점차 토지세 중심으로 운영되고, 가호세와 인두세는 보조 세원에 머무르게 되었다.

가호세·인두세가 빠져나가는 것은 신분제 사회에서는 필연적 현상이었다. 따라서 사회적 지위와 경제력에 따라 가호

이형상, 〈감귤봉진〉(위)과 〈공마봉진〉, 《탐라순력도》(1702, 숙종 2년, 보물, 제주시청 소장)
제주도에 부과된 대표적인 특산물 세금은 귤과 말이었다.

의 크기는 매우 극심한 편차를 지닐 수밖에 없었다. 지배층일수록 대가족을 구성하는 경향이 높은 반면, 사회적 지위가 낮을수록 소가족을 구성하거나 가족 구성이 불완전한 독신 형태로 존재했다. 가족 구성의 극심한 편차에도 불구하고 호적에 기재된 각 가족이 개별 가호로 인정되었으므로 가호세와 인두세의 가구당 부과액의 차이는 그리 크지 않았다. 따라서 가호세·인두세는 대가족을 구성하고 있는 지배층에게는 부담이 크지 않은 반면 소가족을 구성하는 피지배층에게는 상대적으로 부담이 큰 조세였다. 이처럼 가호세·

인두세는 전근대의 신분적 속성이 가장 잘 드러나는 조세였다.

국가재정의 운영도 조세제도를 변화시키는 요인으로 작용했다. 국가는 국가재정의 수입·지출의 총규모를 산정하기 위해 다양한 방법을 모색하고 있었다. 세종 때에는 전세의 수입과 지출을 일원화하여 국가재정에서 토지 세원을 정확히 산정하였고, 세조·성종 때에는 총규모가 확정되었다. 따라서 이후 국가재정은 15세기 후반을 기준 시점으로 수입 규모를 예상하고 지출 범위를 그 틀에서 조정하는 방식으로 운영되었다. 이것을 일컬어 이른바 총액제(摠額制) 운영이라 한다.

그런데 국가재정 총액과 후대의 경제 현실 사이에 괴리가 발생하면서 문제가 두드러지기 시작했다. 즉 국가재정의 총액이 15세기 어느 시점에 고정되어 있었으므로 경제 상황이 이전보다 나아져도 새로운 국가재정의 세원은 포착되지 않았던 것이다. 이 문제를 해결하기 위해서는 경제변동에 따라 재정 총액도 증대되어야 했지만, 국가의 경상비 재조정 작업은 현실 경제의 발전 속도를 따라잡을 수 없었다. 국가의 경상비 재조정 작업은 15세기 후반에 한 차례 시도된 이래 조선시대 전 기간에 걸쳐 대동법(大同法)이 실시된 17세기 중반, 균역법(均役法)이 실시된 18세기 중반 등 몇 차례 시도되었을 뿐이다.

마지막으로 지적할 수 있는 변화 요인은 과세 대장 작성 과정에서 나타났다. 과세 대장으로는 20년 주기의 양안(量案)과 3년 주기의 호적 그리고 6년 주기의 군적(軍籍)이 있었다. 그렇지만 호적만이 정기적으로 작성되었을 뿐이다. 양안과 군적은 작성 주기가 제대로 지켜지지 않았을 뿐 아니라 작성 시점마다 엄청난 조세 저항에 직면했다. 국가에서 필요한 인적자원의 변동과 양·천 인구의 동향 파악을 목적으로 하는 호적은 작성 과정에서 조세 저항에 직면할 까닭이 없었다. 그렇지만 양안과 군적은 그 자체가 과세 대장이었으므로 어떻게 기재되느냐에 따라 과표의 등락이 매우 심하였다. 한번 작성되면 몇 십 년 혹은 몇 백 년 동안 변동 없는 고정 과표로 기능한 양안과 군적은 납세자의 첨예한 현실 문제와 부딪혀 작성 시기마다 격렬한 저항과 반발에 직면했던 것이다.

과세 대장 작성 과정에서의 굴절 또한 큰 문제였다. 과세 대장은 주로 국가 → 각 도 → 각 읍, 중앙 → 각 도의 행정 계통을 밟아 명령이 하달되어 작성된 이후에는 그 반대의 통로로 기재, 비치되었다. 그렇지만 실제 과세 업무는 각 읍의 지배층이나 유력층의 입김이 작용할 여지가 많았다. 따라서 유력층·지배층은 과표를 낮추거나 빠져나감으로써 헐세 혹은 면역될 소지가 많았던 반면, 이들과 연결될 수 없는 피지배층은 실제 상황 이상으로 기재되어 중과세되기 일쑤였다.

이상에서 살펴보았듯이 높은 과세 비율 때문에 납세 부담을 느끼거나 이로 인해 몰락·파산하는 계층은 사회적으로 의지할 데 없는 피지배층 그리고 경제적으로 취약한 일반 농민층이었다. 조세제도의 변동에 크게 피해 입는 계층도 이들이었다. 한편 지배층이나 유력층 은 헐세·탈루가 가능한 사회구조를 이용해 소유 규모 를 확대시키고 몰락·파산하는 피지배층을 흡수·지배

수세패(국립중앙박물관 소장)
조세를 거두는 관리가 지녔던 증명패이다.

함으로써 경제력 집중을 실현시켜 갔다. 이러한 양극 현상 또한 신분제 사회라는 사회구조의 속성에서 그 원인을 찾을 수 있다.

조세를 내는 농민의 고통

조선시대 조세제도는 몇 차례 변화가 있었다. 그 첫 번째 계기는 연산군대에 찾아왔다. 연산군은 전대 국왕과는 달리 국가재정을 매우 방만하게 운영함으로써 15세기 후반에 확립된 재정 체계를 일순간에 무너뜨렸다. 이 때문에 국가재정이 적자 상태에서 헤어나지 못하게 되자 수입을 증가시키기 위한 방편으로 가호세의 대대적 확충을 주 내용으로 하는 공안(貢案) 개정을 시도했다. 지배층의 조세 저항을 최소화하고 재정수입을 신속하게 늘리기 위한 방법으로 가호세의 증액만 한 것이 없다고 판단했기 때문이다. 세액의 증가분은 곧 피지배층의 부담을 가중시켜 일반 농민층의 파탄과 몰락이 점차 현실화되었다.

김득신, 〈반상도〉(평양박물관 소장)
양반에 대해 허리를 굽히고 있는 민들의 모습에서 조선시대 양반의 위상을 짐작할 수 있다.

여기에다가 공물 납입처에서 퇴짜를 놓는 형태로 착복하는 사례가 늘어나면서 그 부담액은 늘어만 갔다. 이러한 방납(防納) 행위가 16세기를 지나는 동안 공물 확보와 납부의 편리를 도모한다는 목적으로 구조화하여 조세액의 상당분이 유출되기에 이르렀다. 이에 따라 농민층은 납세 과정에서 멍들고 국가재정 또한 적자 상태를 벗어날 수 없었다. 반면 방납을 이용해 부를 축적하는 왕실과 권세가들은 이러한 구조 아래 착실히 부를 축척해 나갔다.

임진·병자 양란은 조세제도 개편의 필요성을 새로이 제기했다. 전후 복구 사업의 최대 과제는 국가재정의 만성적인 적자 해결과 이반된 민심의 회복이었다. 이 목적을 달성하기 위한 선결 과제가 방납의 개혁이었음은 말할 필요가 없다. 이리하여 공물·진상과 방납 잉여물의 전체 규모를 추적하는 작업이 시도되고 이를 기반으로 전세와 가호세를 종합한 국가재정의 전체 규모가 재조정되었다. 대동법(大同法)으로 명명된 조세개혁안이 이것이다. 농민이 가호세로서 부담하던 공물·진상의 대부분이 토지 소유자층의 부담으로 옮겨지고, 방납하던 때보다 값을 대폭 낮춰 공물을 구입함으로써 국가재정 상황도 많이 호전되었다. 대동세액은 1결(結)당 쌀 12두(斗)로 정해졌다.

대동법은 국가재정 상태의 호전과 농민층의 납세 부담 완화라는 이중의 효과를 거두었다. 방납을 통해 막대한 부를 축적하던 권력층에게는 경제적으로 큰 타격을 입히는 개혁안이기도 했다. 그들은 이 때문에 발생되는 손실을 보전하기 위한 방법으로 새로운 세원에 눈을 돌리게 되었다. 이 무렵 정부가 새롭게 주목한 세원이 양역세였다. 군역이 점차 준조세적 성격을 띠면서 양역화하자 국가는 이를 정규 조세로 바꾸고자 했다. 이로부터 과중한 납세 부담으로부터 벗어나려는 농민층과 보다 많은 세원을 확보하려는 국가 및 각 관청 간의 심각한 마찰이 나타났다. 물론 가장 큰 피해자는 운명적으로 군적에 기재될 수밖에 없는 가난한 양인 농민층이었다. 양인 농민의 피해를 줄이기 위해서는 양역세를 줄여야 했지만 그 결과는 국가재정의 악화를 가져올 터였다.

이러한 문제를 해결하기 위해 국가는 새로운 조세개혁안을 강구하게 되었다. 균역법으로 명명된 이 개혁안은 앞서 실시된 대동법과 여러 모로 닮은꼴이었다. 우선 국가는 양역세의 총액을 파악한 후 그것을 중앙에서 일괄 통제하고 필요 재원을 각 관청에 분배하여 국가의 재정 통제 기능을 한층 높였다. 이를 기반으로 남정(男丁) 1인당 면포 두 필(쌀 12두)씩을 징수하던 종전의 양역세가 남정 1인당 면포 한 필로 대폭 줄어들게 되어, 농민층의 부담도 한층 낮아졌다.

〈부벽루연회〉, 《평양감사향연도》(국립중앙박물관 소장)
평안도 관찰사 부임을 환영하기 위해 성대한 연회를 베풀고 있다.

그렇지만 이미 환정(還政)이라 불리는 새로운 세원이 대두하여 농민층의 전체 부담은 크게 줄어들지 않았다. 자연재해 시 농민 보호를 목적으로 실시되는 환곡은 사실상 세금과는 거리가 먼 농민층이 당연히 누려야 할 혹은 국가에 요구해야 할 권리였다. 그러나 16세기 이래 환곡이 지방관청의 주요 재정원으로 활용되면서 수탈적 성격이 점차 강화되기 시작했으며, 18세기 중반 균역법 실시로 각 관청이 전용할 수 있는 재원이 줄어들면서 환곡이 재정 적자를 보전하는 수단으로 활용되었다. 그리하여 19세기에 이르러 토지세·가호세·인두세의 명목으로 전세·환곡·양역이 자리 잡고 총액제라는 동일 방식으로 운영되면서 조·용·조 삼세 체제는 선성·환정·군정의 삼정(三政) 체제로 전환되었다.

당시 농민층이 부담해야 할 조세 총액은 얼마나 되었을까? 얼마쯤 되었기에 농민층의 가계는 적자 상태에서 헤어나지 못하고 몰락하고 있었을까? 조선 사회가 신분제 사회라는 점을 염두에 두고 조세 부담을 가장 많이 받을 수밖에 없는 양인 농민층의 평균 수입과 지출 내역을 살펴보고, 조세 총액이 가계비에서 차지하는 비중을 살펴보도록 하자. 때는 18세기 말 조선왕조의 마지막 개혁기라고 할 수 있는 정조 연간이다.

박지원은 1799년(정조 23) 면천 군수로 재직할 당시 그곳 양인 농민층의 일반적인 생활상을 〈한민명전의(限民名田議)〉에서 묘사하고 있다. 이 글에서 그는 다섯 명 정도의 노동력과 소 한 마리를 가지고 논과 밭 모두 합쳐 약 1결 2부(약 50마지기) 정도를 경작하는 양인 소작 농민을 예로 들고 있는데, 과중한 지대와 조세 부담 때문에 이 농가는 만성적인 적자 상태에서 벗어날 수 없다고 판단했다. 즉 이 정도의 토지에서 연간 피곡(皮穀) 497두를 생산하는데, 지대 250여 두와 전세 72두를 납부하고 49두 7승을 종자용으로 남겨 둘 경우, 이 농가가 1년 동안 사용할 곡식은 128두 정도, 쌀로 계산하면 3석 4두 정도밖에 남지 않았다. 게다가 군역·환곡과 같은 각종 부세와 땔감·의복·소금과 같은 생활필수품을 여기에서 충당해야 했으므로 위의 양인 농가는 곧 심각한 적자 상태에 직면할 수밖에 없었다. 이러한 상황은 쉽사리 호전될 성질의 것이 아니었다. 당시 대부분의 농가가 관청으로부터 밀린 조세를 내라는 요구에 시달리고 있었다. 게다가 굶주리는 아이들의 등쌀은 야반도주로 농민을 내몰고 있었다.

근대적 조세제도로의 접근

19세기로 접어들면서 조선왕조 성립 이래 설정된 조세제도는 그 형체를 찾아보기 어렵게 되었다. 조·용·조 삼세 체제는 토지·가호·인정에 대해서 조세를 부담시키고 그 대신 일정한 권리를 부여함으로써 납세자의 참여를 유도하고 국가재정 운영을 원활하게 하기 위한 제도였다. 그렇지만 삼세 체제는 시대의 변화상과 더불어 극심한 변화를 경험하면서 삼정 체제로 전환되었다. 삼정도 명목상으로는 토지(전정)·가호(환정)·인정(군정)에 부과되는 세원이었지만, 납세자의 권리(군역과 환곡)로 인정되던 부분까지 세원으로 파악함으로써 납세자에 대한 국가의 노골적인 착취를 기반으로 설정된 것이었다. 납세자는 오로지 국가와 지배층의 의도 아래 그것을 충실히 수행하는 의무자에 불과했다. 의무에 대한 반대급부가 사라진 상황에서 납세자가 선택할 수밖에 없는 최종 수단은 집단 민원의 제기, 납세 거부 혹은 관청 파괴와 점령으로 이어지는 극단적인 저항이었다. 19세기 후반에 가까워질수록 농민층의 움직임이 활발해지고 또한 급진적인 양상을 띠게 된 것도 이 때문이었다.

이 시기 각종 조세는 삼정 체제로 수취 운영되었지만 가호세와 인두세의 비중이 현격하게 약해지고 토지

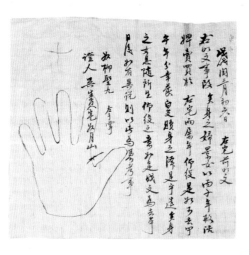

자매문기(1898, 전북대학교 박물관 소장)
노 유성구가 장차 딸을 낳으면 상전 양역노비로 팔겠다는 내용의 문서를 작성했다. 비록 아내 경녀를 상전이 그냥 풀어 준 데 대한 대가성이기는 하지만, 조선 후기 많은 양인들이 굶주림과 같은 문제로 자신이나 자식들을 양반에게 팔아 목숨을 연명하기도 했다.

세를 중심으로 한 직접세가 상대적으로 커지고 있었다. 이미 17세기 중반 대동법을 계기로 가호세가 토지세로 완전 전환했으며, 18세기 중반 균역법을 계기로 인두세의 일부분이 토지세로 운영되었다. 그러다가 19세기에 접어들면서 대부분의 조세가 토지를 기준으로 산정 할당되는 도결(都結)이라는 형태로 징수되었다. 토지세로의 집약화는 조세제도 내에서 신분적 속성이 그만큼 줄어드는 것을 의미하는 동시에 지배층의 자의적인 수탈 가능성 또한 줄어드는 것을 의미한다. 농민의 납세 부담은 증가 일로에 있었지만 조세제도의 형식은 새로운 단계로 접어들고 있었다.

이제 조세를 직접세 위주로 파악하고 납세자의 의무에 상응하는 권리를 부여하는 새로운 조세제도를 만드는가, 마지막까지 전근대적 폭력성을 기반으로 하여 납세자의 권리를 억누르면서 의무만 강요하는 조세제도를 유지하는가의 선택만이 남게 되었다. 그렇지만 불행히도 조선 사회 끝무렵까지 지배층은 후자를 선택함으로써 그들의 시대적 책무를 저버리고 말았다.

김성우 _대구한의대 교수

2부 문화와 놀이

격조 있는 읽기, 쓰기, 보기

오항녕

염필윤지

"염필윤지(恬筆倫紙), 몽염(蒙恬)은 붓을 만들고 채윤(蔡倫)은 종이를 만들었다."

이 말은 한자 입문서이자 동양 문화의 전개를 압축적으로 소개한 《천자문》 가운데 한 구절이다. 채윤보다 앞서 종이가 사용된 흔적이 남아 있느니만큼 사실이라기보다 상징적 언설로 이해해야겠지만, 동아시아 문명의 원형이 완성되었다는 이른바 진한(秦漢)시대의 지식, 정보 문화 발달을 《천자문》에서는 '염필윤지'라는 말로 표현하고 있는 셈이며, 그 상징이 붓과 종이일 것이다.

멀티미디어는 옛날에도 있었다

요즘 정보 유통의 총아로 각광을 받고 있는 것이 멀티미디어다. 세계 곳곳의 도서관, 박물관, 출판사의 지식과 정보를 앉아서 찾아볼 수 있고 게다

종이와 붓(국립중앙박물
관 소장)

가 동영상이 곁들여져서 흥미를 더한다. 그런데 언뜻 보면 대단한 변화 같지만, 찬찬히 보면 바다에 물결이 좀 세게 일어나는 것과 비슷한, 뭐 그런 게 아닌가 싶기도 하다.

영어로 쓰여 있으니까 새롭게 느껴지는 듯한 착각을 주기도 하지만, 말 그대로 '정보를 전달하여 주는 다양한 수단[Multi Media]'이다. 이런 의미에서 볼 때 정보 교류와 전달의 속도나 양, 그리고 수단이라는 현상적인 측면에서 새롭다는 것이지, 그 구조를 놓고 보면 중국 다녀온 사람의 입을 통해 전달하는 것이나, 책을 통하여 전달하는 것이나, 인터넷으로 전달하는 것이나 마찬가지로 인간 문화의 교류이다.

간단히 말하자면, 글을 '쓴다'고 할 때, 쓴다는 말이 요즘은 자판을 '두드린다'고 하고, 갑골문을 쓰던 시절에는 '판다'고 하였을 것이다. 그러니까 조선시대는 주로 '쓰는' 방법을 통하여 삶을 주고받은 시대라고 이해하면서 우리 이야기를 풀어 가자는 말이다.

출판의 본산지 사찰

우리는 조선 건국의 주체를 신진 사대부라고 부르고 있거니와, 이들은 유교적 소양을 갖추고 과거를 통해 고려 말부터 정계에 등장하기 시작한 지식층이었다. 그렇다 해도 고려 사회의 지식층이 그 양과 질의 두 측면에서 사찰과 승려라는 물적·인적 자원을 토대로 형성되었던 점을 기억하여야겠다. 신진 사대부라도 그들이 불교를 믿거나, 승려들과 교류하였던 흔적은 얼마든지 찾아볼 수 있다. 아직은 '머리는 유자(儒子), 몸은 불자(佛子)'였다고 한다면 과장일까?

만일 불교 사회로서의 고려가 이루어 놓은 지적 성과 중 대표적인 업적을 대장경으로 꼽는 데 문제가 없다면 이런 결과는 당연하였다. 방대한 양의 출판과 이를 가능하게 한 연구 역량을 고려한다면 고려시대 출판의 본산지는 역시 불교계였던 것이다. 아직 논란의 여지가 있기는 하나 세계 최초의 금속활자본으로 알려져 있으면서 지금 프랑스 국립박물관에 보관 중인《직지심경》이 바로 불교 서적이라는 점만 기억해 내도 될 법하다.

조선이 건국된 뒤에도 한동안 사찰은 여전히 유력한 출판 기관이었고, 그 출판을 해낼 수 있는 가장 역량 있는 인재들을 확보한 보고였다. 고려시대를 거치면서 축적된 출판 기술도 조선시대의 출판 사업에 밑거름이 되었음은 말할 나위 없다. 또한 당시 일본 사신이 조선에 와서 요구한 무역품, 엄밀히 말하면 얻어 가기를 간청한 품목 중에서 불교 경전이 가장 빈번하고 중요했다. 세종 때 들어와서 이제 불경은 국내에서도 구하기가 어려워졌다며 거절함으로써 다소 일본의 요구는 주춤해지지만, 아무튼 이러한 일련의 일들은 당시 출판계의 흐름을 이해하는 데 시사하는 바가 크다.

건국 초기의 출판 활동

태조는 조선을 건국하자마자 바로 교서감(校書監)을 두었다. 이는 국가적 차원의 출판이 왕조 초기부터 고려되었음을 의미한다. 그리고 1403년(태종 3)에는 주자소(鑄字所)를 두어 금속활자[계미자(癸未字)]를 만들고 서적을 만들어 팔도록 했다. 이때 무슨 책을 팔았는지 그 판매 방식은 어떠했는지에 대해 알 길은 없다.

하지만 이런 중앙정부의 노력은 곧 인쇄 기술의 혁신으로 이어지게 되었다. 1421년(세종 3)에는 동판에 활자를 배열하고 황납(黃臘)을 부어 고정시키던 방식을 바꾸어 동판을 아예 활자에 맞게 만들어 황납을 부을 필요 없이 바로 찍어 내게 함으로써 생산력을 높였다. 이로 인하여 하루에 두세 장씩 찍다가 수십 장 찍을 수 있게 되었다고 하니 실로 놀라운 발명이었다. 아니 발명이라기보다는 발상이었다. 이런 변화는 일견 단순하게 생각될 수도 있지만, 그만한 수요가 있었기에 인쇄 방식이 변화하였다는 점을 생각한다면 그런 수요자의 증대가 바로 우리의 주목을 끌며, 하나의 사건에서 사회 변화를 읽어 내는 역사학의 관심 대상이 되는 것이다. 세종이 이 성과에 흡족하여 술을 내려 주기까지 했던 '무황납 인쇄'를 통해 인쇄된 책은 다름 아닌 성리학적 역사서의 교과서라고 할 수 있는 주자의 《자치통감강목》이었다.

이러한 예는 이 밖에도 많지만, 지방관청의 지원을 받아 대대적으로 벌인 출판 사업의 경우, 지방에 산재한 사찰에서 그동안 축적해 온 출판 기술이 작용하였음을 부인할 수 없다. 승려를 간행 사업에 동원하였다는 기록은 바로 승려들이 가진 종이와 먹의 생산과 취급 등 기술력을 동원하였다는 의미이다. 그리고 대부분의 서적이 유가의 경전이었고, 당시 신진 사대부들의 관심이었던 농업생산력의 증대나 백성들의 생활 안정과 관련된 농서, 의학서 등이 주류를 이루고 있음은 이런 일련의 출판 사업이 지향하는 목적을 드러내 주고 있다.

서원의 출판 활동

이렇듯 조선 초기에 국가적 사업으로 진행된 출판은 지식층의 확대에 따라 다시 지방으로 확산되고, 16세기에 이르면 지방의 출판이 본격적으로 활기를 띠게 되었다. 어찌 보면 이미 지방관청의 지원하에 출판 사업이 이루어졌으니만큼 지방으로의 확산을 새삼스럽게 말할 것이 있겠느냐는 의문이 들기도 하겠지만, 이제 그 주체가 바뀐 것이다. 건국 초기의 지방 출판이 사찰의 축적된 출판 능력을 기초로 이루어진 데 반해, 이 시기에 이르면 1세기 이상의 시간이 경과하면서 새롭게 조선 사회의 지도력을 확보하기 시작한 사림들이 출판 사업을 주도하였으며, 그 무대가 바로 서원이었다. 서원의

담양 의암서원에 있었던 목판들
(현재 모현관에서 보관 중)

확산으로 사림에서는 항시적인 출판 활동을 펼칠 수 있게 되었으니, 요즘 말로 하면 각 학교마다 출판부가 있어 책을 출판하는 형세와 같은 셈이었다. 문집을 간행하기 위해 일회적으로 모여 간행 후 해산하는 방식이 아니라, 서원이라는 기관이 확보되어 있었으므로 출판 기획에서 인쇄에 이르기까지 이전 시기보다 훨씬 효율적으로 서적을 간행할 수 있게 되었다. 출판에서 가장 중요한 활자를 서원 나름대로 가지는 현상이 나타나기 시작한 것도 바로 이러한 추세의 반영이다.

실용과 예술을 넘나들며

조선 미술사의 체계를 세운 선구자로 인정받는 고유섭 선생은 우리 민족 미술은 민예적이라서 신앙성, 실용성, 예술성이 서로 떨어져 있지 않다는 말을 한 적이 있다. 어쩌면 단지 우리 민족 예술만이 아니라, 모든 삶의 도구나 장치들은 실용과 예술이 결합되어 나타나는 것인지도 모른다. 그런데 우리가 살펴볼 종이와 먹과 활자는 그중에서도 특히 이러한 결합이 두드러지는 예가 될 것이다.

우리나라에 언제 종이가 전래되었는지는 기록에서 확인되지 않는다. 그러나 우리가 한지(韓紙)라고 부르는, 닥나무[저(楮)]를 원료로 해서 종이를 만드는 기술은 이미 고려시대에 확립되었다. 조선시대에는 조지서를 두어 종이를 생산하였다. 조지서는 지금의 서울 세검정에서 구기터널로 가는 길목에 있었다. 고려시대에 생산된 종이의 종류에 더하여 조선시대에 생산된 종이의 종류만도 수십 종에 달한다. 게다가 생산기술도 중국이나 일본과 교류하는 과정에서 향상되어 종이 질이 계속 개량되었다.

원래 고려시대부터 중국에서는 우리 종이가 품질이 좋은 종이로 인정받고 있었다. 조선의 종이는 중국과 제조 공정에서 약간 차이가 있어서, 우리 눈으로 확인할 수 있듯이, 가끔 섬유질이 종이에 노출되는 경우도 있다. 이는 종이를 만들기 전에 원료를 갈지 않고 두드리기만 하는 데서 생기는 현상으로 질감이 거칠지만, 지질이 질기다는 장점도 있었다.

대량생산을 위해 불가피하게 화학 처리하는 요즘의 종이와는 달리 빛을 적당히 흡수함으로써 보기에 은은하고, 손에 닿는 질감이 부드러운 한지는 그 수명도 길다. 가령 수백 년이 지난 종이가 여전히 변색되지 않고 보존되는 경우도 종종 발견된다. 오래된 한적(漢籍)에서 느끼는 그윽함은 시간의 두께가 주는 무게일 수도 있지만, 한지 자체에서 오는 느낌이기도 한 것이다.

귀하디귀한 종이

아마 나이든 분들 중에는 어려서 부모님이나 그 윗대 분들이 종이를 무슨 보물이나 되는 양 차곡차곡 모아 두시던 기억이 있을 것이다. 조선시대에도 종이가 귀하였으므로 한 번 사용한 종이를 대개 재생하였던 것으로 보인다. 예를 들어《실록》을 편찬하기 위해 거둔 사초(史草)를《실록》이 편찬되고 난 뒤에는 씻어서 기록이 누출되지 않게 하는 것이 관례였는데, 그 씻은 사초를 어떻게 하였을까. 이미 사용한 종이라도 거기에 화학적 변화가 가해지지 않은 상태에서 그것을 재생하는 데에는 아무런 기술적 문제가 없었을 것이다. 그러나 이런 재생의 이점은 다른 한편으로 더욱 많은 원래의 기록을 통해 당시의 역사상을 구성하고자 하는 현재 역사학자의 필요에서 보면 아쉬움이 남는 일이기도 하다.

종이가 귀했던 사실은 편지 쓰기에서도 확인할 수 있다. 우리 귀에 익은 학자들의 편지도 처음 쓰다가 얘기가 길어진다 싶으면 종이 윗면에, 밑면에, 심지어는 이미 쓴 글씨의 사이사이 행간에까지 글씨를 써 넣은 것을 흔히 볼 수 있다. 물론 먹으로 쓰기 때문에 뒷면에는 쓰기가 어려웠다. 게다가 이 경우 초서(草書)로 쓰기 때문에 종종 어디가 시작인지, 어디서 끝나는지조차 알기 어려워 한문도 잘 모르는 초학자들을 곤혹스럽게 만들기도 한다.

'권'과 '책'의 차이

또 하나 종이와 관련하여 언급해 두고 싶은 것은 책(册)과 권(卷)의 차이이다. 흔히 우리는 '책 한 권'이라고 하여 책과 권을 차이 없이 사용하고 있는데, 옛날에는 이를 명확히 구별하였다. 원래 책은 죽간(竹簡)을 끈으로 묶은 것을 표시하는 상형문자로 종이가 발명되기 이전에 대나무 같은 데다 쓰거나 새겨서 책으로 상용한 데서 연유한다. 반면 권은 두루마리란 뜻이다. 고려시대 불경의 경우는 대개 이런 권[축(軸)이라고도 한다.]으로 되어 있던 반면, 조선시대에 들어와 요즘의 책 형태가 일반화되었던 것으로 보인다. 그래서 한적의 수량을 몇 권 몇 책 하는 식으로 기록하는데, 한 책에 몇 권이 들어가게 되어 있다. 이는 책의 형태가 검색이나 책꽂이에 보관하는 데 효율적이었기에 나타난 자연스러운 변화였고, 책의 효율적인 검색과 보관이 요청될 만큼 소비가 증대하였음을 의미한다. 그러다가 디스켓이나 콤팩트

디스크로 가는 것이 아니겠는가?

활자의 미학

마지막으로 중요한 것이 활자이다. 나무에 직접 새겨 통째로 찍는 목판본도 있고, 얼마 전까지 인쇄소에서 볼 수 있었던 것처럼 미리 글자를 만들어놓았다가 판에 심어서 인쇄하는 목활자나 금속활자도 있다. 활자(活字)란 말자체가, 고정된 것이 아니라 여기저기 옮겨 심어서 인쇄할 수 있다는 뜻에서 나온 '살아 있는 글자'라는 말이다. 인쇄 문화와 관련된 다른 영역보다 활자에 대해서는 비교적 많은 연구가 나와 있는데, 이는 그만큼 다양한 활자가 조선시대에 쓰였으며 지금까지 자체(字體)를 확인할 수 있는 문헌이 남아 있기 때문이다.

활자를 만들기에 앞서 자본(字本)이 필요하다. 그 자본대로 새겨 놓은 것
이 활자가 된다. 그러므로 당시의 활자는 붓의 운용에 따른 묘미와 예술성
이 그대로 표현된다는 점에서 요즘의 활자나 컴퓨터 자체와는 차이가 있다.
붓으로 자본을 만든다는 의미는 사람마다 글씨체가 다르기에 그만큼 다양
한 활자체가 나올 수 있고, 철필(鐵筆)과는 다른 조심필(棗心筆)의 변화무쌍
함과 쓰는 이의 조예가 밴다는 점에서 생동감과 인간적 체취를 느낄 수 있
게 한다.

조선시대에 걸쳐 여섯 번이나 새로 주조된 조선 금속활자의 전범을 이루
었던 갑인자[甲寅字: 세종 16년(1434)]는 명나라의 《효순사실》의 글자체를 바
탕으로 하되, 부족한 것은 수양대군이 썼다고 전한다. 수양대군은 이후
1438년(세종 20) 《자치통감강목훈의》를 찍어 낼 때에도 자본을 썼다. 그러나
당대 지식인과 예술인의 후원자이기도 했고 자신도 당대 최고의 감식안과
교양을 가지고 있던 안평대군의 글씨를
자본으로 하여 《상설고문진보대전》 등을
찍었던 경오자(庚午字)는 세조 즉위 후에
폐기되는 운명을 겪기도 하여 권력투쟁
의 회오리가 활판에서도 느껴진다.

한편 민간이나 서원에서 만든 목활자
는 정교함이나 세련미에서는 중앙관청에
서 만든 것만 못하지만, 거친 대로의 소박
함과 삶의 때가 묻어 있으며, 그 시대 지

김정국 편, 《성리대전서절요》(1538, 보물, 국립중앙
박물관 소장)
김정국이 《성리대전》에서 중요한 부분만을 뽑아 목
활자로 간행한 책이다.

식 인구의 저변 확대에 기여한 점이나 그런 시대상을 반영하고 있다는 점에서 소중한 자료라고 하겠다.

한글 활자의 유행

훈민정음을 가장 으뜸가는 국보로 다시 지정하자는 말이 있을 만큼, 한글의 창제는 우리 역사에서 의미 있는 사건이었다. 한글 활자는 이미 세종 때에 《석보상절》 등에서도 사용되었음을 알 수 있지만, 무엇보다도 관심을 끄는 것은 율곡 이이의 작업으로 알려진 《사서언해》이다. 이는 퇴계 이황과 이이를 거치면서 성리학이 조선적인 문제의식하에서 전개되어 가는 사상사의 흐름을 반영하는 사건이기도 하였고, 사서를 한글로 번역함으로써 대중성을 높이는 계기가 되었다. 이후 한글 활자는 사서와 삼경을 비롯한 교과서의 국문 번역판을 중심으로 꾸준히 증가하고 있었음을 확인할 수 있다.

서적의 유통

책을 가지는 데는 몇 가지 방법이 있다. 보고 외우는 것, 보고 베끼는 것, 보고 사는 것이다. 외우기는 아무나 못 하므로 대중적인 방법은 아니다. 그러니 택할 수 있는 방법은 나머지 두 가지인데, 책의 가격이 얼마나 되었는지 확인할 수는 없지만 책을 산다는 것은 그다지 쉬운 방법은 아니었던 것으로 보인다.

우선 서점이 얼마나 되었는지 의문이다. 중종 때에 서점이 한양에 있어

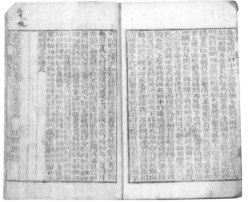

《통감절요》와 《옥편》(방각본. 서울역사박물관 소장)
조선시대에 개인이 판매할 목적으로 간행한 책을 방각본이라 하는데, 조선 후기 서울과
호남 지방에서 유행하였다.

종종 도둑질을 당하고 심지어 약탈을 당하기도 하였다는 기록이 있는데 이런 상황이었다면 장사를 계속하기 어려웠을 것이다. 하긴 우리 정서에도 책 도둑은 도둑이 아니라는 암묵적 합의로 책 도둑에 대해서는 관용을 베풀던 시대가 있었다. 또 누구나 한두 번은 그런 경험이 있지 않을까.

조선 후기에 들어서 책의 수요가 늘면서 서울 지역에서 서점이 활기를 띤 흔적은 자료에서도 확인할 수 있다. 그러나 그런 추세가 지방에도 있었는지는 알 수 없다. 그래서 책을 산다 하여도 그것은 서점에서 구입하는 방식이 아니라 주문생산, 즉 여럿이서 책값을 모아 주면 그에 맞추어 책을 찍어 내서 공급하는 방식이 더 일반적이었다고 보인다. 대체로 서원에서 출판하는 방식도 이와 유사하였다.

책을 외울 재주도 살 돈도 없는 경우에는 품을 들이는 수밖에 없었다. 베끼는 것이다. 현재 보존되어 있는 많은 필사본은 어떤 의미에서 책을 보려는 절실한 노력의 결정이라고 하겠다. 혹시 그런 필사본을 마주하는 경우가 있다면 책을 펴 읽으려 하기보다 거기서 필사한 이의 숨결을 느껴 볼 일이다.

대중화되어 있던 책 문화

고종 3년(1866), 프랑스 군대가 우리나라를 침략하여 강화도를 분탕질하고 수많은 문화재를 약탈해 간 사건이 병인양요이다. 그때 프랑스군 장교한 사람이 적어 놓은 기록을 보면, 집집마다 책이 있어 약탈자를 놀라게 하였던 모양이다. 실제로 일반 서민들 집에도 당시의 교과서이던《천자문》《동몽선습》등은 대개 갖추고 있었고, 사서나 삼경 등도 상당한 독자층을확보하고 있었다. 이는 일제가 식민지 교육 체제를 강요하면서 탄압하였던서당(書堂)을 중심으로 광범위한 대중 교육이 이루어지고 있었던 사실에서보아도 당연한 일이었다.

오항녕 _전주대 교수

조선시대 사람들의 패션 감각

이민주

옷 입기보다 중요한 머리치장 – '알'만 한 상투 틀기에서 갓 쓰기까지

조선시대 남자들이 아침에 일어나서 제일 먼저 하는 일은 세수하고 상투를 트는 일이다. 늘 하는 일이고 누구나 트는 상투지만 멋진 상투는 저절로 만들어지지 않는다. 남자는 대체로 10대 중후반이 되면 지금의 성인식에 해당하는 관례를 치른다. 이때 어린아이의 머리를 상징하는 땋은 머리가 아닌 상투를 틀어 사회적으로 성인으로서 대우를 받게 된다. 상투를 틀려면 먼저 빗살이 성근 얼레빗으로 헝클어진 머리를 빗은 다음 빗살이 촘촘한 참빗으로 가지런하게 가다듬어 빠져나온 머리카락이 하나도 없게 해야 한다.

한양의 멋쟁이는 상투를 '알(달걀)'만 하게 만드는 것이 관건이다. 조선 말에 활동했던 기산 김준근(金俊根)의 풍속화 속에 그 해답이 숨어 있다. 우선 '알'만 한 크기의 상투를 만들기 위해서는 〈그림 ❶〉과 같이 정수리 부분의 머리를 민다. 적당한 머리숱이 만들어지면 〈그림 ❷〉와 같이 기름을 발라 터럭 한 올이라도 빠져 나오지 않도록 빗은 후 정수리로 머리카락을 모아 하나로 묶는다. 상투를 짤 때는 묶은 머리카락을 높이는 5~8센티미터, 지

▌❶ 상투 밑 치고　　　　　　▌❷ 상투 틀어 주고　　　　　　▌❸ 상투 짜 주고
〈기산 김준근 풍속화첩〉(숭실대학교기독
교박물관 소장)

름은 2.5센티미터 정도가 되도록 〈그림 ❸〉과 같이 짜 준 후 작은 비녀인 동
곳으로 상투를 고정시킨다.

　알만 하게 상투를 틀었으면 다시 한 번 흘러내린 머리카락이 없도록 일명
헤어밴드에 해당하는 망건을 두른다. 망건은 말총으로 만드는데 앞은 망사
로 되어 있어 이마를 훤하게 보이도록 한다. 망건의 위를 '당', 아래를 '편자'
라 하고 각각의 끝에 당줄을 단다. 이마의 앞에는 풍잠을 달아 갓을 썼을 때
갓이 뒤로 넘어가는 것을 막아 주고 편자의 귀 닿는 곳에 각자의 신분에 맞
는 관자를 단다. 망건을 쓸 때에는 당의 끝에 달아 놓은 윗당줄을 뒤에서 졸
라 상투에 매고, 편자 양쪽 끝에 달아 놓은 아랫당줄은 좌우 당줄을 맞바꾸
어 편자의 귀 닿는 곳에 달린 관자에 걸고 다시 망건 뒤에서 엇걸어 매고 두
끝을 상투 앞으로 가져와 동여맨다.

　그런데 조선의 멋쟁이들은 망건을 단순히 머리카락을 정리하는 데에만
사용하지 않았다. 조선 후기 실학자인 이덕무(李德懋, 1741~1793)의 말을 들

어 보자. 망건이란 '머리털을 싸매기만 하면 되는 것이니 바싹 죄어 매서 이마에 눌린 흔적이 있게 해서는 안 되고, 늘어지게 매서 귀 밑에 흩어진 털이 있게 해서도 안 되며, 눈썹을 눌리게 매지도 말고 눈꼬리가 위로 치켜들게 매지도 말라.'고 했다. 그러나 조선의 멋쟁이들은 망건을 바싹 죄어 매서 흘러내린 머리카락이 없게 하는 것은 물론이려니와 오히려 너무 바싹 매서 망건의 당과 편자가 있는 쪽의 이마가 눌리게 맸다. 또 눈썹 위에 망건을 둘러 눈썹이 눌리면서 눈꼬리는 위로 올라 가게 했다.

〈그림 ❹〉의 강이오는 조선 후기 대표적인 문인화가 강세황의 손자이다. 편자가 닿는 부분의 이마가 눌려 있다. 지금은 망건 위에 쓴 사모가 이마의 모양을 가리고 있지만 망건을 단단하게 매면 당과 편자 부분이 눌리는 대신 이마는 볼록하게 튀어나온다. 망사 속 튀어나온 이마는 보톡스 효과이다. 또 〈그림 ❺〉와 같이 조씨 삼형제의 눈꼬리가 위로 살짝 올라간 것을 볼 수 있다. 망건으로 눈썹 있는 부분을 눌러 주니 눈빛이 살아 있을 뿐 아니라 얼굴 전체가 위로 올라간 느낌을 준다. 리프팅 효과는 덤이다.

❹ 이재관, 〈강이오 초상〉 부분(국립중앙박물관 소장)

❺ 미상, 〈조씨 삼형제〉 초상화 부분(국립중앙박물관 소장)

❻ 살쩍밀이(단국대학교석주선기념박물관 소장)

단단히 맨 망건을 풀고 나면 이마의 위아래가 0.3센티미터 정도 파여 자국이 남을 뿐 아니라 상처가 나기도 하고 심지어는 피가 흥건할 정도였다. 이런 고통을 감수하면서도 망건을 단단히 매고 보니 젊어 보이는 것은 물론이려니와 야무져 보이기까지 한다. 누가 이 고통을 마다하겠는가? 다만 안타까운 것은 머리카락이 빠질 정도로, 피가 날 정도로 단단히 두른 망건은 편두통을 불러오기 일쑤였다는 사실이다.

　그러나 다행인 것은 '살쩍밀이'라는 도구가 있어 이 고통에서 잠시 벗어날 수 있었다. 살쩍밀이는 대나무나 대모(玳瑁) 또는 서각(犀角) 등의 뿔로 만든 길이 11센티미터, 너비 1.3센티미터 정도의 작은 막대기이다. 원래 살쩍밀이는 관자놀이 주변의 머리카락이 빠져나왔을 때 망건 속으로 밀어 넣기 위한 도구였다. 그러나 편두통이 왔을 때 살쩍밀이를 망건 속으로 밀어 넣어 망건을 슬쩍 들어 올리면 얼굴을 찌푸리지 않고 고통에서 자유로울 수 있었다. 살쩍밀이 덕에 남자들의 망건 두르기는 참을 수 있는 '즐거운 고통'이었다.

　기본적인 머리빗기와 상투 틀기, 망건 두르기가 끝나면 각 의례와 신분에 맞는 다양한 모자를 써야 하지만 신분에 관계없이 누구나 쓰는 모자는 단연 '갓(흑립)'이다. 갓은 그 무게가 15그램밖에 안 된다. 가벼워 좋지만 바람만 조금 불어도, 비라도 조금 내리면 바로 망가져 버리기 일쑤다. 그러니 자신만큼이나 갓을 아껴야 했다.

　갓은 크게 머리가 들어가야 하는 모정 부분인 '총모자'와 햇빛을 가리기 위해 넓게 붙인 차양 부분인 '양태'로 나누어지고, 이 둘을 합해 갓이 된다. 머리에 써야 할 모정 부분이 위로 올라가면서 좁아지고 머리가 들어갈 수 없을 정도로 두정 부분이 좁아지다 보니 머리에 쓴다고 하기보다는 오히려 얹어 놓을 수밖에 없는 구조가 되어 끈이 없으면 뒤로 넘어가든지 옆으로 쓰러진다. 특히 갓을 쓸 때에는 앞으로 숙여 써서 남의 기색을 챙 밑으로 흘겨 살피지 않으며, 뒤로 제쳐 쓰거나 끈을 움켜잡아 매거나 흩어 매지 말며 귀에 내려오게 매지 않아야 한다.

이때 중요한 역할을 하는 것이 갓끈이다. 갓끈은 두 종류가 있다. 하나는 비단으로 만들어 턱밑에서 갓을 고정시킬 때 사용하며, 다른 하나는 산호·마노·호박 등의 보석을 꿰어 배 아래까지 길게 늘어뜨려 자신의 부를 최대한 과시한다. 이를 패영이라 하는데 결국 과시가 지나쳐 사치로 이어져 걸핏하면 수백 냥을 넘어갔다. 여기서 더 흥미로운 것은 패영의 관리이다. 〈그림 ❼〉의 두 사대부의 모습을 보자. 둘 다 망건 위에 갓을 쓴 모습이지만 패영의 관리는 사뭇 다르다. 서 있는 남자는 패영이 가슴 앞에서 유(U)자를 그리며 길게 늘어져 있는 반면 앉아 있는 남자는 패영을 걷어 올려 귀에 걸

❼ 늘어뜨린 패영(왼쪽), 귀에 걸고 있는 패영(오른쪽), 신윤복, 〈청금상련〉 부분(국립중앙박물관 소장)

고 있다. 앉아 있으니 긴 패영이 거추장스럽기도 하지만 움직일 때마다 가
슴을 치는 패영이 거추장스러웠을 것이다. 그렇다고 갓을 벗을 수도 패영을
떼 버릴 수도 없으니 패영을 과시하되 귀에 걸어 실용까지 챙긴 재미있는
모습이다.

머리 땋기에서 가체 올리기까지

남자들이 멋을 위해 여러 가지 노력을 했던 것과 같이 여자들 또한 미인
소리를 듣기 위해서는 남다른 노력이 필요했다. 조선시대 미인의 기준은 예
쁜 얼굴보다는 머리카락에 있었다. 머리숱이 얼마나 풍성하고 윤이 나는가
와 함께 얼마나 길고 검은가 하는 점이 중요한 요소였다.

〈그림 ❽〉은 신윤복의 〈계변가화〉에 등장하는 여인이다. 개울가에 앉아
서 머리를 땋고 있다. 한쪽은 이미 다 땋았으며, 다른 한쪽은 땋는 중이다.

❽ 가체를 넣어 머리를 땋고 있는
모습.
신윤복, 〈계변가화〉 부분(간송미술관
소장)

❾ 땋은 머리를 타원형으로
만든 모습.
신윤복, 〈단오풍정〉 부분(간송미
술관 소장)

❿ 큰머리를 하고 있는 여인의 모습.
미상, 〈미인도〉 부분(고산 윤선도기념관 소장)

여인의 무릎 앞에 여전히 체발 4단이 남아 있으니 이 체발을 다 끼워 넣고 나면 머리 땋기는 끝이 나겠지만 땋은 머리가 얼마나 크고 무거운지 〈그림 ⑨〉의 여인은 고개가 앞으로 숙여져 있다. 머리를 틀어 올리기도 전에 이미 감당할 수 없을 정도의 크기와 무게로 인한 고통이 얼굴에 고스란히 드러나 있다. 얼마나 무거웠을까? 조선시대 어린 신부가 가체 때문에 목이 부러져 죽었다는 이야기는 널리 알려진 사실이다. 〈그림 ⑩〉의 여인은 머리를 틀어 올린 후 고통은 잊은 채 오히려 입가에 살짝 미소가 번진다. 미인의 대열에 낀 흡족한 표정이다.

가체에 대한 여인들의 열망은 꺾일 것 같지 않았지만 유행은 영원할 수 없다. 가체의 인기는 조선 여인들이 즐겨 썼던 남바위, 풍차 등을 비롯해 조바위, 아얌 등으로 넘어갔다. 이들 모자들의 공통점은 정수리 부분이 열려

❶ 조바위(국립중앙박물관 소장)

❷ 남바위, 엘리자베스 키스, 〈설날 나들이〉(1921, 국립중앙도서관 송영달문고 소장)

있고 그 위에 산호 구슬을 꿴 줄이 정수리 위를 장식한다는 점이다. 산호줄은 다시 옥판이나 옥나비에 꿰어 앞이마와 뒤통수에 있는 봉술로 연결된다. 산호줄은 작은 움직임에도 좌우로 찰랑거리며 시선을 집중시킨다.

개항기 우리나라를 방문한 외국인들은 조선 여인들의 모자를 보고 그 진가를 먼저 알아봤다. 프랑스의 민속학자 샤를 바라는 한국을 '모자의 왕국'이라고 하는가 하면, 프랑스의 외교관이었던 모리스 쿠랑은 '모자 발명국'이라고 했다. 심지어 프랑스 화가 조세프 드 라 네지에르는 '모자에 관한 한 아리스토텔레스에게 자문을 해 주어도 될 수준'이라고 하며, 우리 모자의 예술성과 창의성을 일찌감치 알아봤다.

조선의 패션 리더, 별감의 차림새

별감은 액정서에 소속된 하인을 낮추어 부르는 말로 궁중의 잡직에 속하는 보잘것없는 신분이다. 그러나 임금이나 세자가 행차할 때 어가를 시위하기도 하고, 왕명을 전달하기도 하며, 궁문과 궐문의 자물쇠를 관리하고 임금이 쓰는 붓과 벼루 등을 관리한다. 벼슬은 높지 않지만 지체 높은 분들을 가깝게 모시며 궁중의 크고 작은 일을 담당하면서 일정한 영향력을 행사하기도 했다. 또한 임금이나 세자를 시위할 때에는 누구보다 당당해 보여야 하므로 복식의 역할이 중요했다. 모자는 눈에 띄는 주황색 초립을 쓴다. 주황색은 활기차고 즐거운 인상을 주는 색으로 개방적인 느낌이 강하다. 게다가 채도가 높아 어디서나 눈에 쉽게 띄면서 긍정적인 분위기를 조성한다.

조선시대 남자들의 옷차림새는 기본적으로 바지저고리를 입고 그 위에 포를 입는 구조이다. 우리나라 옷은 계절에 민감하여 추울 때는 허리에 띠를 매어 깊이 여며 찬 기운과 바람을 막고, 더울 때는 앞을 열어 바람이 통할 수 있도록 한다. 계절의 변화에 최적화된 형태이다. 하지만 여밈만으로 추위를 이겨 내는 데에는 한계가 있다. 옷 사이에 솜을 넣거나 한지를 넣어 바람을 막는 데에는 성공했지만 투박함은 그대로 남는다.

조선 사람들은 '누비'라는 새로운 양식을 만들어 냈다. 누비는 두 겹의 옷감 사이에 솜을 놓고 함께 바느질하는 것으로 솜의 두께와 누비질한 간격에 따라 느낌이 달라진다. 조끼나 배자를 만들 것인지 겉옷으로 입을 포를 만들 것인지 용도에 따라 누비질 간격을 달리 한다. 누비질 간격이 좁으면 옷감은 단단해지지만 풍성한 느낌은 없다. 반대로 누비질 간격이 넓으면 둔탁해 보이는 반면 따뜻한 느낌을 준다. 누비질로 생긴 누빔골은 요철이 있는 줄무늬가 된다. 영조 이후 조선은 검소함을 최고의 덕목으로 꼽았다. 무늬가 있는 비단의 사용을 금하고 우리나라에서 짠 직물을 사용하면서 '누비'로 새로운 무늬를 만들어 낸 것이다.

한편 소재의 선택도 옷의 맵시를 만드는 데 중요한 역할을 한다. 〈그림 ⑬〉 속 두 남자의 옷차림새를 보자. 별감은 붉은색의 홍의를 입고 있으며, 그 안에 푸른색의 포를 입고 있다. 그리고 그 안에는 분홍색의 포가 보이고 다시 그 안에 누비 배자의 모습이 보인다. 물론 그 속에는 흰색 바지와 저고리가 있다. 그 옆의 남자는 어떤가? 가장 겉에는 흰색 포가 보인다. 그 사이로 보라색의 누비 배자가 보인다. 별감보다 그렇게 많은 옷을 입은 것으로 보이지 않는다. 그러나 포 사이로 보이는 주머니, 털토시, 세조대 등이 한껏 멋을 낸 모습이라는 것을 짐작할 수 있다. 이는 별감의 복식에서도 예외는 아니다. 누비 배자 위로 각이 진 귀주머니를 달고 있는 모습과 함께 홍의 위로 폭이 넓은 광다회를 띠고 있으며 홍의와 보색이 되는 푸른색의 고름을 묶고 있는 모습이 보인다. 속에 입은 푸른색의 포와 같은 옷감으로 만든 고름이다. 안에 입은 푸른색의 포와 겉에 입은 홍색의 포가 한 세트의 조합임을 내비친다.

조선시대 남성들이 옷을 입을 때 보여 주는 특징 중 하나는 옷을 겹쳐 입는다는 점이다. 겹쳐 입을 때에는 나름의 공식이 있다. 먼저 색상의 조화이다. 별감의 복식을 보면 붉은색 속에 푸른색, 푸른색 안에 분홍색, 그리고 분홍색 안에 갈색이 보인다. 이들 옷들은 모두 앞과 옆선이 열려 있어 속에 입은 옷의 종류와 복색을 확인할 수 있게 한다. 가장 속에는 흰색 바지, 저고리를 입는다.

⑱ 별감과 양반 남자의 옷차림새
신윤복, 〈야금모행〉(간송미술관 소장)

또 옷 사이사이로 보이는 주머니는 각이 진 귀주머니와 둥근 두루주머니가 보이는가 하면, 이들 주머니를 장식하는 매듭과 술 등이 함께 보인다. 주머니의 색도 노란색, 파란색 등 흰색의 바지, 저고리와 대조를 이루며 열린 포 사이로 살짝살짝 보인다.

바지저고리의 흰색이 우리 옷의 바탕색임은 분명하다. 그렇다고 흰색만을 선호하는 민족은 아니었다. 더욱이 흰색도 하나의 색만이 있는 것이 아니다. 우리가 즐겨 입던 흰색은 생동감이 넘치는 백옥 같은 밝은 하얀색에서부터 거칠고 투박한 소색(素色)에 이르기까지 아주 다양하다. 밝은 하얀색은 항상 축제 같은 분위기를 느끼게 할 뿐 아니라 맑은 파란색, 연분홍, 연두색, 옥색 등의 은은한 색은 물론 자주색, 색동 등 다양한 색과 어울려 참신한 활력을 불어넣는다.

여기에 고름과 허리띠 등의 대(帶)도 우리 옷에서 없어서는 안 될 활력소다. 우리 옷에는 단추가 없다. 대신 옷을 여밀 때에는 고름으로 묶고 그 위를 다시 대로 묶는다. 남자 저고리의 고름은 저고리 색과 같은 흰색을 사용하지만 포의 고름은 포와 같은 옷감으로 만들기도 하지만 전혀 다른 색으로 변화를 준다. 또 안에 입은 옷과 같은 색의 고름을 달아 겉감과 안감의 일체감을 주기도 한다.

옷 위의 변화는 고름에만 머물지 않는다. 겉옷 위에는 옷감이 아닌 끈목으로 만든 세조대(細條帶)나 광다회(廣多繪)를 두른다. 이들 띠는 길이가 길 뿐 아니라 술이 달려 있어 자칫 밋밋할 수 있는 옷에 활기를 불어넣는다.

허리띠는 바지에서 더 확실한 효과를 드러낸다. 한복바지는 한 쪽 통으로도 사람의 몸 전체가 들어갈 수 있을 정도로 길고 넓다. 그런 바지를 허리띠가 아름답게 만들어 준다. 허리띠는 주로 술이 달린 예쁘고 긴 명주로 만들어져 자칫 밋밋할 수 있는 바지를 맵시 나게 한다.

바지의 통을 조절하는 데에도 끈은 필요하다. 행전을 이용해 통 넓은 바지를 간편하게 줄일 수도 있지만 대님을 두름으로써 바지의 주름을 그대로 살리면서 바지통만을 간편하게 줄일 수도 있다. 단순한 끈 하나지만 다양한 효과를 줄 수 있는 예술품이다.

조선의 패션 리더, 기생의 차림새

조선시대 기생은 8대 천민 중 하나이다. 그러나 그들의 옷만큼은 결코 천민에 해당하지 않는다. 오히려 패션의 중심에 있다고 해도 과언이 아니다. 특히 왕실에 소속된 침선비는 '상방기생'으로 약방기생과 함께 최고의 기생으로 쳤다. 상방은 '상의원'의 다른 이름이다. 상의원은 왕실에서 필요로 하는 의대를 공급하는 관청으로 여기에 소속된 침선비는 4~5세에 궁에 들어와 바느질로 일평생을 보낸 전문인이다. 그러나 상방기생이라는 명칭에서 알 수 있듯이 연회가 있을 때에는 접대도 겸해야 했다. 이처럼 기생은 천인 신분이지만 직업적 특성에 따라 사대부와 교제할 수 있었으며 합법적으로 남성들의 접근이 허용된 신분이다. 여기에 미모와 재주가 뛰어났기에 사회적인 관심을 받기에 충분했다. 그러나 한평생 남자들의 노리개와 같은 인생을 살면서 가치가 없게 되면 냉혹하게 버려지는 비운을 감수해야 했다. 그러기에 기생으로서의 생활보다는 일반인으로서의 삶을 원했으며, 벼슬아치의 첩이 되는 것을 최고의 영예로 생각하였다.

특히 기생들은 복식을 갖추는 데에 특별한 대우를 받아 신분상 천인이시만 양반 부녀자와 같이 화려한 비단옷에 노리개를 찰 수 있었으며, 사치도 허용되었다. 여기에 자유로운 복식 선택은 자신들의 아름다움을 표현하기에 충분한 수단이 되었으며, 자신들의 욕망도 복식을 통해 이루고자 했다.

기생들은 복식의 구조부터 바꿨다. 착장방식에도 변화를 주었다. 가장 먼저 시도한 일은 복식에 여성성을 충분히 표현하고자 하는 것이었다. 이를 위해 가슴, 허리, 엉덩이를 강조하는 복식 구조로 기존의 저고리 길이를 가슴 높이까지 올렸고 품도 몸에 딱 맞게 줄였다. 한번 소매를 끼고 나면 피가 안 통할 정도로 소매통도 줄였다. 허리에 걸쳐 매었던 치마는 저고리 길이가 짧아짐에 따라 가슴 높이까지 올려 입었다. 그러나 가슴으로 올라온 치마는 말기를 아무리 단단히 동여매도 쉽게 흘러내렸다. 이에 별도의 가슴가리개를 만들어 가슴을 가렸다. 서양의 브래지어에 해당하는 속옷이다.

다음은 치마다. 치마는 가장 단순하게 만들어졌지만 허리에 주름을 잡아 다양한 방법으로 옷을 입을 수 있다. 첫째로는 치마를 늘어뜨려 입는다. 가장 일반적인 방법일 수 있다. 그러나 크고 풍성한 치마가 거추장스럽다. 둘째로는 치맛자락을 잡아당겨 가슴 앞에 붙여 입는다. 엉덩이가 강조되고 간편해 보이는 것 같지만 한쪽 손으로 치맛자락을 잡아야 하니 평상시에 입을 수 있는 방법은 아니다. 셋째로는 끈을 이용해 풍성한 치마를 걷어 올려 묶는다. 이 방법은 한결 간편해진 데다가 치마를 걷어 올리자 속옷이 보이면서 의도하지 않은 여성성이 극대화되는 효과를 가져왔다. 또 하나 빼놓을 수 없는 방법이 여러 가지 속옷을 입어 치마를 부풀리는 것이다. 서양에 페티코트가 있었다면 우리나라에는 겹겹이 껴입은 속옷이 페티코트 구실을 대신했다. 가장 속에 입는 옷은 팬티를 대신한 다리속곳이다. 그 위에 속곳을 입고 그 위에 속바지를 입는다. 속바지 위에는 단속곳을 입고 그 위에 너른바지를 입는다. 너른바지의 단에는 한지를 붙여 한층 뻣뻣함을 유지하도록 한다. 다시 그 위에 무지기치마를 입는다. 무지기치마는 치마단의 길이를 달리하며 적게는 3단에서 많게는 9단까지 연결해서 만든 속치마이다. 그렇다고 해서 모든 사람이 이렇게 많은 속옷을 입지는 않았다. 일반적으로는 단속곳까지만 입어도 '하후상박(下厚上薄)' 형이 완성된다. 위는 조이고 아래는 퍼지게 입는 새로운 스타일을 만드는 데 전혀 문제가 없다. 새로운 복식 구조로 자리잡은 하후상박은 남성들까지 자신의 처첩들에게 권하면서 유행을 선도했다.

⑭ 치마를 길게 늘어뜨려 입는 창작 방식.
이인문, 〈미인도〉(온양민속박물관 소장)

⑮ 치마를 걷어 올려 가슴 앞에 붙여 입는 창작 방식.
미상, 〈미인도〉(일본 국립도쿄박물관 소장)

⑯ 치마를 걷어 올리고 치마끈으로 허리에서 묶어 입는 착장 방식.
신윤복, 〈전모 쓴 여인〉(간송미술관 소장)

한복을 아름답게 보이기 위한 장치

조선시대 옷은 각 집안의 안주인 솜씨에 따라 달라진다. 물론 침선을 전문으로 하는 장인들도 있지만 정성을 들여 꿰맨 옷에는 맵시를 드러내는 무언가가 있다. 한복을 더 아름답게 보이는 장치 속으로 들어가 보자.

첫째는 바느질 솜씨가 옷의 맵시를 좌우한다. 조선시대 백과사전에 해당하는 《규합총서》에는 바느질 비법이 소개되어 있다. 한복에는 겹쳐 입는 옷이 많으므로 겉으로 나올 때마다 두 푼씩 늘여야 속옷이 빠지지도 않고 너무 끼지도 않는다고 하였다.

남자는 바지저고리를 기본으로 그 위에 도포, 철릭, 창의, 두루마기 등을 입는다. 그 위에 답호 또는 전복 등을 더 입을 수도 있다. 아니면 중치막이나 창옷을 입고 도포를 입기도 한다. 그러다 보면 포라 할지라도 두 겹 또는 세 겹을 겹쳐 있게 된다. 이때 중요한 점은 두 푼씩 차이를 두어 속옷이 겉으로 나오지 않게 편안한 상태를 만들어 준다는 것이다.

또 나이가 들면 누구를 막론하고 모두 체형이 바뀐다. 젊어서는 앞 길이를 길게 해야 하고 나이가 들면 등이 구부러지기에 뒤 길이를 길게 해야 한다. 나이가 들었음에도 젊었을 때와 같이 옷을 지으면 불편하고 볼품없어진다. 옷의 구조와 체형의 변화를 꿰뚫고 있는 바느질 솜씨야말로 맵시를 돋보일 수 있는 첫 번째 조건이다.

둘째는 착장의 기술이다. 어떤 옷을 겉에 입고 어떤 옷을 속에 입어야 맵시가 나는지 아는 것이 중요하다. 조선 멋쟁이들은 아무리 추워도 솜옷을 겉에 입지 않았다. 그렇다고 추위와 맞서 싸울 수도 없다. 풍속화에 등장하는 옷 좀 입는다는 남자들은 모두 솜옷이나 누비옷을 안에 있고 그 위에 홑 또는 겹으로 된 옷을 겉에 입어 체격을 유지하면서 자연스러운 맵시를 연출한다. 〈한양가〉에 등장하는 별감의 맵시를 상상해보자. "……다홍생초 고은 홍의 숙초창의 받쳐 입고 보라누비 저고리와 외올뜨기 누비바지 양색단 누비 배자 전배자 받쳐 입고……" 바지저고리와 배자는 누비거나 모직물로 만든 전배자를 입고 그 위에 숙초로 만든 창의를 입고 또 그 위에 생초로 만든 홍의를 입는다. 사대부 남성은 비록 색깔 있는 도포는 아니지만 누비 배자 위에 흰색 도포를 입는다. 추위는 물론 체격까지 당당해 보이도록 한 착장법이다.

셋째는 주머니, 선추 등 적절한 장신구를 활용한다. 주머니는 이것저것 필요한 소품을 넣기 위한 작은 물건이다. 한복에는 옷 자체에 주머니를 만들지 않아서 별도의 주머니를 바지허리나 배자 등에 매달고 그 위에 포를 입는다. 겉으로는 자세히 보이지 않지만 움직일 때마다 화려한 색상으로 만든 주머니가 드러나 보인다. 주머니 겉면에는 나름의 의미를 담은 무늬를 새긴다. 남편의 성공을 기원한다면 출세를 상징하는 구름무늬를 비롯해 부귀영화를 상징하는 십장생, 목단, 연꽃 등의 무늬와 '수복강녕(壽福康寧)' 등을 소망하는 길상어문을 수놓거나 금박을 찍는다.

선추는 부채의 고리나 자루에 다는 장식품이다. 나무에 조각을 하거나 말총으로 엮어 만든다. 또 금·은·동·옥·뿔·호박·비취 등의 보석으로 만들며 화려한 끈목으로 매듭 장식을 한다. 여름에는 선추를 부채에 달아 들고 다니기도 한다.

이들 장신구는 언뜻 보기에는 옷 속에 들어가 있으니 보이지 않을 듯하지만 조금만 움직여도 쉽게 눈에 띈다. 전개형인 한복의 특성을 이해한 장신구 활용이다.

넷째는 여밈을 위한 고름이나 다양한 허리띠가 생동감을 불어넣는다. 조선시대 남자들의 한복을 가만히 들여다보면, 단순하기 짝이 없다. 펑퍼짐한 바지는 한쪽 바지통에 두 다리가 들어가도 충분할 정도로 크다. 그러나 그 속에는 옷이 살아 있음을 느끼게 하는 끈목이 있다. 바로 겉옷인 도포나 철릭 등에 둘러맨 세조대와 광다회가 그렇고, 바지에 둘러맨 허리띠와 저고리나 포를 여미는 고름이 그렇다. 또 주머니와 선추 등을 장식한 끈목이 그렇다. 저고리나 바지의 허리띠처럼 직물로 만든 것이든 세조대·광다회와 같이 끈목으로 만든 것이든 이들은 조금의 움직임만 있어도 좌우로 흔들리며 사람들의 시선을 사로잡는다. 또 파란색·빨간색·초록색 등 여러 가지 색으로 염색한 끈목은 흰색 일색의 한복에 포인트가 되어 옷에 생명을 불어넣는다. 여자들이 가슴 앞에 드리운 노리개 역시 마찬가지다.

다섯째는 전체적인 조화이다. 개항기 때 우리나라를 방문한 외국인들은 한국인의 체형을 언급한 사람이 많다. 중국인이나 일본인보다 키가 크고 체격이 좋아 보인다는 것이다. 당시 한국 남성의 평균 신장이 160센티미터 내외라고 했을 때 전혀 큰 사람들이 아니다. 흰색 바지저고리와 포 또는 두루마기를 입고 그 위에 모정이 높은 검정색의 갓을 쓰면 기본적으로 10센티미터 이상은 커 보인다. 또 검정색과 흰색의 조화는 단정한 세련미를 드러내는 데 효과적이다. 여자도 마찬가지다. 짧고 좁은 저고리와 풍성한 하체를 받치고 있는 겹겹의 속옷은 옷맵시를 드러내는 데 손색이 없다. 특히 담백한 색의 치마저고리 아래 드러나는 흰색의 가슴가리개와 속옷은 깨끗함은 물론 긴장감과 호기심을 불러일으키는 일등공신이다.

예나 지금이나 패션의 일번지는 서울, 즉 한양이다. 우리나라 복식은 한양과 지방이 크게 다르지 않다. 다만 착장법이 어떠냐에 따라 한복은 자유롭게 변화할 수 있다. 한복의 창의성이 돋보이는 부분이다. 여기에 한복의 특성을 이해하고 인지한 사대부 남성들이 주변 사람들에게 새로운 패션을 전달하였으니 그 파급 효과는 더욱 컸다. 그러나 무엇보다 조선사람들의 한복이 아름다울 수 있었던 것은 이들 복식이 갖는 예술성과 창의성이 담보되었기에 가능했던 것이다.

이민주 _한국학중앙연구원 중견연구원

조선시대의 식생활과 음식 문화

정연식

사람에게 필요한 의·식·주 가운데서도 먹는 일이야말로 하루도 빠뜨릴 수 없는 가장 중요한 일임에는 이론의 여지가 없을 것이다. 인류 문명을 발전시킨 원동력이 먹기 위한 욕망이었다고 해도 과언이 아니다. 그렇더라도 우리나라 사람들은 유달리 먹는 것을 중시한 듯하다. 밥 먹었느냐는 말이 인사말이 될 정도로 말이다.

또한 한국인의 대식(大食)은 이미 조선시대에 유구국(琉球國: 지금의 오키나와)에까지 알려질 정도였고, 한말에 우리나라를 다녀간 여러 서양인들이 공통적으로 지적하는 바이다. 그 원인을 전통 사회의 가난에서 구하는 사람들도 있지만 그러한 견해에는 선뜻 동조하기 어렵다. 가난한데 어떻게 '늘' 많이 먹을 수 있겠는가? 예전의 가난이야 가까운 중국이나 일본은 물론 서양도 마찬

"코리아, 맛있게 드세요!(Corée, bon appétit!)"
1893년 프랑스 엽서의 밥상 받은 조선 나그네의 유리원판 사진. 커다란 밥주발과 국대접이 인상적이다.

가지였으며, 우리나라가 다른 나라에 비해 유달리 빈곤했던 것도 아니었다. 19세기 말에 한국을 다녀갔던 영국의 지리학자 비숍이나 러일전쟁 종군기자였던 매켄지의 증언에 따르면 생필품의 부족을 가난이라 한다면 당시 한국인의 생활 형편이 다른 나라에 비해 유달리 가난했다고 말할 수 없다고 증언하고 있다. 그렇다면 왜 그렇게 많이 먹었을까? 현재로서는 적절한 답이 떠오르지 않는다. 다만 서양인들이 한국인의 체구가 크고 강건하다는 점을 공통적으로 지적하였음을 밝혀 두고자 한다.

그런데 우리 조상들은 식생활을 중요하게 여기면서도 이에 대해 체계적인 기록을 별로 남겨 두지 않았다. 당시 사람들로서는 식생활을 굳이 기록으로 남길 만큼 중요한 일이라고 생각하지 않았기 때문이다. 그래도 무엇을 어떻게 얼마나 먹었는가에 관해서는 여러 곳에 뚜렷한 흔적을 남겨 놓았다.

하루에 몇 끼를 먹었을까

조선시대 우리나라 사람들은 대체 몇 끼를 먹었을까? 지금은 동서양을 막론하고 세 끼를 먹는 것이 보편화되어 있지만 예전에는 그렇지 않았다. 오히려 하루 두 끼를 먹는 것이 일반적이었다. 그러므로 식사를 '조석(朝夕)'이라 불렀다. 18세기 후반 이덕무는 《청장관전서》에서 우리나라 사람들은 아침저녁으로 5홉(지금의 1.5홉)을 먹으니 하루에 한 되를 먹는다고 하였다.

그러면 점심을 안 먹었단 말인가? 점심이란 말은 이미 조선 초기에 등장한다. 태종 때 대사헌 한상경은 서울 5부 학당의 교수·훈도들이 하루 종일 학생들을 가르치는데 점심도 없으니 지방의 향교만도 대우가 못하다고 지적하였다. 이처럼 점심은 먹을 수도 있고 안 먹을 수도 있는 간식 정도의 식사를 가리키는 말이다. 본래 '점심'이란 중국의 스님들이 새벽이나 저녁 공양 전에 간단히 먹는 음식을 가리키는 말이었다. '점심(點心)'은 마음에 점화한다는 뜻으로서 허기가 지면 정신도 가라앉기 마련인데 이때 흐릿한 정신에 불을 반짝 붙일 만큼만 조금 먹는 것을 가리키는 말이다. 그래서 중국에서 '디엔신[點心]'이라는 말은 지금도 다과와 같은 간식을 가리키며, 우리의 점심 식사에 해당하는 말은 '우판[午飯]'이라고 부른다. 오희문이 임진왜란 중에 쓴 일기 《쇄미록》에서도 낮에 간단히 먹은 경우에는 점심이라 쓰고, 푸짐하게 먹은 경우에는 '낮밥[晝飯]'이라 써서 점심과 구분하였다. 궁중에서도 아침저녁에는 '수라'를 올리고 낮에는 간단한 다과나 국수로 낮점심 상을 차렸다.

일하던 도중에 한자리에 모여 밥을 먹는 모습.
조영석, 〈점심〉, 《사제첩(麝臍帖)》(개인 소장)

그러다가 점심이라는 말이 차츰 낮밥을 의미하는 말로 바뀌었다. 결국 점심은 간식에서 간식 정도의 식사 단계를 거쳐 정식 식사로 발전해 온 것이다.

하루 끼니 수는 계절에 따라 달랐다. 19세기 중엽 이규경이 지은《오주연문장전산고》에는 대개 2월부터 8월까지 7개월 동안은 하루에 세 끼를 먹고, 9월부터 이듬해 정월까지 5개월 동안은 하루에 두 끼를 먹는다고 하였다. 18세기 후반 성균관에서는 음력 2월 봄 석전제(釋奠祭)를 지낸 뒤부터 음력 8월 가을 석전제까지만 점심을 먹는데, 이때 점심이란 것도 쌀밥 몇 숟갈과 미역 몇 조각 정도였다고 한다. 즉 해가 긴 여름에는 간단한 점심을 포함하여 세 끼를 먹고 해가 짧은 겨울에는 두 끼를 먹었다는 말이다.

계절뿐 아니라 활동량에 따라서도 끼니 수는 달라졌다. 중국 동북부에 살고 있는 원크족은 지금도 사냥철에는 하루 세 끼를 먹고 보통 때는 두 끼를 먹는다고 한다. 얼마전까지만 해도 우리나라 농촌에서 한창 바쁜 모내기 때에는 하루 세 끼 외에 새참까지 곁들여 먹은 것은 널리 알려져 있다. 또한 세 끼 식사가 정착되기 전에도 여행길에는 활동량이 많으므로 낮에 밥을 먹어야 했다. 여행객은 주막에서 '중화(中火)'로 허기를 채웠고, 왕도 궐 밖으로 먼 길을 거둥[擧動]할 때에는 주정소(晝停所)에 잠시 머물며 풍성하게 차려진 '낮수라[晝水刺]'를 받았다. 겨울에 두 끼만 먹은 것도 일조 시간이 짧은 탓도 있지만 겨울에는 농사일을 쉬기에 활동량이 적었기 때문이다.

끼니 수는 살림 형편에 따라서도 달랐다. 빈민들은 하루 두 끼에 만족해야 했고 부유한 사람들은 세 끼, 또는 그 이상을 먹었다는 기록도 군데군데 남아 있다. 1900년 러시아 재무부에서 발간한《한국지》에서는 한국인은 하루에 서너 번 밥을 먹는다고 하였다. 이는 아침 식사 전에 죽 따위를 간단히 먹는 '조반(早飯)'을 보태어 한 말인 듯한데, 여기에 밤참까지 포함하면 다섯 끼가 된다. 그러나 한마디로 말하자면 두 끼가 일반적이었다. 일본군 군의관들이 한국 북부 지방의 생활을 조사한 《조선의 의식주》(1916)에서도 한국인의 식사 횟수는 지방에 따라, 계절에 따라, 경제력에 따라 다른데 대체로 하루 2회라고 하고 있다. 이처럼 끼니 수는 두 끼가 일반적이었고 간단한 간식 정도에 그치던 점심이 점차 정식 식사로 자리 잡아 세 끼로 바뀌었는데, 조선시대 말까지도 완전히 세 끼로 바뀐 것은 아니었다. 보편적인 하루 세 끼의 정착은 20세기 후반에 이르러서야 완성되었다.

흰 쌀밥을 먹었을까, 꽁보리밥을 먹었을까

우리 선조들은 끼니 때마다 무엇을 먹었을까? 잘 알려져 있듯이 우리나라 식단은 주식과 부식이 확연히 구분되어 밥을 주식으로 하고 있다. 그런데 밥이라 하더라도 모두 쌀밥을 의미하는 것은 아니다. 밥 짓는 재료로 쓰이는 곡물은 우선은 지역에 따라 달랐다. 서유구가 지은 《임원경제지》(1827)에서는 "남쪽 사람은 쌀밥을 잘 짓고 북쪽 사람은 조밥을 잘 짓는다."라고 하여, 남북의 주식이 달랐음을 시사하고 있다. 북쪽의 주식이 조였음에는 별다른 이론이 없다. 그러나 남쪽에서는 어느 정도의 경제력만 있으면 쌀밥을 먹었다. 물론 농촌에서 춘궁기부터 추수 전까지는 보리밥이나 잡곡밥을 많이 먹었겠지만 쌀밥이 일부 부유층의 전유물만은 아니었다. 주식은 기본적으로 쌀밥이고 다만 북쪽에서는 조밥을 먹었다는 사실은 국내 기록은 물론 외국인 견문기에도 무수히 많다. 이처럼 조선시대에는 남쪽에서는 보리나 잡곡이 곁들여진 쌀밥이, 북쪽에서는 조밥이 주식이었고 경제력에 따라서도 사정이 달랐다고 할 수 있다. 보릿고개를 겪고 난 뒤 꽁보리밥만 먹던 추억이 생생한 세대들로서는 의아해 할지도 모르므로 여기에 약간의 설명을 덧붙이고자 한다. 악몽 같은 일제강점기에는 일본의 침략 전쟁에 쓰일 군량미 조달과 일본 국내의 저임금을 뒷받침하기 위해 쌀과 콩이 수탈에 가까울 정도로 일본에 수출되어, 정작 우리는 벼농사를 지어도 쌀을 먹을 수 없었다. 우리는 그 대신 보리, 베트남에서 들여온 안남미(安南米), 만주에서 들여온 잡곡으로 식사를 해결해야 했다. 일제강점기는 우리 민족의 식생활에서도 단절의 시대였다.

왜 우리 민족을 포함하여 인도, 동남아시아 사람들은 쌀밥을 먹었을까? 이는 단순한 기호의 문제가 아니라 생존과 직결된 문제였다. 인구밀도가 높은 지역에서는 벼농사를 지어야 수많은 사람이 먹고살 수 있었던 것이다. 18세기 중엽 유럽에서는 밀을 한 알 뿌리면 여섯 알을 수확할 수 있었다. 이에 비해 쌀은 한 알을 뿌리면 평균 25알에서 30알 정도를 수확했다. 그러므로 이중환(1690~?)은 《택리지》에서 볍씨 한 말을 뿌려 60말을 거두면 살기 좋은 곳이고, 40~50말을 거두는 곳이 그 다음이며, 30말을 거두면 살기 힘든 곳이라 하였다.

벼농사는 노동량이 많이 투여되기는 하지만 여러 사람을 먹여 살릴 수 있었던 것이다. 밀처럼 이포제, 삼포제 농업으로 경작지를 묵혀 두지 않아도 되고 조건이 좋은 곳에서는 이모작, 삼모작을 행할 수 있어 경지 이용도와 단위면적당 생산량이 모두 높았다. 또한 밀에는 필수아미노산이 부족하여 빵에는 고기를 곁들여 먹어야 하지만, 쌀은 기본적인 영양소가 고루 갖추어져 있어 약간의 부식만 보충하면 영양 문제가 해결되었다. 그러기에 벼를 재배하여 100명이 먹고살 수 있는 넓이의 땅에 밀을 심으면 75명이 먹고살 수 있고, 목초지를 만들어 고기를 먹는다면 아홉 명이 먹고살 수 있다고 한다. 불교, 자이나교, 힌두교 등 고대 인도의 종교가 쇠고기를 먹는 것을 금한 것은, 이 종교들이 발생할 무렵에 인구밀도가 적정선을 넘어서서 육식을 포기해야 했기 때문이라고 지적한 인류학자도 있다.

한국음식의 상징, 김치와 고추

밥과 함께 우리 식단에서 없어서는 안 될 것이 김치이다. 우리나라 식단 차림의 전형이라 할 만한 반상(飯床) 차림은 뚜껑이 있는 그릇에 담겨 나오는 반찬 가짓수에 따라 3첩, 5첩, 7첩 등으로 부른다. 첩수가 올라갈수록 점차 차림이 풍부해지기는 하지만 밥, 국, 김치는 어디에나 빠지지 않으면서 첩수에는 계산되지 않는다. 그만큼 김치는 가장 기본적인 부식이었다.

김치는 넓은 의미에서 소금, 초, 장 등에 '절인 채소'를 의미한다. 김치의 어원인 '딤채[沈菜]'도 '담근 채소'라는 뜻이다. 그러므로 깍두기, 오이지, 오이소박이, 단무지는 물론 장아찌까지도 김치류에 속한다고 볼 수 있다. 외국의 것으로는 다꾸앙[澤庵漬]으로 대표되는 일본의 쓰케모노[漬物]나 서양의 피클(pickle), 중국의 파오차이[泡菜], 독일의 자우어크라우트(Sauerkraut), 인도네시아의 아차르(acar)도 초나 소금에 절인 채소, 즉 김치의 일종이다. 우리나라의 김치는 '지'라 불렀다. 그래서 짠지, 싱건지, 오이지 등 김치류에는 지금도 '지' 자가 붙는다. 초기의 김치는 단무지나 장아찌에 가까웠을 것이다.

처음에는 피클, 쓰케모노, 파오차이와 비슷했던 김치가 지금은 외형상으로나 맛으로나 이들과는 전혀 다른 음식이 되었다. 그것은 우리나라 김치에는 젓갈과 고춧가루를 쓰기 때문이다. 이러한 방식의 김치는 18세기부터 만들어졌다. 중국 춘추전국시대의 김치 저(菹)는 지금의 오이 피클과 같은 시큼한 것이었는데 우리나라 조선시대의 김치도 주로 무나 오이가 김치의 주재료였다. 우리가 지금 흔히 먹는 배추김치는 18세기 말 중국에서 크고 맛이 좋은 배추 품종을 들여온 뒤로 확산되기 시작하였고, 20세기에 들어와서야 무김치를 능가하는 보편적인 김치로 자리잡게 되었다.

김치와 관련하여 우리나라 향신료의 대명사로 쓰이는 고추에 대해 한마디 하지 않을 수 없다. 조선 전기의 향신료로는 천초(川椒), 후추[胡椒], 생강, 겨자 등이 있었다. 그런데 후추는 쉽게 얻을 수 없었다. 육류의 노린내를 없애 주는 후추는 서양에서도 '금은처럼' 비싸서 유산 목록에 기재되고, 때로는 낱알 숫자를 세어 팔 정도였으며, 신대륙 개척의 중요한 목적 중의 하나도 아라비아 상인을 거치지 않고 싼값에 후추를 얻으려는 것이었다. 고려시대에 전래된 후추는 우리나라에서도 매우 비싼 물건이어서 약용으로나 쓰일 정도였다. 조선 초기에도 왕의 하사품으로 후추가 종종 등장하였거니와, 임진왜란 직전에 일본 사신이 잔치 자리에서 후추 한 움큼을 상 위에 흩어 놓자 악공(樂工)들과 기생들이 이를 줍느라고 소란이 벌어졌다는 기록이 《징비록》에 전해지고 있다. 그러므로 후추는 별로 쓰지 못하고 천초와 생강, 겨자 등을 사용하였다.

그러나 고추가 등장하면서 사정이 달라졌다. 중미 멕시코가 원신지인 고추는 '남만초(南蠻椒)'나 '왜겨자(倭芥子)'라는 이름으로 16세기 말 조선에 전래되어 17세기부터 서서히 보급되다가 17세기 말부터 가루로 만들어 김치에 쓰이게 되었다. 고추는 19세기에는 향신료로서 압도적인 우위를 차지하게 되었다. 그 결과 후추는 더 이상 고가품이 아니었으며, '산초(山椒)'라고도 불리는 천초는 지금은 간혹 추어탕에나 쓰일 정도로 되었다. 우리나라 고추는 다른 나라 고추 품종과 달리 매운 맛에 비해 단맛 성분이 많고, 색소는 강렬하면서 비타민C 함유량이 매우 많다고 한다. 더구나 고추는 소금이나 젓갈과 어우러져 몸에 좋은 효소를 만들어 내며, 몸의 지방 성분을 산화시켜 열이 나게 함으로써 겨울의 추위를 이기게 하는 기능이 있다. 고추가 김장 김치에 사용되기 시작한 것도 이 때문이라고 한다.

기근이 들면 초근목피로 연명했다는데……

조선 후기에 고추의 전래와 함께 특기할 만한 것이 구황 식품의 전래이다. 조선 전기에는 주로 솔잎, 소나무 껍질, 느릅나무 껍질, 도토리, 칡뿌리, 쑥 등이 구황 식품으로 사용되었다. 특히 솔잎이 조선시대 전 시기를 일관하여 널리 사용되었다. 솔잎은 여러 가지 방법으로 먹었는데 쪄서 말린 다음 가루로 만들어 콩가루 등에 섞어서 죽으로 만들어 먹기도 하였다. 콩가루를 섞어 먹은 이유 중의 하나는 변비를 막기 위한 것이었다. "찢어지게 가난하다."라는 말도 솔잎, 풀뿌리, 나무껍질 등을 너무 먹어 변비가 걸릴 만큼 가난하다는 뜻에서 유래된 말이다.

조선 후기에는 여러 가지 식품이 조선에 들어왔다. 중남미 지역의 신대륙을 점령한 스페인, 포르투갈 등이 동아시아로 진출하여 중남미 원산의 여러 가지 식품을 중국, 일본에 전했고 17세기부터 19세기 사이에 조선에도 이 새로운 식품들이 전해지기 시작했다. 고구마, 감자, 옥수수, 호박, 토마토 등이 전해졌는데 이 가운데 특히 고구마와 감자는 재배 방법이 까다롭지 않고 가뭄에도 잘 견뎌 새로운 구황 식품으로 각광받았다. 고구마는 '감저(甘藷)'라 하였는데 고구마라는 말은 고구마의 별칭인 '효행저(孝行藷)'를 대마도인들이 일본식 발음으로 '고코이모'라 부르는 것을 듣고 받아들인 말이라고 한다. 고구마는 18세기 중엽 통신사 조엄이 대마도에서 들여와 경상도를 중심으로 재배되다가, 19세기에 경기도, 충청도에 이어 전라도로 서서히 확산되다가 일제강점기에 비약적으로 생산량이 늘어난 것으로 보인다.

한편 감자는 16세기 후반에 남미에서 스페인에 전해진 뒤 18, 19세기에는 전 유럽에 번져나가 빈민들의 주식이 되었다. 우리나라에서는 고구마보다 늦게 19세기 전반기에 보급되었는데, 말방울 모양으로 주렁주렁 달렸다 하여 '마령서(馬鈴薯)'나 북쪽에서 온 감저라 하여 '북감저(北甘藷)'라는 이름으로 불리었다. 감자는 추위는 물론 가뭄과 홍수에 잘 견뎌 내어 전래된 지 얼마 안 되어 고구마를 능가하면서 북부 지역, 강원도 지역으로 꾸준히 확산되었다.

식사를 상징하는 숟가락과 혼자 받는 밥상

우리나라 식생활에서 특이한 것은 숟가락과 젓가락을 모두 사용한다는 점이다. 오늘날 전 세계적으로 맨손으로 음식을 먹는 인구가 약 4할, 나이 프와 포크로 먹는 인구가 약 3할, 젓가락을 사용하는 인구가 약 3할이라 한 다. 그러나 처음에는 어느 민족이나 모두 음식을 손으로 집어 먹었다. 유럽 도 마찬가지였다. 동로마제국의 비잔티움에서 10세기경부터 식탁에 등장한 포크는 16세기에 이탈리아 상류사회로 전해져 17세기 서유럽의 식생활에 상당한 변화를 일으켰으나, 신분이나 지역에 관계없이 전 유럽에 보편화된 것은 18세기에 이르러서였다. 15세기의 예절서에서 음식 먹는 손의 반대편 손으로 코를 풀라고 했던 것이나, 16세기의 사상가 몽테뉴가 너무 급하게 먹다가 종종 손가락을 깨물었다는 기록으로도 당시에 포크가 아니라 손가 락이 사용되었음을 알 수 있다.

그러나 동아시아 지역에서는 손으로 음식을 먹는 일이 서양보다 훨씬 일 찍 사라졌다. 손 대신에 숟가락을 쓰기 시작했고, 이어서 젓가락을 만들어 숟가락과 함께 썼던 것이다. 그런데 우리나라 고려 후기를 즈음해서 중국과 일본에서는 숟가락을 쓰지 않고 젓가락만 쓰기 시작했다. 선조 때의 윤국형 은 임진왜란 때 조선에 온 중국인들이 상하를 막론하고 숟가락을 쓰지 않는 점을 기이하게 생각하였고, 통신사로 일본에 다녀온 신숙주도 일본에는 젓 가락만 있고 숟가락이 없는 것을 특이하게 여겨 기록으로 남기기도 하였다.

우리는 숟가락을 사용하고 있을 뿐 아니라, 지금도 숟가락을 밥상 위에 내려놓는 행위로 식사를 마쳤음을 나타낼 정도로 숟가락은 식사 자체를 의 미하였다. 유독 우리나라에서만 숟가락이 사라지지 않은 것은 물기 있는 음 식이 많고, 또 언제나 밥상에 오르는 국이 있었기 때문인 듯하다. 일본에서 도 국을 먹지만 국이라기보다는 국물에 가까워서 손으로 국그릇을 들고 입을 대어 마시므로 숟가락을 쓸 필요가 없다. 그러나 우리의 국은 국물을 마시는 것도 있으나 대개는 건더기가 많고 밥을 말아 먹는 국이다. 미역국, 된장국, 해장국 등 거의 모든 국이 그러하다. 찌개류나 '물 만 밥[水飯]'도 숟가락이 필요한 음식이다. 게다가 고려 후기에는 몽골풍의 요리가 전해져 고기를 물에 넣고 삶아 그 우러난 국물과 고기를 함께 먹는 음식이 생겨났다. 특히 국밥은 애초부터 밥을 국에 말아 놓은 것인데 이런 식생활 풍습은 아주 특이한 것이었다. 그래서 우리는 젓가락 숟가락을 모두 사용하여 식사를 하는 유일한 민족이 되었다.

회혼례도(回婚禮圖) 부분(국립중앙박물관 소장)
노부부의 혼인 60주년 기념 잔치에 가족, 친지는 물론 노부부도 각자 독상을 받은 모습이 보인다.

우리는 원칙적으로 사람마다 각기 다른 상을 차렸다. 즉 한 식탁에서 여럿이 같이 먹는 것이 아니라 혼자서 상을 받았다. 중국이나 서양은 그렇지 않았다. 여럿이 한 식탁에서 식사를 하면서 접시를 두세 사람이 공동으로 사용하였다. 개인용 접시가 사용된 것은 17세기에 가서야 정착되었다. 서양에서 식사 때의 청결이 강조되고 식사 예절이 까다롭게 발전한 것은 초기에는 여럿이 한 식탁에서 맨손으로 집어 먹고 국자와 접시도 공동으로 사용했던 전통이 있었기 때문이다.

그러나 우리는 신분에 관계없이 모두 혼자서 상을 받았다. 지금은 집안에서 잔치를 할 때 교자상을 쓰고 있지만 예전에는 잔치 때에도 독상을 받았던 사실이 당시의 기록이나 그림에 그대로 드러나 있다. 그러므로 집집마다 작은 소반을 몇 개씩 마련해 놓고 있었다. 일상생활에서도 어린이들은 어린이들끼리 상에 모이거나 간혹 할아버지와 겸상을 받기도 하였지만 성인 남자는 혼자 상을 받는 것이 원칙이었다. 다만 서민층의 주부들은 그렇지 못해서 부엌의 부뚜막에서 간단히 먹거나, 방바닥에 밥주발과 국 대접을 놓고 먹는 일이 흔했는데 이런 풍습이 사라진 것도 그리 오래되지 않는다. 또한 혼자 상을 받으므로 개인별로 정해진 그릇과 수저를 사용했다. 그래서 아기 돌잔치에는 아기 몫의 밥주발, 국 대접과 아울러 숟가락, 젓가락을 마련해 주는 것이 관례였다.

정연식 _서울여대 교수

술과 여행자를 위한 주막

정연식

우리 민족은 꽤나 음주 가무를 즐기는 민족이다. 이런 기질은 유래가 퍽 오래 되어서 이미 고대 중국의 사서 《후한서(後漢書)》에도 기록되어 있을 정도였다. 조선시대에도 술은 특별한 때에 마시는 것이 아니라 일상 음료에 가까워서, 평상시의 힘겨운 노동에 흥과 힘을 돋우기 위한 활력소로 쓰이고 있었다. 그러기에 15세기 농서 《금양잡록》에서도 호미질 나갈 때에 술 단지를 잊지 말라고 하였다. 그뿐 아니라 평소 손님을 대접할 때에도 차 대신에 술을 내어 놓았고, 차례 (茶禮) 상에도 차가 아니라 술을 올려 놓았다.

┃ 김홍도, 〈점심〉, 《풍속화첩》(국립중앙박물관 소장)
농민들이 점심 중에 농주를 마시고 있다.

이렇게 술을 좋아한 민족이건만, 중국에는 마오타이가 있고 영국에는 위스키가 있는데, 우리에게는 애석하게도 한국을 대표할 만한 술이 있다고 말하기 어렵다. 게다가 다양하지도 못하다. 조선시대 문헌에 전하는 것만 해도 200종을 훨씬 넘었는데 지금은 거의 다 사라져 버렸다. 그러한 경향은 대한제국 말기부터 시작되었다. 1905년 을사조약으로 대한제국을 사실상 식민지로 만든 일본은 1909년 주세법을 만들어 술 제조에 세금을 매기고, 합병 후에는 1916년에는 주세령을 실시하여 양조 허가를 받은 사람 외에는 술을 만들지 못하게 하고, 일반 가정에서 술을 빚는 것을 밀주 제조로 범죄시 하여 단속을 벌였다. 이러한 정책은 최근까지 이어져서 공장이나 양조장에서 만들어진 획일화된 술만이 남게 되었다.

뿌연 술, 맑은 술, 불태운 술

조선시대에 많은 술이 있었지만 대개는 탁주, 청주, 그리고 소주로 나뉜다. 우선 서민들이 즐겨 마신 탁주(濁酒)는 말 그대로 뿌연 술로서 막걸리를 가리키는데, 막걸리란 '마구 걸러 낸 술'이라는 뜻이다. 탁주를 만들려면 우선 적당히 반죽된 밀가루를 둥그렇거나 네모난 모양의 누룩 틀에 넣고 발로 꾹꾹 밟아 누룩을 만든다. 여기에 누룩곰팡이가 번식하면 발효가 시작된다. 그런 다음 쌀을 시루에 쪄서 꼬들꼬들하게 만든 고두밥(지에밥)을 말려서 누룩 빻은 가루와 함께 버무려 독에 넣고 따뜻한 물을 부어 일정한 기간 동안 적당한 온도를 유지시키면 독 속에서 뽀르륵거리는 소리와 함께 발효가 진행되어 술밑[酒母]이 만들어진다. 이 술밑에 물을 조금씩 부으면서 체로 걸러낸 것이 바로 탁주이다.

청주(清酒) 만드는 방법은 탁주와 거의 같다. 다만 체로 걸러 내지 않고, 술 거르는 데 쓰는 용수를 술독에 넣어 용수 속에 고인 맑은 술을 떠낸 것이 청주이다. 청주는 일명 약주(藥酒)라고도 하였는데, 인조 때 청주를 잘 빚었던 서성(徐渻)의 집이 지금의 서울 중림동 약현(藥峴)에 있어서 약주라 불렸다는 기록이 《임원경제지》에 나타나지만 분명치는 않다. 조선시대 청주의 대표격은 삼해주(三亥酒)였다. 삼해주는 겨울에 빚어 버들개지가 날아다니는 봄에 먹는 술이라 하여 춘주(春酒) 또는 유서주(柳絮酒)라고도 일렀는데, 한강 변에서 삼해주를 빚느라고 막대한 양의 쌀이 소비된다고 하여 18세기 이후로 삼해주 제조 금지령이 심심찮게 거론될 정도였다.

소주(燒酒)라는 말은 문자 그대로 불태운 술이라는 뜻의 이름이다. 브랜디도 '불태운 포도주(burned wine)'라는 뜻의 네덜란드어 '브란더베인(brandewijn)'에서 파생된 말이다. 술을 태운다는 말이 이상하게 들릴 수도 있는데, 그보다는 우리말의 '고아 내린다'는 말이 더 적절할 것이다. 소주를 만들려면 우선 솥에 술밑을 채우고 그 위에 소줏고리라는 증류기를 얹어 밀봉한 뒤 불을 때면 술밑에 담겨 있는 휘발성이 강한 알코올 성분이 수분보다 먼저 증발하게 된다. 이 증기가 소줏고리 윗부분에 담긴 찬물에 닿아 이슬처럼 방울로 맺혀져 내려오는데 이를 받아 낸 것이 소주이다. 소주를 이슬 '로'자를 써서 노주(露酒)라고

소줏고리(농업박물관 소장)
위에 찬물을 담은 우묵한 뚜껑을 덮어 놓고 아래에는 술을 채워 바닥에 불을 때면 수증기 상태의 알코올이 찬 뚜껑에 닿아 이슬처럼 맺혀 가운데 대롱으로 흘러내려 소주가 만들어진다.

부른 것도 이 때문이다.

소주는 화학이 고도로 발달했던 아라비아에서 시작되었다는 것이 통설로
되어 있다. 중국 문헌에서는 소주를 아라길(阿剌吉), 아리걸(阿里乞)이라 하
였고, 우리나라에서도 소주를 만들 때 나는 냄새를 아라기 냄새라 하고 개
성에서는 소주를 '아락주', '아랭이술'이라 하였는데, 이는 모두 소주란 뜻의
아랍어 '아락(araq)'에서 유래된 말이다. 소주는 몽골 제국이 아라비아를 점
령하여 중국에 도입되었고, 우리나라는 고려 후기 원간섭기에 우리나라에
들어오게 되었는데, 우리나라 소주 산지로 유명한 개성, 안동, 제주도 등이
모두 원나라의 일본 정벌과 관련된 지역이었음도 결코 우연이 아니다. 한
가지 밝혀 둘 것은 예전의 소주(燒酒)는 지금 대량으로 생산되는 소주(燒酎)
와는 한자 표기도 같지 않은, 다른 종류의 술이라는 점이다. 지금의 소주는
공장에서 만들어 낸 소주 원액에 물을 타서 희석시키고 각종 첨가제를 섞은
희석식 재제주(稀釋式再製酒)이고, 예전의 소주는 안동의 안동소주, 진도의
홍주(紅酒), 평양의 감홍로(甘紅露)와 같이 가정에서 만들어 낸 증류주로서
주정 도수가 매우 높은 술이다.

이미 여말 선초에는 소주가 꽤 널리 퍼진 듯하다. 고려 말 왜구를 막기 위
해 경상도에 원수로 부임한 김진(金縝)이 군무에는 신경을 쓰지 않고 밤낮으
로 소주만 마셔 대어 사람들이 '소주패[燒酒徒]'라 불렀다는 기록이 《고려사》
에 전하며, 태조 이성계의 맏아들 방우(芳雨)도 술을 너무 마시다가 소주를
먹고는 병이 나서 죽었다고 《태조실록》에 기록되어 있다. 이미 고려 말에는
사치를 금하기 위한 시책으로 소주를 함부로 쓰지 못하도록 금령이 내려지
기도 했으며, 성종 때 기록을 보면 세종 때에는 사대부 집 잔치에만 쓰이던

소주가 지금은 보통 사람들의 잔치에도 쓰일 정도로 사치가 심하니 금해야 한다는 말이 나오게 되었다.

소주는 탁주나 청주에 비해 곡식이 많이 들어가고 제조 과정에 공력이 많이 들어가서 값이 비쌌으므로 아무나 즐길 수 있는 흔한 술이 아니었다. 이수광의 《지봉유설》(1614)에도 소주는 비싸고 독해서 다른 술처럼 큰 잔으로 마시지 못하고 조그만 잔에 따라 마셨으므로 작은 술잔을 소주잔이라 불렀다고 기록되어 있다. 또한 소주는 겨울 추위가 매서운 북쪽 지방에서 주로 마셨다. 물론 북쪽 지방에서도 일반인이 마신 소주는 대개 질이 낮은 소주였을 것으로 짐작된다. 남쪽 지방에서는 서민들은 탁주를, 상류층은 청주를 즐겨 마셨는데, 소주도 아주 희귀하지는 않아 서울에도 공덕리(孔德里)에 소주 만드는 집들이 밀집되어 있었고, 영·호남 지역에도 소주 산지로 이름난 곳이 몇 군데 있어서, 경제적으로 여유 있는 양반 관료들은 소주를 종종 마셨던 듯하다. 달레의 《조선교회사》(1874)에서도 양반들은 여름에 꿀물과 소주를 많이 마신다고 하였는데 주로 여름에 소주를 마신 것은 주정 도수가 높아서, 즉 알코올 함유량이 많아 더위에도 쉽게 쉬지 않으므로 오랫동안 두고 마실 수 있었기 때문이다. 율곡 이이도 여름철에 제사 지낼 때에는 청주의 맛이 변하니 소주를 쓰라고 권하였다.

한편 소주는 약으로도 자주 쓰여서 옛 사람들의 일기에도 그 흔적들이 남아 있다. 오희문은 《쇄미록》에서 여름에 더위를 먹고 배가 아파서 소주 석 잔을 연거푸 마셨더니 차도가 있었다고 하며, 이순신은 갑자기 새벽에 곽란이 일어나 소주로 다스리려다 인사불성이 될 정도로 혼이 났다고 《난중일기》에 적었다. 또한 기생충 때문에 다 죽게 된 병자가 소주 두 잔을 마시고는 벌레를 토해 내어 병이 나았다는 기록도 있는데, 이런 황당한 이야기가 전하는 것은 그것이 사실이든 아니든 당시 사람들이 소주를 약으로 여겼음을 짐작하게 한다. 소주 중에서도 푸른 대쪽을 구워 빼낸 진액으로 만든 죽력고(竹瀝膏)나 배즙과 생강즙을 넣어 만든 이강고(梨薑膏)는 약술로 이름이 높았다.

금주령은 왜 내리고, 어기면 어떻게 되나?

조선시대에는 수령이 처음 고을에 부임하면 대개 삼금(三禁)이라 하여 송금, 우금, 주금 포고령을 내렸다. 송금(松禁)은 집을 짓거나 배를 만드는 데 쓰이는 소나무를 함부로 베지 못하게 한 것이고, 우금(牛禁)은 농사일에 소중하게 쓰이는 소를 함부로 도살하지 못하게 한 것이며, 주금(酒禁)은 정해진 기간 동안 술을 빚어 팔거나 마시는 것을 금한 것이다. 주금은 대개의 경우 봄 가뭄에 내려져 가을 추수 때에 해제되었다. 금주령의 주된 목적은 흉년에 곡식을 아끼려는 것이었다. 술을 빚으면 '열 사람이 먹을 곡식을 한 사람이 마셔 없애기' 때문이었다. 특히 소주는 곡식이 많이 소비되어 청주를 빚은 경우보다도 엄형에 처해지기도 하였다. 술을 금한 또 한 가지 이유는 윤리와 사회 기강을 무너뜨린다는 데에 있다. 술은 신명(神明)을 받들고, 손님을 접대하고, 노인을 봉양하는 데 쓰이는 좋은 음료이기는 하지만, 과하면 다툼을 일으키고 윗사람을 능멸하게 되고 남녀유별을 무너뜨린다 하여 금했던 것이다.

그런데 금주령의 적용 범위는 일정하지 않았다. 대개는 금주령이 내려지더라도 왕을 비롯한 왕실 어른들께 올리는 술과, 사신 접대용, 제사용, 혼례용, 약용의 술은 예외로 인정하여 금하지 않는 것이 관례였으며, 겨울에 추위가 너무 심하여 금주령을 완화한 경우도 있다. 그렇더라도 일반 백성에게 모범을 보이기 위해 왕도 술을 삼가는 일이 종종 있었다. 예컨대 세종은 몸이 약하여 병치레가 잦았는데 금주령을 내린 뒤로는 대신들이 권하는 약술을 한사코 거부하여 하는 수 없이 소금국을 올렸다고 한다. 금주령은 때로는 대상 신분에 따라 달라지기도 해서 제사용 술을 규제하면서 왕실과 고위 관료는 청주를 쓰게 하고, 선비들은 꿀물을 쓰게 하고, 일반 백성들은 맹물[玄酒]을 쓰게 한 일도 있었다. 그러나 종묘에 올리는 술도 폐할 정도가 되면 왕도 술을 삼가는 것은 물론 단속도 한층 엄해질 수밖에 없었다.

금주령을 어기면 어떤 처벌을 받았는가? 음주량에 따라, 용도에 따라, 그리고 상황에 따라 달라서, 훈방에 그치는 경우부터 장(杖) 일백 대를 친 후 변방 산골짜기나 바닷가에 유배 보내는 경우에 이르기까지 다양했으나 예상보다는 형량이 무거웠던 것만은 분명하다. 특히 왕명의 권위에 민감했던 영조는 처벌에도 단호했다. 1756년(영조 32)의 처벌 조항을 살펴보면 술을 빚은 자는 섬에 유배시키고, 사서 마신 경우에는 선비는 멀리 귀양 보내고, 중서(中庶)는 천인과 다름없었던 수군(水軍)에 배속시키며, 일반 백성은 작은 고을의 노비로 삼게 했다. 사도세자가 억울하게 아버지 영조로부터 술을 마셨다는 혐의를 받아 심한 꾸중을 듣고는 울화를 참지 못해 대궐에 화재를 일으키고 급기야는 우물가에서 자살 소동까지 빚었다는 《한중록》의 일화도 바로 이때의 일이다. 금주령으로 인해 많은 관원이 감독 소홀이나 본인의 범법으로 파직되거나 유배되었다. 어린 시절부터 술을 즐겨 술이 있는 곳이면 유배지도 나쁘지 않다면서 장성 유배지에서 생을 마쳤던 오도일은 숙종이 사직단에서 친히 기우제를 올릴 때 가뭄으로 금주령이 내려 있는데도 제관(祭官)으로서 술 취한 몸을 제대로 가누지 못하고 넘어져 술을 엎질렀다가 의금부에 끌려가 문초를 받고 이조 참판 자리에서 파직되고 말았다. 특수한 사례이기는 하지만 일벌백계로 고위 관원을 극형에 처한 일도 있었다. 영조는 평안도 남병사(南兵使) 윤구연이 몰래 술을 빚어 마신 사실이 적발되자 서울로 잡아들인 뒤 친히 숭례문(남대문)에 행차하여 목을 베어 장대에 걸어 놓는 효시(梟示)에 처하였다. 금주령을 어기는 자는 모두 지금의 노량진 건너편, 용산구 이촌동에 해당하는 노들 강변 백사장에서 효시할 것이라고 엄포를 놓은 바 있는데 실제로 본보기를 보인 것이다.

그러나 금주령은 제대로 지켜지지 않았다. 권세 있는 자들은 권력과 예외 조항을 이용하여 아무 탈 없이 술을 팔고 마시는데 힘없는 백성들만 걸려들어 금주령은 원성의 표적이 되곤 하였다. 양반들은 금주령이 내려도 약으로 마신다는 핑계를 대며 청주를 마셔서 약주가 청주의 별칭이 되었다는 말도 있다. 더구나 술을 빚어 파는 사람들 중에는 관료, 사대부들이 적지 않아서 하급 관원이 제지하기가 쉽지 않았다. 술을 팔다 적발되어도 자신의 노비나 하인들이 주인 몰래 한 짓으로 떠넘겨 법망을 빠져나가기 일쑤였다. 심지어는 고을 수령이 금주령을 틈타서 술을 독점 판매하여 폭리를 취하다가 적발된 사례도 있었다. 그런데 금주령을 무시하고 공공연히 술을 먹어도 되는 사람들도 있었다. 통틀어 다섯 명밖에 안 되는 사간원 언관(言官)들이었다. 《필원잡기》에 따르면 이들은 공무 중은 물론 금주령 하에서도 음주를 허용 받는 특별한 대우를 받았다. 이들은 왕의 잘못을 들춰내어 바로잡는 어려운

일을 맡고 있었으므로 평소에도 이렇게 기개를 꺾지 말고 키워 두어야 자신
의 직위와 생명을 걸고 왕에게 직언을 할 수 있었기 때문이다.

술꾼과 나그네가 드나들던 주막

'술막' 또는 '숫막'이라고도 불렀고 숯막이라는 뜻의 '탄막(炭幕)'으로도 썼
던 주막(酒幕)은 물론 술을 파는 곳이다. 그러나 대개는 술과 함께 밥도 팔고
때로는 잠도 재워 주는 곳이었다. 서울이나 평양 등의 큰 도시의 주막에서
는 술만 팔았지만 시골에서는 식당과 숙박업을 겸하고 있었다. 여행객들에
게 식사와 숙소를 제공해 주는 곳으로는 주막 외에도 역(驛)과 원(院)이 있었
지만 주로 공무로 여행하는 사람들이나 관리들이 이용했고, 일반인들은 역
시 주막을 주로 이용했다. 그러므로 주막은 교통의 요지에 많았다. 정약용
이 형님 정약전과 함께 서울에서 남도 유배지로 가는 도중 마지막으로 함께
밤을 보냈던 율정점(栗亭店)도 목포와 해남으로 가기 전에 하룻밤 묵었던 곳
(지금의 나주시 대호동 동신대학교 앞길)에 자리 잡은 주막이었다.《춘향전》에서
어사또가 남원으로 행차하는 길에 등장하는 수원의 떡전거리[병점(餅店)], 천
안의 새술막[신주막(新酒幕)]이나, 경상도에서 서울로 올라오는 관문 문경새
재[조령(鳥嶺)]나 전라도로 통하는 섬진강 나루터 등 나그네의 발길이 끊이지
않는 곳에는 주막이 즐비했다. 그러나 일반적으로 말하자면 주막이 그다지
많지는 않아서 18세기에 가서야 곳곳의 주요 교통로에 주막이 들어서기 시
작했던 것으로 보인다. 1653년에 풍랑을 만나 조선 땅에 들어와 14년간 억
류되어 있던 네덜란드인 하멜도 여행자를 위한 숙박 시설이 거의 없고, 쌀

을 갖고 다니다가 민가에 찾아가 자기가 먹을 만큼 내어 놓으면 집주인이
밥을 지어 반찬과 함께 상을 차려 주었다고 증언하고 있다. 이런 현상은 일
부 지역에서는 19세기 말까지도 여전했다 한다.

그런데 예전에는 주막에서 술 한 잔을 마시면 두부나 부침개 따위의 안주
한 점을 거저 집어 주었다 하며, 밥을 사 먹으면 비록 여럿이 웅크리고 자는
방이지만 군불을 땐 방에 거저 재워 주었다. 그렇지만 시골의 주막들은 값
이 싼 대신에 식사와 잠자리를 해결한다는 것 외에는 더 이상을 기대하기
어려웠다. 그러므로 윤국형은 《갑진만록》(1604)에서 숙박업소와 음식점을
설치하고 화폐를 통용할 것을 역설하면서, 우리나라에는 주막이 많지도 않
으려니와 전라도와 경상도 대로에 있는 주막에도 술과 말 먹일 꼴, 그리고

땔나무밖에 없어 먹을 것을 비롯해서 여행에 필요한 물자들을 두세 마리의 말에 싣고 다닐 지경이라고 하였다. 사정이 이러니 길손들은 쉽게 쉬지 않는 말린 밥에 말린 생선이나 된장을 볶은 된장떡 따위의 조촐한 행찬(行饌)을 갖고 다니기도 하였다. 이런 사실은 여러 곳에서 확인되는데, 숙종 때 박만정은 황해도로 암행어사 길을 떠날 때에 호조에서 무명과 쌀, 콩 외에 민어 세 마리, 조기 세 두름을 받아 출발한 사실을 암행일기에 적고 있으며, 《요로원야화기》(1678)라는 소설에도 주막에 도착해서 저녁밥을 먹기 위해 찬거리로 마른 장과 청어 반 토막을 꺼내는 정경이 묘사되고 있다. 이런 상황은 19세기 말에도 크게 변하지 않아 말에게 꼴을 먹이고 재울 마방(馬房)이 따로 있다는 것 외에는 주막이나 일반 여염집이나 크게 다를 바가 없었

이인상, 《유천점봉로도》(개인 소장)
전면에 말 탄 나그네들 뒤로 입구의 마굿간과 안쪽의 봉놋방이 보인다.

다 한다. 독방을 차지하고 잘 수 없는 것은 물론이고, 주막에서 제공되는 침구는 목침 하나뿐으로 이부자리도 없어서 사치스러운 여행객은 침구를 말에 싣고 다니기도 했다.

주막의 생김새가 어떠했는지는 당시의 그림 몇 점으로 짐작해 볼 수 있다. 신윤복의 화첩에 등장하는 주막은 부뚜막 앞에 앉아 술과 뜨끈한 국을 퍼 주고 있는 주모의 옷차림도 화사하고 잔심부름하는 중노미까지 두고 있으며 내부 치장도 그런대로 번듯하여 상류층이나 관인들이 드나들던 도회지 주막임을 한눈에 알 수 있다. 또한 이인상이 그린 버드내주막 유천점(柳川店)에는 잠시 말을 매어 두거나 편자를 갈아 박기 위한 마구간이 있고 여러 채의 봉놋방이 잇대어 있어 큰 길목의 주막 모습을 짐작하게 한다. 한편 김홍도의 병풍 그림과 김득신의 화첩에 보이는 주막은 초라하기 짝이 없다. 주모는 어린아이와 함께 방 안에 앉아서 방문 앞에 술 단지와 그릇 몇 개를 늘어놓고 길손을 맞이하고 있는데, 나그네는 차일(遮日)도 치지 않고 자리도 깔지 않은 땅바닥에 주저앉아 소반을 앞에 놓고 점심을 먹고 있다. 요즘 말로 하면 간이휴게소라고나 할까?

정연식 _서울여대 교수

조선시대 화원들의 이력서

신병주

　조선시대의 미술가 하면 흔히 안견, 김홍도와 신윤복 등이 떠오른다. 안견의 〈몽유도원도〉에서 인간이 살 수 있는 이상향을 생각하고, 신윤복이 그린 그네 뛰는 아낙네의 모습과 김홍도가 해학적으로 묘사한 서당에서 매를 맞는 아이의 얼굴에서 우리는 조선시대 사람들의 삶을 생각해 본다. 그리고 이러한 그림에 나타난 조선시대 화가들의 뛰어난 재질에 찬탄을 보내면서 당시 사람들의 예술 혼을 음미해 보기도 한다.

　그러나 유명한 그림이 남아 있지 않은 대다수 화가들의 삶의 모습은 우리 기억에 언뜻 떠오르지 않는다. 당시 무명 화가들의 구체적인 삶은 어떠한 모습이었을까? 당시에도 화가들이 자신의 창작품인 그림을 팔아서 생활을 할 수 있었을까 등의 여러 질문을 받으면 당혹스러워진다.

　조선시대 화가들은 정말 어떤 그림을 그리면서 생활을 했을까? 그리고 이들은 1년에 어느 정도나 되는 그림을 그렸을까? 그들의 그림은 얼마나 남아 있을까?

조선시대 화원들의 삶

사대부 출신 화가들과 아울러 조선시대 회화의 발달을 이끈 다른 한 축은 화원들이었다. 사대부 출신의 화가가 취미 생활로 그림을 그린 사람을 일컫는다면, 화원은 국가 공식 기구였던 도화서에 소속되어 전문적으로 그림 그리는 일을 하였던 사람들을 말한다. 오늘날로 말하자면 그림을 그려서 생계를 꾸려 나가는 전업 미술가, 화가인 셈이다.

당시에는 도화서에 소속된 사람이나 도화서에서 일한 적이 있는 사람을 모두 화원이라 불렀다. 화원 이외에도 화가를 부르던 명칭으로는 화공(畵工), 화사(畵師) 등이 있었다.

도화서는 조선 초기에는 도화원이라 하였으나, 그림 그리는 일의 격을 낮추는 과정에서 도화서로 개칭되었다. 《경국대전》에 따르면 도화서는 '국가에서 필요한 일체의 그림 그리는 일을 관장하는 기관'으로 종육품 관청이었다. 도화서의 구성원은 제주[提調] 한 명과 별제 두 명 외에 잡직으로 20명이 있었다.

조선시대 화원들의 활동은 도화서를 중심으로 전개되었으며, 대개는 국가에 필요한 실용적인 그림이나 기록화를 그렸다. 화원들은 국왕이나 명망가들의 초상을 그리는 일도 있었으며, 지도를 제작하는 일도 국초부터 화원

김홍도, 〈그림 감상〉, 《풍속화첩》(국립중앙박물관 소장)

정선, 〈청풍계도〉(고려대학교 박물관 소장)
도화서 화원이었던 정선은 강한 농담의 대조 위
에 청색을 주조로 한 암벽의 면과 질감을 표현해
산수화의 새로운 경지를 개척했다.

들의 몫이었다. 또한 기계류와 건축물의 설
계도, 책의 삽화, 외교사절을 수행하면서 외
국의 풍물을 그리는 것도 화원들의 일이었
다. 즉 화원들은 오늘날의 기록사진사와 같
은 역할을 하였다고 볼 수 있다.

조선 전기의 대표적인 화원으로는 안견과
최경을 꼽을 수 있다. 안견은 세종 연간에
왕성하게 활동한 화가로서 산수화에 능했
다. 안견은 세종 때 화원이 승진할 수 있는
한계인 육품 직을 뛰어 넘어 사품 직까지 제
수받았는데, 국왕이 뛰어난 화가에 대하여
특별한 조치를 취한 경우였다.

최경은 인물화의 최고 거장으로 손꼽히는
화원으로서 특히 임금의 초상화인 어진을
제작한 공로로 성종으로부터 당상관에 제수
되기도 했다.

조선 전기의 화원들은 주로 국가의 행사
와 관련된 본연의 임무에 동원되었으며, 여
가에 개인적으로 관심을 가진 그림을 그리
는 경우도 있었다. 화원들이 개인적으로 그
림을 그리는 일이 보편적으로 이루어진 것
은 사대부층에서 그림에 대한 수요가 점차

생겨나기 시작하는 조선 후기 이후에 이르러서였다.

조선 후기에는 전문 화가인 화원과 일반 문인화가의 작품 활동이 다같이 활발하였으며 일반 민간에서는 민화도 유행하였다. 문인화는 사대부 학자들이 취미나 여가에 그린 그림을 말한다. 조선시대의 사대부 학자들은 시를 짓고, 글을 쓰고, 그림을 그리는 일을 교양으로 삼았다. 따라서 중국의 소동파나 조선 후기의 김정희 같은 사람들을 시·서·화 삼절(三絕: 세 가지에 모두 뛰어남.)이라고 하여 이들이 그린 그림을 문인화의 이상으로 삼고 본받으려 하였다. 그러나 사대부가 아무리 그림에 뛰어난 자질을 보여도 이들을 화가라고 칭하지는 않았다. 화가는 도화서에 소속된 화원들, 즉 직업인을 지칭하는 용어였기 때문이었다.

조선시대에 일반 서민들이 즐긴 그림으로 민화가 있다. 민화는 일반 서민들이 생활공간을 장식한다거나 민속적인 관습으로 제작했으며, 주로 실용적인 목적으로 그렸다. 민화는 주로 무명 화가나 떠돌이 화가들이 그렸으며, 서민들의 일상생활과 관습에 바탕을 두고 발전하였기에 일정한 형태의 그림으로 계승되었다. 민화의 소재는 민간의 일상생활에서 쉽게 찾을 수 있는 것으로서 화조·동물·산수·세시 풍속·무속 등이 주요한 대상이 되었다. 이러한 그림들은 당시 사람들의 생활상을 이해하는 데 큰 도움이 된다.

의궤와 지도 제작에 참여한 화원들

조선시대에는 국가의 공식적인 행사를 기록으로 남겨 두기 위해 각종 책을 편찬하였다. 이러한 종류의 책들을 의궤(儀軌)라고 하는데, 의궤에는 오

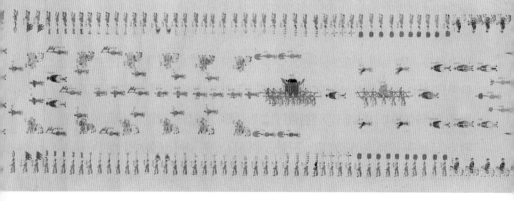

늘날 기록사진에 해당하는 의궤도(儀軌圖)가 첨부되어 있어서 주목된다. 의
궤도 중에서는 행사 과정을 그린 반차도가 가장 대표적이다. 반차도는 복잡
한 의례 절차를 미리 그림으로 그린 후 국왕에게 보여 예에 어긋나는 실수
를 하지 않으려는 목적에서 제작되었다. 오늘날로 보면 도상 연습에 해당하
는 그림이라고 볼 수 있다.

조선시대 반차도의 백미는 가례, 국장 등 국가의 주요 행사를 그린 것이
다. 국왕의 혼인 의식을 그린 《가례도감의궤》의 끝 부분에는 예외 없이 혼
인 장면을 그린 반차도가 그려져 있다. 보통 별궁에서 친영 의식을 마친 국
왕이 친히 왕후를 대궐로 모셔 오는 장면을 그린 반차도는 당대의 명망 있
는 화원들이 그렸다. 《영조정순후가례도감의궤》의 반차도는 신한평·이필
한·현재항 등 17명의 화원들이 그린 것으로 기록되어 있다. 이처럼 의궤에
화원들의 이름을 모두 기록한 까닭은 자신이 그리는 그림에 책임감과 자부

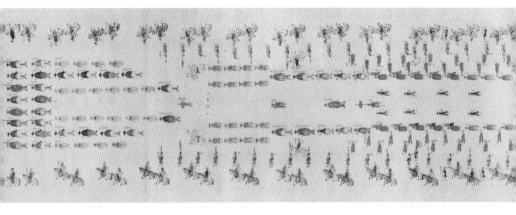

심을 갖도록 하기 위한 조치였다고 생각된다.

　화원들은 개별 작품도 그렸지만 대부분의 시간을 국가의 공식 행사에 동원되어 그림을 그리는 일에 보냈다. 화원들은 국가의 행사가 있을 때 임시로 설치하는 도감이라는 기구에 소속되었다. 화원들은 작업이 시작된 날부터 각 숙소에 배속되어 작업을 했다. 이들은 작업이 끝날 때까지 도감 밖으로 나갈 수 없었으며, 이를 어길 경우에는 처벌을 받았다. 이들은 작업 대가로 월급에 해당하는 쌀과 포목을 매달 그믐에 지급 받았다. 조선 후기에 이들의 급료는 대개 쌀 6~9두, 포목 한 필 정도였다. 또한 작업 성적에 따라 일부 화원에게는 포상이 주어지기도 했다.

　위 《가례도감의궤》의 반차도에는 많은 인물이 등장한다. 그들은 왕과 왕비의 가마를 중심으로 후면도, 좌측면도, 우측면도로 그려져 있다. 반차도는 크게 두 부분으로 구성되어, 앞부분에는 왕의 행차를, 뒷부분에는 왕비의 행차를 그렸다. 왕과 왕비의 가마 앞뒤에는 호위 군사인 전사대와 후사대가 따르고 있다. 왕의 가마는 사방을 열어 놓아 내부를 볼 수 있게 했으며, 왕비의 가마는 내부를 볼 수 없게 했다. 반차도는 인물·말·의장기·의장물·가마 등을 목판으로 새겨서 지면 위에 도장을 찍듯이 인쇄하고 그 위에 채색한 저이 흥미로운데, 이 채색 그림은 200여 년이 지난 오늘날에도 장면이 생생하다. 이것은 식물이나 광물에서 채취한 천연 재료로 물감을 만들어 칠하였기 때문이다. 이러한 그림은 당시 행사의 구체적인 실상을 보여 주는 중요한 역사 연구 자료이다. 1866년 병인양요 때 프랑스군이 강화도 외규장각에 소장된 각종 도서 중에서 유독 의궤류만을 집중적으로 약탈한 것은, 의궤에 그려진 채색 그림이 지닌 가치와 예술성이 그들의 눈에도 번쩍 띄었기 때문이었으리라. 이 밖에도 화원들은 궁궐도(宮闕圖)나 잔치의 모습을 담은 회연도(會宴圖) 등을 그렸으며, 이러한 그림이 첨부된 의궤들이 규장각 등에 소장되어 있다.

지도에 반영된 화원들의 혼

조선 후기에는 국방과 행정상의 필요, 그리고 상업 발달에 따른 수요의 증가로 많은 지도들이 제작되었다. 지도 하면 김정호가 가장 먼저 떠오르지만, 김정호가 지도를 제작한 19세기 이전에도 국가 주도로 많은 지도들이 제작되었다. 특히 이 지도들은 오늘날의 회화와 같이 아름다운 모습으로 그려진 점이 흥미롭다.

조선 후기에는 고유문화에 대한 관심이 깊어지면서 우리 산천의 모습을 있는 그대로 그리는 진경산수화가 널리 유행하였다. 특히 조선 후기 문화의 황금기로 이해되는 영·정조 대에 진경산수화가 유행했으며, 이러한 화풍은 지도 제작에 크게 반영되었다. 정조는 1782년(정조 6) 전주성 안의 모습을 그리게 하는 한편 평양 전도와 평안도 도내 지도를 각각 병풍으로 만들어 바치도록 명하였다. 이것은 명나라가 멸망한 이후 문화의 중심이 우리나라에 있다는 점을 강조한 것이었다. 정선 등으로 대표되는 진경산수화풍은 서울의 도성 모습을 그린 〈도성도〉에도 반영되었다. 〈도성도〉는 세련된 진경산수화풍으로 도성 주변의 산세를 아름답게 그려 내고 있어서 뛰어난 예술 작품으로 꼽히고 있다. 정조는 〈도성도〉의 제작을 명하면서, 서울의 아름다움과 궁궐의 위엄, 그리고 도시의 번영을 노래하기 위하여 이덕무, 박제가 등 당대 학자들에게 〈성시전도시〉를 짓게 하기도 했다.

조선시대에 제작된 지도는 대부분이 회화식으로 그려져 있으며, 이것이 오늘날과 크게 차이가 나는 점이다. 이러한 고지도 역시 의궤의 반차도처럼, 광물이나 식물에서 채취한 물감으로 그려진 것이어서 색채가 선명하고 변색이 되지 않는 장점이 있다. 이러한 회화식 지도의 제작에는 사물을 정확히 표현할 수 있는 능력을 지닌 전문 직업인인 화원들의 역할이 컸다.

대원군이 집권하고 있던 1872년에 편찬된 전국의 군현 지도를 보면 한 폭의 산수화를 보는 느낌을 받는다. 이 지도는 지역별로 제작되어서 지역마다 독특한 양상을 띠고 있다. 이 중 가장 회화적으로 그려진 전라도의 지도들은 음양오행 사상에 바탕을 두고 색채를 적절하게 조화시켰으며, 예술적 가치도 뛰어나다. 호남 지도가 이처럼 아름다운 모습을 띠게 된 것은 조선시대 이래로 호남 지방에서 많은 미술가들이 배출되었기 때문이다. 오늘날 호

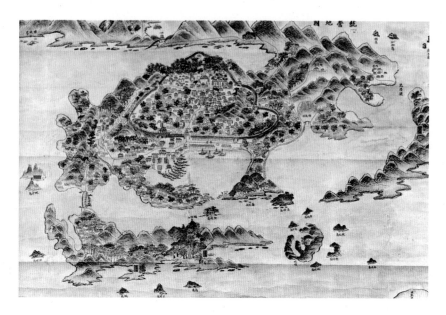

남 지방이 예향(藝鄕)으로 불리는 것에서 조선시대 화원들의 예술적 전통을 생각할 수 있다.

우리 문화에 대한 시간적 인식이 역사라면, 우리는 지도를 통해 그 인식을 공간적으로 확대할 수 있다. 지도는 국토의 자연 형세와 유형의 문화재를 총체적으로 그리고, 이를 회화 기법으로 묘사하고 있어서 시각 자료로서의 가치가 매우 크다. 또한 조선시대의 지도에는 단순한 지리적 지식만이 아니라, 당시 사람들의 예술 혼이 담겨져 있다.

화원들이 우리에게 남긴 것

조선시대의 화원들은 기존에 알려진 것과는 달리 개인적인 작품 활동보다는 의궤나 지도 제작과 같은 국가의 공식 행사에 참여할 때가 훨씬 많았다. 그들이 남긴 일반 감상화는 대부분, 국가와 궁중의 각종 행사에 동원되고 남은 시간에 자신의 기량을 키우는 방편으로 그려진 것이다.

조선 후기에 이르러 국가의 공식 행사에서 차지하는 화원들의 역할이 커짐에 따라 이들에 대한 대우도 높아지기 시작하였다. 화원들은 국왕이나 유력한 벼슬아치들의 영정(초상화)도 직접 그리면서 그들의 능력을 한껏 발휘하였다.

국가로부터 화원들이 능력을 인정받게 되자 화원 직은 점차로 세습되었다. 조선 중기에서 후기에 걸쳐 번성한 화원 가문은 양천 허씨와 인동 장씨, 경주 김씨, 배천 조씨 등이다. 이들은 17세기 이후 영향력 있는 중인 가문으로 성장하였다.

오늘날과 달리 사진이 없던 그 시절에도 기록물을 더욱 생생하게 전달하려는 욕구는 점차 증대되었으며, 더욱이 국가적인 요구는 화원의 수요를 더욱 증가시켰다고 볼 수 있다. 결국 화원들의 활동은 당대의 역사적 산물을 기록으로 남기려는 조선 정부의 의지와 불가분의 관계에 있었다고 평가할 수 있다.

조선시대 화원들의 그림을 통하여 우리는 많은 것을 알 수 있다. 김홍도나 신윤복의 풍속화가 당시의 생활상을 보여 주는 것은 널리 알려진 사실이지만, 의궤 등에 나타난 기록화와 초상화, 지도에 보이는 그림 등에는 우리가 미처 인식하지 못했던 많은 사실들이 담겨져 있다.

조선 후기 초상화에 보이는 인물 그림에 나타나는 재미있는 점은 마마 자국이 많다는 것이다. 이것은 이들이 어린 시절 마마를 앓았다는 증거이다.

〈이천보상〉 부분 《선현영정첩》(1739년 전
후, 서울대학교 규장각한국학연구원 소장)
숙종에서 정조 연간에 활약한 고위 관리들의
초상화를 모아 놓은 화첩 중 이천보 그림. 그
의 얼굴을 자세히 보면 마마 자국이 있는데,
조선 후기 영정은 도화서 화원들에 의해 극
히 세밀하게 그려졌다.

당시 고관직을 지낸 사람들도 다수가 마마를
앓은 것으로 보아 일반 백성들이 이것으로 인
해 크게 곤욕을 치렀음을 짐작할 수 있다.

정조가 어머니 혜경궁 홍씨를 모시고 수원
으로 가던 상황을 기록한 병풍과 《원행을묘정
리의궤》의 반차도에는 18세기 후반의 사회상
이 잘 드러나 있다. 임금의 행차를 백성들이
자유롭게 구경하고 행렬의 주변에는 임시로
좌판이 벌어지는 등 흥겨운 축제의 모습이 나
타난다. 군인들 모습 또한 흥미롭다. 우리의
예상과는 달리 반차도에 표현된 군인들의 모
습은 뒤를 돌아보는 사람도 있는 등 매우 자유
로운 분위기를 자아낸다. 엄격한 군율 속에
함께 존재하는 이러한 자유분방함은 이 행사가 하나의 축제였음을 대변해
준다. 이때 정조가 한강을 건너기 위하여 설치한 주교(舟橋: 배다리) 그림에
서는 당시의 높은 과학 기술 수준을 엿볼 수 있다.

19세기 화원들이 그린 작품 중 뛰어난 것으로는 1820년대에 100여 명의
화가들이 공동으로 제작한 〈동궐도〉가 손꼽힌다. 〈동궐도〉는 창덕궁과 창경
궁의 전각들을 사실적으로 묘사한 작품이다. 이 그림은 가로 5.7미터, 세로
2.7미터의 초대형 작품으로 서양화의 기법을 사용한 것이 특징이다. 〈동궐
도〉와 비슷한 시기에 그려진 〈경기감영도〉도 뛰어난 회화 기법이 나타나 있
는 작품으로, 이 그림들에서 당시 궁궐과 관아의 실제 모습을 접할 수 있다.

대원군 데에 작성된 1872년의 군현 지도는 전국 각시의 화원들이 그 지방의 지도 제작에 참여해 만들었다. 그런데 이 지도에는 당시의 국가정책인 쇄국정책의 이념이 반영되어 있는 점이 주목된다. 작은 군현까지에도 서양과의 통교를 반대하는 내용을 담은 척화비를 그려 넣은 것이나, 국방상 요충지에 해당하는 섬과 진(鎭)에 대해 자세한 내용을 표시한 것 등이 이러한 예이다. 또한 해남과 진도의 지도에 표시된 거북선의 모습, 천안 지도의 관아 건물에 표시된 태극 무늬 등도 문헌 자료에서는 접할 수 없는 당시의 모습을 구체적으로 전달해 주고 있다.

이처럼 우리는 조선 후기의 화원들이 주축이 되어 이루어진 그림을 통하여 좀 더 생동감 있는 역사를 접할 수가 있다. 그리고 이러한 역할을 수행했던 화원들의 역사적 위치가 매우 중요했음을 알 수 있다.

이제 조선시대의 화원에 대해서 단순한 기능인으로서만 평가하는 시각에서 탈피해야 한다. 조선시대 화원들의 작품으로 우리 역사가 더욱 생생하고 입체감 있게 전달되었다는 역사적 사실을 인식하면서 화원들의 삶의 자취를 찾아보는 일은 현재를 살아가는 우리들의 몫이 되어야 할 것이다.

신병주 _건국대 교수

판소리는 과연 민중예술이었나

정재훈

쑥대머리, 귀신 형용, 적막 옥방 찬자리에 생각느니 임뿐이라 보고지고,
보고지고, 한양 낭군 보고지고, 오리정 이별 후에 일장서를 못 봤으니 부
모 봉양 글공부에 겨를 없어 이러는가. 연이신혼(宴爾新婚) 금슬우지(琴瑟
友之) 나를 잊고 이러는가. 계궁항아(桂宮恒娥) 추월같이 번듯 솟아 비치고
저, 막왕막래 막혔으니 앵무서를 어찌 보며, 전전반측 잠 못 드니 호접몽
을 꿀 수 있나. 손가락의 피를 내어 내 사정을 편지할까 간장의 썩은 눈물
로 임의 화상 그려 볼까. 이화일지춘대우(梨花一枝春帶雨)로 내 눈물을 뿌
렸으니, 야우문령단장성(夜雨聞鈴斷腸聲)에 비만 많이 와도 임의 생각.

위의 대목은 〈춘향가〉 중에서 춘향이 옥중에서 이도령을 생각하면서 부
르는 한 대목으로 우리에게 잘 알려진 더늠(소리꾼이 가장 잘하는 대목)이다.
조선 후기 이래 민중들의 애환을 표현한 '소리'로 알려진 판소리. 현재까지
우리에게 가장 친숙한 전통 예술 가운데 하나인 판소리는 흔히 알려진 대로
과연 민중예술이었을까? 판소리는 언제 나타나서 누가 부르고 어느 사람들

에게 가장 유행하였을까? 또 다른 민중예술은 어떤 것이 있었는지 살펴보자.

판소리의 기원

판소리는 대체로 전라도 지방에서 유행하던 서사무가(敍事巫歌)를 바꾼 것에서 유래했다. 전라도의 세습무(世襲巫)는 시어머니에게서 며느리로 계승되고 남편이나 아들은 악공 노릇을 하며 굿을 하는 것을 거들었는데, 이 무리 가운데 판소리를 하는 사람도 나오게 되었다. 소리에 능력이 있으면 소리광대가 되었고, 성대가 나빠서 창을 하는 데 적합하지 않으면 고수(鼓手)가 되었다.

판소리에 관한 가장 오래된 기록은 〈만화본 춘향가(晩華本 春香歌)〉이다. 19세기에 충청도 천안 근처 목천에 살았던 유진한(柳振漢)의 문집인 《만화집(晩華集)》에 있는 가사다. 이 〈가사 춘향가 이백구(歌詞 春香歌 二百句)〉가 지어진 시기인 1754년(영조 30)을 전후하여 대체로 판소리가 형성된 것으로 보인다. 그러나 유진한이 그의 천재성에도 관계 진출이 막혀 전라도를

〈변학도 생일잔치〉, 《춘향전도》(경희대학교 박물관 소장)

여행한 후 지은 이 〈춘향가〉로 인해 "당시 선비들의 비난을 받았다."라는 기록에서 판소리가 처음에는 지배 계층으로부터 천시되었음을 알 수 있다.

그러한 가운데서도 판소리는 세련된 사설과 재미로 정형을 갖추게 된다. 판소리는 이 무렵 가곡과 가사 등의 노래, 줄타기와 땅재주 등의 곡예와 함께 공연되었다. 이어서 '본사가(本事歌)'라고 하는 판소리가 시작되면 구경꾼들이 긴장하였다고 하니 인기가 매우 높았음을 짐작할 수 있다.

이렇게 판소리 광대는 사람들이 많이 모이는 곳을 찾아 농어촌, 장터 등 어느 곳에도 가는데 차츰 부잣집에도 초청되는 기회가 많아졌다. 그리고 양반들에게도 사랑을 받게 되었다. 양반층은 단순한 수용자로서만이 아니라, 권삼득(權三得: 1772~1841)이 양반 자제로 명창에 비길 만큼 판소리를 잘하였다는 사실에서도 알 수 있듯이, 실제 판소리 광대로 공연하기도 했고, 사설의 수정에 참여하기도 했다.

판소리의 공간적·계층적 확대

판소리의 본격적인 발전은 19세기에 급격하게 이루어진다. 이때에 등장한 명창은 '고송염모일대재(高宋廉一代才)'라고 하여 고수관(高壽寬), 송흥록(宋興祿), 염계달(廉季達), 모흥갑(牟興甲) 등이었다. 이들 중에서 송흥록만이 전라도 운봉 출신이고 나머지는 충청도, 경기도 출신이어서 중부 지방까지 판소리가 확대된 것을 알 수 있다. 특히 전라도와 거리가 가까운 충청도 지방은 경제적 기반이 풍부해서인지 많은 인재를 배출하였다.

공간적인 확대뿐만이 아니라 신분적으로도 양반 신분에 속한 사람들의

김준근, 〈가객 소리하고〉, 《기
산풍속화첩》 (함부르크 인류학박
물관 소장)

참여가 더욱 활발해졌고, 명창이라고 알려진 광대는 대단한 인기를 누렸다.
또 궁중으로 불려 가 공연을 한 후 벼슬을 받기도 했다. 송흥록을 보면 대구
감영에서 호평을 받아 '가왕(歌王)'이라는 칭호를 받았고, 염계달은 헌종 앞
에서 소리를 하고 '동지(同知)' 벼슬을 얻기도 하였다. 흥선대원군도 판소리
를 애호하여 이들의 지위를 올려 주는 데 결정적인 역할을 하였다. 이 시기
소문난 명창인 박만순과 정춘풍은 흥선대원군의 총애로 벼슬을 받기도 하
였다. 소리의 인기는 최고 권력자에게까지 확대되었다. 이 밖에도 지방 관
아의 공식적인 연회나 향리 집단의 자체 행사까지 판소리 명창이 활발하게
초빙되어 공연이 이루어지기도 하였다.

이 당시 최고 권력자뿐만 아니라 지체 높은 사람들의 활발한 참여는 판소
리 발전에도 새로운 활기를 불어넣었다. 신재효가 나서서 판소리 광대를 후
원하고 그 사설을 다듬은 일은 가장 적극적으로 참여한 예이다. 양반층의
참여로 말미암아 이전의 천박했던 표현이 세련되어 가고 〈춘향가〉 '쑥대머

리' 대목에서도 보이듯이 한문 어구를 활발히 사용하는 등 판소리의 성격까지 변질되는 결과를 낳았다.

판소리의 사회적 배경

조선 후기, 특히 17세기 중반 이후 농업은 이전에 비해 훨씬 빠른 속도로 발전하였다. 모내기의 전국적인 성행과 거름 주는 기술의 발전을 토대로 이루어진 농업 발전은 농업경영상에도 뚜렷한 변화를 가져와 고공, 임노동, 품앗이 등 임금노동 형태의 고용 노동을 낳았으며 이의 운영 주체로서 부농이나 상인 출신의 지주를 등장시켰다. 바로 이들이 판소리 공연을 할 때 불려 가던 '부잣집'이라는 주요 수용층이 되었던 것이다.

이 주 수용층은 한편으로 신분적인 위치가 불안정하였다. 대체로 중인이거나 부유한 양인이었던 이들은 경제적인 성공에 비례하는 신분적인 상승을 이루지 못하였고, 신분적인 상승을 하였다고 하더라도 만족할 만큼의 자기 정체성을 가지지는 못했던 것이다. 이러한 현상은 판소리의 소재를 살펴보아도 잘 드러나는데, 〈춘향가〉·〈흥부가〉·〈심청가〉·〈수궁가〉·〈적벽가〉 등의 판소리에는 인습적 규범에 대한 반발이 절묘하게 형상화되어 있다. 판소리가 초기의 소박했던 형태에서 어느 정도 변화하여 세련되어 간 모습은 수용자들의 요구로 인한 현상이었다.

더 나아가 지체 높고 경제적 여유도 있는 양반층이 참여하게 되자 이들의 기호에 맞는 유식한 문구나 윤리 도덕을 강조하는 표면적 주제가 사설에 등장하게 되었다. 여기까지 오면 판소리는 하층민들의 기호에만 호응하던 데에서 변하여 상하층 모두의 관심을 반영하게 된다.

판소리는 표면적으로는 인습적인 주제를 내걸고 있었지만, 내포된 함축적 주제는 다양하였다. 우선 표면적으로 여자의 정절이라는 인습적 주제를 내세우고 있는 〈춘향가〉를 살펴보자. 기생의 자식이 양반 중의 양반인 남원부사의 자제를 사랑한다는 설정을 하고 그 사랑이 완성된다고 한 점은 당시의 신분관과 윤리 규범으로서는 받아들여질 수 없는 것이었다. 이러한 설정과 주제는 당시 신분제도의 모순을 반영한 것으로서 신분적 굴레를 벗어나 해방을 쟁취하려는 의도였다. 나아가 춘향이가 양반들의 전유물이던 절개 혹은 의리를 내세워서 새로운 사또로 대표되는 국가권력의 폭력에 저항하고 이를 대중들이 공감한 점은 춘향전이 널리 유행할 수 있었던 가장 근원적인 요인이었다. 형제간의 우애를 내세우고 있는 〈흥부가〉도 생활고에 시달리던 흥부가 박의 신비를 빌어 경제적 부를 획득하는 과정을 그림으로써 조선 후기 농민 소유의 분화 현상을 반영하는 한편 농민들이 경제력을 확보하여 신분을 상승시키려고 갈망하던 측면을 보여 주고 있다. 주제의 이러한 복합성은 기존 사회윤리가 무너져 가고는 있지만 새로운 윤리가 확립되지 못하여 양반의 이념과 하층민의 욕구가 혼재된 결과였다. 그에 따라 판소리에는 흔히 당시의 사회 모순이 해학으로 표현되었던 것이다.

판소리의 변화

신재효(1812~1884)가 정리한 판소리 사설 여섯 마당은 세련된 판소리의 한 정형을 보여 준다. 이때 여창(女唱)이 시작된 점도 매우 주목된다. 신재효는 아전 출신으로 고창에서 우두머리 급 향리인 호장(戶長)을 하면서 재산을 늘렸으며, 이로 인해 '오위장'이라는 관직을 얻었다. 그는 흥선대원군이 경복궁을 지을 때 원납전을 기부하고 낙성연의 연희를 주관하였다. 그리고 판소리 광대를 모아 즐겼으며, 이들의 후원과 지도를 맡아 "당시 어떤 광대라도 신재효의 지침과 척도를 거치지 않고는 명창의 반열에 설 수 없었다."라고 할 만큼 지대한 영향력을 행사하였다. 또한 그는 여성 제자를 키워서 여창이 시작되었다.

지금은 판소리 하면 여창이 훨씬 많지만 당시까지 판소리는 남창(男唱)의 독무대였다. 그 이유는 판소리가 여성의 생리에 맞지 않는 데다가, 이전까지 무녀나 기생 외에는 여성 창가(唱歌)를 할 만한 여건도 마련되어 있지 않았기 때문이다. 여창이 등장한 결과 남성에 적합했던 판소리 음악이 여성에게도 적합한 방향으로 변화하였으며, 사설에서도 음란하거나 비속한 부분이 제거되었다. 또한 양반의 참여로 인해 감소되었던 판소리 본래의 서민적인 발랄함이 더욱 위축되었고, 이와 함께 음악적 세련화와 기교의 중시, 실내악적 분위기로의 변화가 가속되었다.

19세기의 전성기를 거치면서 음악에서 극단적 표현인 산조가 등장한 것처럼 판소리에서도 사설이 독립 분리되어 소설로 등장하였다. 당시는 귀족적 영웅소설이나 가문 소설이 유행하고 있었는데, 이때 새로이 필부필부(匹夫匹婦)를 통해 현실 세계를 반영하는 판소리계 소설이 등장한 것이다. 소설에는 판소리 사설보다 풍부한 현실적 경험이 생동감 있게 표현되어 많은 이본(異本)이 등장하였고, 여기에 갖은 풍자와 해학이 얽혀 재미를 더하였다. 《심청전》에서 효 문제를 제기하거나, 《토끼전》에서 권력을 풍자하고 있는 것 등이 그 예이다.

민중예술의 출현

하층민의 예술에서 출발한 판소리가 격을 높이고 폭이 확대된 것에 비해 민속극은 훨씬 더 하층 문화로서의 깊이를 더해 가고 있었다.

민속극은 사회적인 갈등을 드러내며 기존의 질서를 파괴하는 데 힘을 발휘한 '민중예술'이었다. 민속극의 범주에 드는 것으로는 무당굿놀이, 꼭두각시놀음, 발탈, 탈놀이(가면극) 등이 있다. 이중에서 무당굿놀이는 무당이 하는 굿에 포함되어 있는 연극으로 굿과 구별하기가 쉽지 않기에 일단 제외하고 나머지 극 형식들을 살펴보면 다음과 같다.

꼭두각시놀음과 발탈은 대체로 사당패라고 불린 놀이패들이 공연하였다.

김준근, 〈팔탈판〉, 《기산풍속화첩》(함부르크 인류학박물관 소장)

놀이패는 천민으로서 놀이를 하는 재주를 팔아서 먹고살았는데, 이것만으로는 생계가 어려워 도적질, 걸식, 매음 등까지 해야만 했다. 조선 후기에 들어 이들이 부쩍 늘어난 데에는 앞서 지적한 경제적 변화에 짝하여 이루어진 농촌 사회의 분화와 깊은 연관이 있다. 토지로부터 멀어진 빈농들은 자기 고장을 떠나 농사가 아닌 다른 벌이를 개척하였으며, 그들 중 일부가 떠돌이 놀이패가 되었던 것이다. 이러한 사정은 〈흥부가〉에서 흥부가 품팔이 끝에 매품까지 파는 장면을 생각해 보면 분명히 드러난다. 놀부의 박에서 나온 무리들도 사당패, 풍각쟁이패들이었다.

사당패들이 공연했던 꼭두각시놀음은 공연자 자신들의 기막힌 처지를 반영하였다. 평양 감사의 어머니를 욕보인다는 내용을 통해 남녀·노소·관민의 질서를 모두 파괴하고 성의 금기도 허물어 버리고자 하였다. 발탈 또한 이러한 놀이패들이 공연하던 것으로 놀이하던 사람이 발에다 탈을 씌워 인형처럼 움직이게 하는 놀이였다. 나머지는 꼭두각시놀음과 크게 다르지 않았는데, 예를 들어 무엇이든지 먹는 조기 장수를 소재로 가진 자들의 탐욕을 풍자하기도 하였다.

민중예술의 꽃, 탈놀이

이러한 민중예술 중에서 가장 발전된 형태는 흔히 탈춤으로 알려진 탈놀이(가면극)이다. 탈춤은 황해도 지방의 탈놀이를 일컫는 말이었으나, 요즘에는 오광대놀이·들놀음 등도 포괄하는 말로 바뀌었다. 탈놀이는 농촌 지역에서 유래한 놀이와 서울에서 나례도감이 해체된 후 그 관장 아래 있던 산대

〈강령탈춤〉의 취발이와 아들
노장을 물리친 취발이는 소무 사이에
서 낳은 아들을 천자뒤풀이, 언문풀
이 등으로 어르고 있다.

©김문호

놀이 패의 활동에서 유래된 놀이가 있다.

농촌의 탈놀이는 풍년을 기원하는 농경의례에서 행하던 굿놀이가 발전한 형태이다. 조선은 초기 이래로 성리학에 기반한 농촌 질서를 수립하고자 기존 마을 공동체에서 지내던 제사를 '음사(淫祠)'라고 배척하였고, 양반 사대부들의 향사례·향음주례·향약 등을 강요하였다. 그래서 서낭굿 같은 경우 서낭제로 바뀌기도 하였다. 그러나 농민들은 마을 굿을 완강하게 지속시켰을 뿐만 아니라 평소의 울분을 발산하고 마음껏 신명풀이를 할 수 있는 기회로 삼았기에 탈놀이는 계속 자라날 수 있었다. 경북 안동 하회마을의 〈하회별신굿탈놀이〉나 강릉 단오굿의 〈관노(官奴)탈놀이〉, 함경도 북청의 〈북청사자놀이〉가 대표적이다. 하회 탈놀이의 경우 풍년을 비는 주술적인 동작에다 양반층을 비판하는 언행을 덧붙여 사회적인 구속에서 벗어나는 파격적인 탈놀이로 자리잡았다. 그러나 대부분의 농촌에서 이루어진 탈놀이는 마을 굿에서 떨어져 나올 수 없는 한계를 가지고 있었고, 지배층을 과감히 비판하기도 어려웠다.

원래 산대놀이는 사자·호랑이 따위를 만들어 놓고 춤을 추는 놀이로 나례도감에서 관장하였다. 산대놀이패는 이것만으로는 먹고 살 수 없었고, 민간에서 재주를 팔아 생활하느라고 산대놀이나 나례희(나쁜 귀신을 내쫓기 위해 섣달그믐 궁중에서 행하는 의식)를 할 때에는 소용되지 않는 탈춤을 가지고 서울 가까운 여러 고장을 찾아다니며 순회공연을 했다. 그러다 1634년 국가의례에서 산대극이 빠지게 되자 산대놀이가 탈춤으로서 민중에 보다 강력히 뿌리내리게 되었다.

이 탈춤이 확대되어 공연된 곳은 대개 상업 도시였다. 서울 주변에서는 중요한 교통 중심지에 위치한 양주와 송파에서 탈놀이가 발달하였다. 또 전국의 주요 교통 중심지에서도 탈춤이 발달하게 되는데, 황해도의 〈봉산탈춤〉, 경상도의 동래·부산 등지의 들놀음이라고 부르는 탈춤이 유명하다. 이 과정에서 탈춤의 연행에 향리들이 후원자 혹은 나아가 연희자 역할도 있게 되었다.

도시적·상업적 배경을 기반으로 등장한 탈놀이는 소재나 주제에서도 농촌에서의 탈춤보다 훨씬 더 과격했으며, 사회변혁적 요소를 담고 있었다. 그 까닭은 관람층이 가지는 사회성과 관련이 있었다. 도시의 경우 양반을 비정상으로 그린다든지(〈통영오광대놀이〉), 혹은 극중 말뚝이가 관중과 합작해서 양반에게 공격을 가한다든지(〈봉산탈춤〉) 하는 식으로 특권에 저항하는 의식이 보다 투철하였다.

이렇게 본다면 조선 후기에 형성된 '민중예술'의 전형은 판소리보다 꼭두 각시놀음이나 탈놀이에서 찾을 수 있겠다. 판소리는 초기에는 천민들에게서 출발하나, 점차 세련되어 가고 차츰 양반층이 참여하여 상·하층 모두에게 사랑받는 예술 형태로까지 발전하였다. 하지만 판소리에 나타난 사회 의식도 당시 변화되어 가던 조선 사회의 모습을 반영하는 것이었음은 분명하다.

정재훈 _경북대 교수

아이들도 왕도 신나는 장치기 놀이

심승구

장치기의 기록과 명칭

혜정교 거리에서 곽금, 막금, 막승, 덕중 등의 아이들이 타구놀이를 하고 있었다. 각각 공에 이름을 붙였는데 하나는 주상(태종), 하나는 효령군(태종 둘째아들), 하나는 충녕군(태종 셋째아들, 뒤에 세종이 됨), 하나는 반인(하인의 일종)이라고 하였다. 신나게 서로 공을 쳤는데 공이 다리 아래 물속으로 굴러가 빠지니 한 아이가 이를 빗대어 "효령군이 물에 빠졌다."라고 소리쳤다.

1413년(태종 13) 어느 봄날 서울의 한복판인 혜정교(지금의 서울 광화문 우체국 동쪽에 있던 다리)에서 모두 열 살 안팎의 또래 아이들이 노는 모습이다. 이 개구쟁이들이 즐겼던 '타구(打毬)'라는 놀이는 길 위에 여기저기 구멍을 파 놓고 긴 막대기로 둥글고 작은 공을 쳐서 그 구멍에 들어가게 하는 놀이였다. 구멍은 가능하면 공이 들어가기 어려운 자리에 움푹하게 만들되, 까딱하면 빗나가는 다리 끝이나 평지라도 도톰한 곳에 파 놓았다. 그래야 아슬아슬한 재미가 있기 때문이다. 타구놀이를 할 때에는 자기 공을 구분하려고 이름을 정하는데, 흥미를 더하기 위해 왕·왕자·하인 등을 이름으로 붙였다.

그런데 마침 이 부근을 지나가던 효령군의 유모가 이 소리를 듣고 깜짝 놀라 어찌할 줄을 모른다. 효령군이 진짜 물에 빠진 줄 알았던 것이다. 이것이 장난인 줄 나중에야 안 효령군의 유모가 아이들을 혼내 주는 내용이 위의 기록 뒤에 이어진다. 이것이 타구놀이가 민간에서 행해진 것을 보여 주는 최초의 기록이다.

1421년 11월 추운 겨울날 세종이 부왕인 태종의 말년을 위해 새로 지은 수강궁(오늘날 창경궁)에서 태종을 모시고 형제를 비롯한 종친들과 함께 타구놀이를 하였다. 이때에는 여섯 명씩 편을 나누어 경기를 하였는데, 한 번은 세종 편이 이기고 한 번은 태종 편이 이겨 진 편이 술을 내어 잔치를 벌였다. 날씨가 추워 궁 밖에 나갈 수 없었으므로 이 놀이를 하였는데, 하루 이틀도 아니고 겨울부터 이듬해 봄까지 하였다고 하니 얼마나 타구를 즐겼는지 짐작이 간다.

위의 두 사례에서처럼 타구놀이는 조선 초기에 아이들뿐 아니라 최고 통치자인 왕까지 몇 달씩이나 푹 빠질 정도로 신나는 스포츠이자 오락이었다. 그렇게 신나는 타구놀이란 바로 오늘날 골프와 비슷한 놀이였다. 즉 채막대기[stick]로 공을 쳐 여러 개의 구멍 속에 넣으면 점수를 얻어 승부를 내는 놀이였던 것이다.

공을 친다는 뜻으로 붙여진 타구는 일명 '격구(擊毬)'라고도 하는데, 세조 때에 이르면 공을 치는 부분인 방(棒)과 자루를 합쳐 만든 채로 즐기는 놀이라 하여 '방희(棒戲)', 또는 방으로 공을 친다고 해서 '격방(擊棒)'이라고도 불렀다. 이를 민간에서는 막대기[장(杖)]로 공을 친다 해서 '장치기' 또는 '공치기'라고 불렀던 것이다.

장치기의 기원과 전래

장치기가 언제 발생했는지는 정확하지 않다. 오늘날 장치기의 한 형태인 골프의 기원을 흔히 양치기 목동이 토끼 굴에 막대기로 돌을 우연히 쳐 넣은 데서 비롯되었다고 말하나, 채막대기로 공을 치는 경기가 기원전 2000년 아테네의 유적에서 확인되므로 그 기원은 훨씬 오래된 것 같다. 그 후 골프가 네덜란드, 영국을 비롯한 서구 유럽에서 중세시대부터 성행하여 오늘날까지 발전되어 온 까닭에 흔히 그 발상지가 서양이라고 생각하고 있다.

그런데 골프는 유럽뿐 아니라 일찍이 중국에서도 크게 유행을 했던 것으로 나타난다. 추환이라고 불리는 이 놀이는 특히 원나라 때에는 《환경(丸經)》(1282)이라는 타구 이론서가 간행될 정도로 크게 성행하였다.

몇 년 전 모 일간지에 '추이완을 하는 여인들'이라는 제목의 그림과 기사가 실린 적이 있다. 현재 중국 스포츠 박물관에 소장되어 있는 이 그림은 14세기 명나라 초에 두근(杜菫)이라는 화가가 상류층으로 추정되는 여인들이 추환을 하는 모습을 그린 것이다. 옛날 여인의 옷차림과 한쪽 구석에 보이는 정자만 제외한다면 요즈음 골프 경기 모습과 똑같다. 끝에 삼각형 나무판을 댄 긴 막대기는 골프채와 거의 비슷하다. 페어웨이(fair way, 공이 잘 구르도록 만든 잔디밭)가 있고 덤불 웅덩이가 있는 것도 골프 코스와 흡사하며, 조그만 공을 구멍에 쳐 넣는 경기 규칙마저 현대판 골프와 다르지 않다.

더구나 가운데 공을 치는 세 여인의 양쪽 곁에 2개의 타구 채를 든 채 바라
보고 있는 키가 작은 두 여인도 눈에 띄는데, 요즘의 '캐디(caddie, 선수를 돕
는 사람)'라 할 수 있다. 이 그림에 의거하여 중국에서는 골프가 서양에서 처
음 생겨났다는 설은 고쳐져야 한다고 주장한다.

이러한 주장을 그대로 수용할 수는 없지만 명나라 초기 그림에 여인들이
추환을 즐기는 모습이 나타날 정도로 타구는 원나라 때에 이미 보편적인 놀
이로 자리 잡았다. 이처럼 중국 원나라에서 타구가 크게 성행했다는 사실은
우리나라에 타구인 장치기가 들어오는 데 중요한 배경이 되었다.

장치기의 도입과 변천

오늘날의 골프 형태인 장치기가 우리나라에 처음으로 들어온 시기는 고
려 말이었다. 그 도입 과정을 설명하기에 앞서 혼동을 피하기 위해 장치기

의 종류를 먼저 살펴보기로 한다. 조선시대에 장치기라고 불리는 놀이는 골프 형태의 타구(방희) 말고도 말을 타고 공을 치는 기마격구(騎馬擊毬: 오늘날의 폴로 형태)와 말을 이용하지 않고 골문에 골을 넣는 장구(杖球: 얼레공치기, 오늘날의 필드하키 형태)가 있었다. 기록에는 이 놀이들을 타구 또는 격구(擊毬)로 섞어서 표기하여, 용어만으로는 그 놀이가 어떤 형태인지 파악하기 곤란하다. 다만 격구 내지 타구로 기록된 장치기의 분화와 발전 과정을 정리하면 다음과 같다.

우리나라에는 기마격구가 가장 먼저 도입되었다. 발해의 사신이 일본에 가서 격구를 하였다는 기록으로 미루어 기마격구는 당나라를 통하여 전래되었던 것 같다. 이후 고려 태조 때에는 개경에 구장(毬場)이 있었고 12세기 의종 때 이후에는 격구가 단오절의 국가적인 행사로 행해졌으며, 여성들까지도 격구를 즐겼다. 무신정권 때의 문신인 박인석과 고려 말의 이성계의 격구 실력은 신기의 경지에 도달했다고 한다.

조선 초기에도 기마격구는 여전히 성행하였는데, 채막대기로 공을 가지고 논다고 해서 농장희(弄杖戲)라고도 하였다. 실제로 기마격구는 고려시대부터 조선 초기에 이르기까지 국기로 여길 정도로 최고로 인기 있는 스포츠이자 체육 활동의 하나였다. 특히 세종 때에는 무예 훈련에 매우 효과적이라 하여 무과의 시험 과목으로 채택되기도 하였다. 임진왜란 이후 조총을 비롯한 신병기의 등장으로 기마 무예 연마의 필요성이 줄면서 17세기 중반 이후에는 기마격구가 그 자취를 감추고 말았다. 다만 18세기 후반에 만들어진 《무예도보통지》에 기마격구 방법이 실려 있는 정도이다. 이처럼 기마격구가 가장 빨리 도입되어 고려 때에 크게 성행한 점을 본다면, 뒤에 설명할

격구의 지피(공을 채 밖으로 던지는 동작), 《무예도보통지》
(1790, 31.8×20cm, 서울대학교 규장각한국학연구원 소장)

골프 형태의 장치기나 필드하키 형태의 장치기는 기마격구를 간소화한 것
이 아닌가 추정할 수도 있겠다.

그러나 골프 형태의 장치기, 즉 타구는 기마격구보다 훨씬 뒤 시기에 새
로이 도입된 놀이였다. 《정종실록》에는 고려 말 원나라에서 벼슬을 하였던
도흥, 유운, 김사행 등이 조선 건국 초에 태조 이성계에게 원에서 본 타구를
알려 준 데서 비롯되었다고 기록되어 있다. 궁중에서 몸을 움직이지 않으면
병이 되니 몸을 움직이는 데는 타구보다 더 좋은 것이 없다고 하자, 태조가
이를 받아들여 시작했던 것이다. 그런 점에서 태조 이성계는 우리나라 최초
의 골퍼(golfer)였던 셈이다.

그 후 태조와 정종은 궁중의 뜰에서 타구를 즐기게 되었던 것으로 보인
다. 특히 정치적 실권이 없었던 정종은 거의 매일 타구를 하였다. 대신들은
그만두기를 청하였지만, 정종은 무인 가문에서 자라났음을 설명하면서 공
을 치는 것은 기운을 통하자는 뜻이라고 하면서 타구를 계속하였다.

타구는 앞서 보았듯이 이미 태종 때에는 민간에서도 유행하였고, 또한 태
종, 세종, 세조 때에 걸쳐 궁중에서 크게 성행하였다. 특히 세종 때에는 한

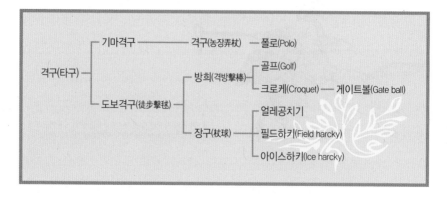

해의 마지막 경신일(庚申日: 이날은 잠을 자지 않고 밤을 지켜야 총명해지고 복을 얻는다는 도교의 풍속이 있었다.)에 종친을 모아 타구를 하면서 밤을 지내는 것이 하나의 풍조를 이루었다. 이처럼 타구는 야간경기로도 치러졌으며, 궁중 내에서 세시적인 놀이로 발전해 가고 있었다. 세조는 관례라며 봄과 가을에는 활쏘기, 여름에는 투호, 겨울에는 타구를 하였다. 그러다가 성종 때부터는 왕실에서 타구를 하였다는 기록이 점차 사라지게 되었다.

오늘날의 필드하키 형태의 장치기인 장구가 언제부터 행해졌는지는 확인할 길이 없다. 장구는 말을 이용하지 않는다는 점에서는 타구와 같지만, 골문에 공을 넣는다는 점으로 볼 때 기마격구에 더 가깝다. 따라서 장구는 고려 때 성행하던 기마격구가 간소화되었을 가능성이 매우 크다. 조선 초기 기마격구가 무과 과목으로 정해져 있던 만큼 그 훈련을 위해 도보격구의 형태인 장구가 행해졌을 가능성이 있다. 이에 따라 무과를 보기 위해 광범위하게 장구를 하였을 것이고, 민간에서나 어린아이들도 장구를 즐겼던 것으로 보인다. 다만 역사 기록이라는 성격상 민간에서 행한 놀이는 잘 나타나지 않을 뿐이다.

장구는 기마격구나 타구와 달리 민간에서 크게 유행하였다. 이러한 까닭에 기마격구와 타구가 조선 후기 역사의 무대에서 서서히 사라진 것과는 달리 장구는 줄기차게 민간놀이로 계승되어 왔다. 그러한 사실은 1931년 '우리 경기 부흥의 봉화, 장구 얼레공 대회 개최'라는 제목 아래 장구 대회가 개최된 것에서 알 수 있다. 따라서 여러 장치기 중에서 오늘날 유일하게 필드하키 형태만 보존된 셈이다.

이상에서 알 수 있듯이 고려 말에 원나라로부터 도입된 타구는 조선왕조에 들어와 방희 또는 격방(擊棒)으로 불리면서 15세기에 크게 성행하였다. 타구는 놀이 기구도 간단하고 장소에 구애받지 않았다는 점에서 장점이 있었다. 또 생활 주변의 빈 공간을 이용해서 얼마든지 놀 수 있기 때문에 왕실이나 귀족층뿐만 아니라 일반 서민이 즐길 수 있는 놀이였다.

격방 방법과 규칙

골프 형태의 장치기인 격방은 어떻게 놀았을까? 타구는 편을 나누어서 경기를 하는데, 몇 사람이 하는 개인전과 열 명 남짓 혹은 열 명 이상이 편을 갈라서 하는 단체전이 있었다. 채의 모양은 긴 숟가락처럼 생겨 오늘날 골프채 내지 하키채와 비슷하였다. 손잡이는 두꺼운 대나무를 합해 만들고, 공을 치는 부분인 방은 숟가락과 같고 크기는 손바닥만 한데 가죽으로 감싸서 공의 탄력이나 속도를 조절할 수 있게 하였다. 방을 싼 가죽이 얇으면 공이 높이 튀어 오르고, 두터우면 공이 높이 솟지 않는다. 또 곤방(袞棒)이란

채가 있는데, 이 채의 방은 둥그렇게 생겨 공을 치면 친 공이 뱅글뱅글 구르고 돌면서 튀어 오르지 않았다. 그 방의 크고 작은 차이와 가죽의 두텁고 얇음에 따라 채의 명칭이 각기 달랐다. 이에 따라 여러 가지 채의 종류마다 붉은색을 비롯 다양한 색깔을 칠해 구별을 하기도 했다.

공의 크기는 달걀만 했고, 나무로 만들거나 차돌맹이를 쓰기도 하였다. 공을 넣는 구멍[와아(窩兒)]은 땅을 밥그릇 모양처럼 여러 곳에 팠다. 궁궐에서는 전각(殿閣) 사이에 멀리 떨어뜨려 파 놓기도 하고, 전각의 돌층계 틈 사이에, 또는 평지에 만들기도 하였다. 각 구멍 뒤에는 깃발을 세워 표시하였다. 여러 군데 파 놓은 구멍을 돌아다니면서 놀이를 하였는데, 그 구멍의 수는 정확히 확인할 길이 없으나 단체전인 경우에 20점이 나면 끝이 나는 것으로 보아 대략 10개 정도였던 것 같다.

공을 처음 칠 때에는 기(基)라고 하는 지점에서 시작하여, 60보(약 12미터)에서 100보(약 20미터) 정도의 거리에 있는 구멍에 쳐 넣도록 하였다. 목표 구멍의 위치나 거리에 따라 적당하게 무릎을 꿇거나 선 채로 공을 때리는데, 무릎을 꿇는 것은 구멍 가까이에서 신중을 기하려고 취한 자세였을 것이다. 특히 전각 사이의 구멍에 공을 넣으려면 일단 공을 높이 그리고 멀리 날렸을 것으로 짐작된다.

공이 구멍에 들어가면 점수를 얻으며, 계산 방법은 매우 다양하였다. 그 중에 한 가지를 살펴보면 다음과 같다. 한 사람이 구멍마다 세 번까지 칠 수 있었다. 한 번 쳐서 구멍에 들어가면 산가지(점수 막대) 두 개(2점)를 얻는다. 한 번 쳐서 들어가지 못하면 공이 멈춰 있는 곳에서 또다시 공을 치되, 두 번이나 세 번 쳐서 들어가면 산가지 한 개(1점)를 얻는다.

한 번에 구멍에 들어가면 공을 더 칠 필요가 없고, 두 번째 쳐서 들어가면 세 번째는 칠 필요가 없다. 만일 세 번을 쳐서도 구멍에 넣지 못하면 칠 자격을 잃고, 상대방이 칠 자격을 갖는다. 이렇게 해서 한 구멍에 공을 넣으면 다른 구멍으로 이동을 하되 역시 치는 방법은 같았다.

만일 첫 번째 친 공이 상대방의 공에 부딪힐 경우에는 또 칠 수 있지만, 두 번째 친 공이 상대방의 공과 부딪히게 되면 더 칠 기회를 상실한다. 두 번째 친 공부터는 구멍 가까이에 있는 상대방의 공을 일부러 맞혔다고 보아 반칙으로 간주되기 때문이다. 이 뒤에도 역시 이와 같은 방식으로 한다. 이렇게 해서 얻은 점수를 합하여 승부를 내는데, 진 편은 이긴 편에게 음식을 대접하기도 하였다. 이러한 장치기는 주로 겨울에서 봄 사이에 행해진 놀이였다.

장치기의 역사적 의미

아이들로부터 왕에 이르기까지 신분 고하를 막론하고 즐기던 스포츠요, 오락인 골프 형태의 장치기 즉 격방은 15세기 말부터 점차 기록 속에서 사라져 갔다. 격방이 지배층의 기록에서 사라지게 된 배경에는 유교적 질서가 정착되고 문치주의가 고조되는 시대적 분위기와 무관하지 않을 것 같다. 실제로 성종 때에 이르면 궁중 내에서 각종 놀이 문화가 급격히 감소될 뿐더러, "태양은 만물과 함께 할 수 없고, 임금은 신하와 그 장단을 겨룰 수 없다."라고 하여 국왕이 종친과 더불어 활쏘기를 하는 것도 반대하는 움직임이 나타났다. 왕은 모든 행동을 예법에 따라 행하게 되었고 직접 신체 활동

▋ 〈투호도(投壺圖)〉(조선 후기, 비단, 58.8×41.5cm, 국
립중앙박물관소장)

을 하기보다는 주로 놀이를 관람하는 객체로만 존재하게 된 것이다.

또한 조선의 신분제와 함께 놀이 문화에도 계급화·계층화가 이루어져, 일부는 지배층의 놀이로 독점되어 민중에게 여러모로 통제되었다. 유교적 소양과 윤리 의식은 자연 놀이 문화에 영향을 끼쳐 유교적 예법이 강조되는 활쏘기나 투호 등은 심신을 닦고 덕을 함양하는 놀이라고 하여 계속 장려되었으나, 집단적으로 야외에서 행하는 자유로운 신체 활동이나 무예 활동 등은 꺼리게 되었다. 특히 여성들의 신체 활동은 크게 위축되는 모습을 드러내었다. 반면에 주로 앉아서 하는 쌍륙, 승경도, 바둑, 장기 등의 실내 놀이가 발달했다. 격방 놀이도 바로 이러한 시대적 분위기 속에서 위축되다가 사라진 것으로 이해된다.

격방 이외에도 조선 초기에 행해졌던 놀이로 기마격구, 장구, 사모구(射毛毬: 말을 타고 가면서 탈공을 쏘는 놀이), 편싸움[석전(石戰)], 매사냥[방응(放鷹)], 씨름[각저(角抵)], 맨손무예[수박(手搏)], 그네뛰기[추천(秋天)], 연날리기[비연(飛鳶)], 활쏘기, 널뛰기[도판(跳板)] 등이 행해졌다. 그 가운데 골프와 거의 같은 방법이었던 격방은 특정한 놀이 기구나 장소가 필요하지 않다는 점에 장점이 있었다.

유숙, 〈대쾌도〉 부분(서울대학교 박물관 소장)
씨름과 태껸을 하고 있다.

오늘날 씨름이나 태껸이 힘을 겨루는 운동으로서 인기를 얻고 널리 보급
되는 것처럼, 격방 놀이를 과거 우리 민족의 생활문화를 보여 주는 놀이로
서 발굴·보급하는 것도 의미가 있지 않을까 한다. 특히 생활 주변에 있는 다
양한 장소와 공간을 이용해서 놀이를 즐길 수 있다는 점에서 요즈음의 골프
문화와는 차이를 갖는다. 그러므로 오늘날의 게이트볼과 같이 시민 공원이
나 학교 운동장 등 생활 주변에서 얼마든지 즐길 수 있는 이 장치기 격방 놀
이를 새롭게 복원한다면, 대중적인 오락 스포츠로서 큰 역할을 할 수 있지
않을까 기대해 본다.

심승구 _한국체육대학교 교양학부 한국사 교수

3부 **전쟁과 재난**

임진왜란, 영웅이 아니었던 사람들의 이야기

조선 군대는 어떤 무기로 어떻게 싸웠을까

조선시대의 군대 생활

청나라에 간 조선 시녀들, 조선판 공녀였을까

장용영은 어떻게 만들었을까

오랑캐, 왜구보다 더 무서웠던 역병

조선시대 진휼제도는 어떻게 이루어졌나

조선시대 화재는 어떻게 예방하고 진압했을까?

임진왜란, 영웅이 아니었던 사람들의 이야기

김경태

임진왜란은 어떻게 시작하여 어떻게 끝났나

일본의 오랜 내전을 끝내고 통일정권을 만든 도요토미 히데요시(豊臣秀吉)는 명나라를 침략한다는 목표를 내세우며 전쟁을 일으켰다. 이러한 규모의 전쟁에 미처 대비하지 못했던 조선군은 후퇴를 거듭했고, 일본군은 계속 전진했다. 한성이 함락되었고, 일본군은 서쪽으로 평양, 동쪽으로는 함경도까지 진출했다. 그러나 거기까지였다. 조선의 관군은 재정비를 거쳐 반격을 시작했고, 조선의 민중은 현지 지배에 낙관하던 일본군에게 저항했다. 명나라에서는 대규모의 지원군을 보냈다.

조선군과 명군은 심기일전하여 싸웠고 평양과 개성을 연이어 되찾았다. 일본군은 퇴각하여 한성으로 모여들었다. 그러나 명군은 한성에 모여든 일본군을 모두 몰아내기 어렵다는 판단하에 조선의 반대에도 일본군과 교섭을 시작했다. 자신의 목표를 이룰 수 없다는 사실을 깨달은 도요토미 히데요시도 강화 교섭으로 돌아섰다. 수년에 걸친 강화 교섭 끝에 명나라의 책봉사와 조선의 통신사가 일본에 파견되었으나, 히데요시는 두 나라가 제시한 조건에 만족하지 않고 다시 전쟁을 시작했다. 우리는 이를 정유재란으로 부른다.

전쟁은 더욱 잔혹하고 치열해졌다. 조선군은 다시 파견된 명군과 함께 일본군을 맹렬히 공격하였으나 해안에 왜성을 쌓고 웅거한 그들을 몰아내는 데는 어려움이 있었다. 도요토미 히데요시가 사망한 1598년 음력 8월 이후, 일본에서는 전쟁을 이끌 카리스마, 다시 말해 대외 전쟁을 강요하는 이가 사라져 버렸고, 일본군은 뒤돌아보지 않고 철수해 버렸다.

비록 일본군이 물러나긴 했지만, 그래서 조선에서는 이긴 전쟁으로 자부하기도 했지만, 조선이 임진왜란으로 입은 피해는 너무도 컸다. 따라서 이 전쟁을 기억할 때, 전투에서 승리를 거두었거나 장렬하게 전사했던 이들이 먼저 등장하는 것은 당연한 일이었다. 물론 이들의 영웅적 행보는 결코 잊어서는 안 될 것이다. 그러나 전쟁은 영웅들만으로 구성된 시공간이 아니다. 그곳에는 닥쳐 온 위협에 저항할 힘 없이 휩쓸렸던 이도, 살아남기 위해 갖은 노력을 다했던 이도, 새로운 삶을 개척하기 위해 과감한 선택을 했던 이도 있었다. 이 전쟁의 이야기에 자주 등장하지 못했던 이들, 여기서는 그

ⓒ국립진주박물관

도요토미 히데요시의 주인장(朱印狀) (일본 오사카 성 덴슈카쿠박물관 소장) 조선에서 세공인이나 바느질에 능한 이를 잡아오라는 명령이다.

들에게 눈을 돌려 보고자 한다.

일본으로 잡혀간 양반들

전쟁 중 전투원이 아닌 사람으로 적에게 사로잡힌 이를 피로인(被擄人)으로 부른다. 전쟁 전 시기에 걸쳐 일본군은 조선인을 잡아서 끌고 갔다. 피로인의 수는 특히 정유재란 이후 급증하는 듯한데, 전쟁의 목표가 모호해지면서 일본군들이 당장의 실효성을 가진 '전리품'을 얻고자 했던 때문으로 생각된다. 사람들을 납치하여 노동력으로 사용하거나, 재화로 팔 목적이었던 것이다. 피로인 중에서 양반 남성들은 자신이 처한 상황을 글로 남기기도 했다. 여기서는 이들 기록을 통해 피로인의 삶에 가까이 다가서 보고자 한다.

강항(姜沆)과 정희득(鄭希得)은 피란민으로서 비슷한 경험을 하였다. 두 사람 모두 정유재란 당시 전라도 지역에 있었으며, 가족과 함께 배로 피란을 하다가 일본군에게 잡혀 시코쿠(四國) 지역으로 끌려갔다가 고난 끝에 돌아올 수 있었다.

강항은 일본군이 전라도로 침략해 오자 가족들과 함께 배를 타고 바다로 피란하였다. 피란 중 아버지가 탄 배와 헤어지게 되자 이를 찾으러 가다가, 일본군의 배가 다가오자 바다에 뛰어들었으나 적이 장대로 끌어내어 결국은 잡히고 말았다. 그 와중에 아이들은 물에 빠져 죽고 말았다. 피란 중 많은 이들이 이 같은 상황에서 목숨을 잃곤 했다. 남은 가족들은 비록 살아남았다고 한들 슬픔을 떨치기가 어려웠을 것이다.

강항은 일본으로 끌려가기 전에 무안, 순천 등의 일본군 점령지를 거쳤는

데, 이곳에는 많은 조선인들이 잡혀 와 있었다고 한다. 강항은 탈출을 노렸으나 다시 잡히고 마는데, 일본군은 이들을 다만 가족들과 함께 묶어 둘 뿐 죽이지 않고 계속 살려 두었다. 까닭을 묻자, 복장이 달라 관인으로 생각하여 일본에 데려가고자 했기에 살려 둔다는 답을 들었다. 양반 신분을 사로잡은 목적이 하층민과는 달랐다는 점을 알 수 있다. 하층민이 노동력을 징발 당했던 데 비해, 양반 남성들은 대개 글을 짓거나 유학적 지식을 제공하여 일본 상류층의 호기심을 채워 주는 역할을 요구받았다.

강항은 일본에서 가족과 함께 머무르며 아침저녁으로 조촐한 식사도 제공 받았다. 강항은 그러한 생활을 누릴 수 있다는 것을 '다행'으로 여기기는 했으나, 타지에서 속박되어 고향으로 돌아가지도 못하는 삶에 안주하지는 않았다. 자신의 능력을 발휘하여, 이를테면 시를 짓거나 책을 써서 팔아 돈을 마련했다. 조선으로 돌아오기 위해서는 어쨌든 배와 사공을 사거나 빌려야만 했고 이를 위해서는 돈이 필요했다. 다른 피로인들의 도움도 힘이 되었다. 양반 사족들이 자주 찾아와 안부를 묻고 어려운 중에도 금전적 지원을 해 주었으며, 다른 신분에 있는 이들도 함께 돌아가겠다는 열망을 공유하였다.

또한 아카마쓰 히로미치와

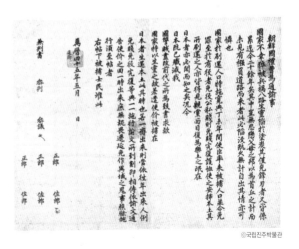

©국립진주박물관

▌ 피로인쇄환유고문(사가현 나가야성박물관 소장)

같은 무사, 후지와라 세이카와 같은 승려(후일 유학자가 됨)들과 교유하여 이들의 지원을 받을 수 있었다. 마침내 강항을 구속하고 있던 영주 도도 다카토라의 허가를 얻어 1600년에 고국으로 돌아올 수 있었다.

정희득은 1597년 9월 영광 연해에서 일본군에게 사로잡혔다. 부친과 아이는 풀려났으나 그와 형은 일본으로 끌려갔다. 정희득이 거쳐 간 지역에는 마찬가지로 많은 조선인들이 잡혀 와 있었다. 일본군은 경쟁적으로 사람들을 잡아 보내고 있었던 것이다. 일본으로 가던 중 많은 이들이 사고와 병 등으로 사망했다. 정희득의 동료였던 최홍건이 전염병으로 죽자 일본인들이 몰려들어 칼을 시험한다며 시신을 난도질하는 잔혹한 장면도 있었다.

일본에 도착한 이후의 삶은 강항과 비슷했다. 그 역시 잡혀 온 이들과 교류하며 귀환의 희망을 놓지 않았고, 승려 및 상류층 인물들과 교유하며 귀환을 위한 지원을 얻어 냈다. 일본인들의 위로와 지원을 그는 "이상하도다. 승냥이 같은 무리도 남을 대하는 도리가 이리도 도탑구나."라고 표현하기도 했다.

정희득은 이러한 우호적인 인물의 주선을 통해 자신을 잡아온 하치스카 이에마사라는 일본군 장수이자 영주와 직접 만나 귀환을 호소하기도 했다. 그리고 전쟁이 막바지에 이르렀던 1598년 11월, 마침내 귀환 허락을 받아 낸 정희득은 자신뿐 아니라 다른 조선인들도 함께 돌아가게 해 달라고 요구하여 승낙을 받아 냈다. 전쟁 직후 혼란한 상황에서 즉시 귀환하지는 못했으나 다음해 6월 부산에 도착할 수 있었다. 고향으로 향하는 길에, 타지에서 함께 고생한 동료들과 눈물로 헤어졌고, 7월에 드디어 그리던 아버지를 만날 수 있었다.

노인(魯認) 역시 정유재란 때 일본군에 잡힌 사람이다. 그러나 그는 일본에서 탈출 후 바로 조선으로 오지 못하고, 명나라를 거쳐서야 귀환할 수 있었다. 노인은 정유재란 발발 후 남원에서 시마즈 요시히로(島津義弘)군에 사로잡혀 규슈(九州) 지방으로 끌려갔다. 전쟁 직후였음에도 당시 규슈 지방에는 명나라 상인들이 오가고 있었고, 그 틈에 일본 정보를 얻기 위해 파견된 관인들도 껴 있었다. 노인은 그들과 만나 귀환을 도와줄 것을 요청했고 동의를 받았다.

그러나 명나라 상인과 달리 조선인의 왕래는 자유롭지 않았다. 조선인은 그들을 잡아 온 이들에 의해 신체의 자유가 구속된 상태였다. 조선인이 명나라 상선에 타서 탈출하려다가 발각되어 살해당하는 일도 있었다. 노인은 함께 탈출을 모의한 이들과 함께 작은 배를 타고 바다에 나아가 섬에 머물다가 중국 배와 합류하기로 했다. 다행히 이 계획은 성공적이었다. 배에 탄 248명 중에서, 노인의 일행 4인과 조선의 사천에서 포로가 된 3인만이 조선인이었다.

1599년 3월 말 명나라에 도착한 노인 일행은 도착하자마자 심문을 받았는데, 노인은 글과 시를 잘 지어 좋은 대우를 받았다. 또한 그는 가는 곳마다 충과 효를 강조하여 호응을 이끌어 냈다. 그는 명에 도착한 이후 부친의 상례를 치른다는 의미로 항상 흰옷을 입고 생활했다. 중국인들은 노인에게 매우 호의적이었다. 특히 노인은 그의 신분이나 학문 덕택에 다른 피로인들보다 훨씬 좋은 대우를 받았다. 노인은 머무르던 지역에서 수시로 관원들에게 빠른 송환을 호소하는 글을 올렸으며, 때로는 직접 만나 이를 전했다. 그가 한성으로 귀환한 때는 1600년 1월이었다. 조선과 명의 우호 관계, 노인의 학문적 역량, 충과 효라는 공감대가 그의 귀환을 도왔던 것이 아닐까.

양반이 아니었던 사람들

양반 지식인은 일본뿐만 아니라 명에서도 우대를 받았다. 그들은 조선으로 돌아가고자 하는 열망을 놓지 않았고 이를 이루기 위해 자신의 모든 능력을 사용하였다. 양반 남성들의 피로인으로서의 처지는 다른 신분이나 여성에 비해 약간 나을 수 있었다. 그러나 평민이나 그 이하의 신분이거나, 여성이거나, 어린 나이에 잡혀 온 이들의 생활 양상은 양반 남성과 차이가 있었고, 그만큼 귀환도 어려웠다.

일본에는 많은 조선인들이 끌려와 있었다. 강항이 잡혀 와 있던 곳에는 조선 남녀가 천여 명이나 있었다고 한다. 이들은 밤낮으로 마을 거리에서 모여 울었으나 전쟁 초기에 잡혀 온 이들 중에는 돌아갈 마음이 없는 자도 있었다고 한다. 정희득이 있던 아와성 아래에는 강 위에 홍예다리가 있는데 다리 위에서 열에 여덟아홉은 조선 사람이었고, 달밤이면 다리 위에 모여 노래도 부르고 휘파람도 불며, 혹은 회포도 말하고 한숨지으며 울부짖기도 하다가 헤어졌다고 한다.

전쟁이 끝난 후 조선은 에도 막부와 국교를 맺은 이래 60여 년간 잡혀간 이들의 송환을 위해 노력했다. 일본에 파견된 조선 사절은 막부의 협력하에 각 지역에 흩어진 피로인을 불러 모아 조선으로 데리고 갔다. 초기에는 많은 이들을 데리고 갈 수 있었으나 시간이 흐를수록 귀환하는 이들이 줄어들었다. 이미 일본에 정착한 이들이 늘었고 귀환한 이들의 대우가 좋지 않다는 소문도 돌았기 때문이다.

하층민들은 일본군에게 사로잡히는 과정에서 죽음에 더 쉽게 노출되었을 것이다. 삶을 지탱하고자 언제나 최선을 다해야만 했던 이들은 일본에서 지내는 가혹한 생활 속에서도 자구책을 마련하기도 했다. 노비들은 때로 조선에서 자신을 옭아매던 신분에서 탈출하는 기회를 얻기도 했다. 이렇게 일본에서 안정적인 삶의 길을 찾은 이들 중에는 돌아올 기회를 거부하는 이들도 있었던 것이다.

어린 나이에 잡혀 온 이들도 귀환이 쉽지 않았다. 이들 중에는 승려가 된 이들도 있었다. 가토 기요마사에게 잡혀 와 구마모토 혼묘지(本妙寺)의 주지가 된 여대남이 잘 알려져 있다. 여대남은 1593년 7월에 하동의 보현암에서 가토 기요마사군에 사로잡혔다. 겨우 열두 살 나이였다. 여대남이 시문을 짓는 모습을 보자 보통 사람이 아니라고 생각한 기요마사는 그를 일본으로 데리고 갔다. 기요마사는 영지에 혼묘지라는 절을 세웠는데, 혼묘지의 주지인 일진(日眞)이 여대남을 데리고 여러 절에서 공부를 하게 하였다. 여대남은 1612년에는 일진을 이어 혼묘지의 주지가 되었다.

이렇게 일본에서 예상치 못했던 새로운 삶을 살고 있던 여대남에게 1620년 아버지의 편지가 전해졌다. 1607년 조선의 통신사가 일본에 왔을 때 교토에 있던 그가 자신의 사정을 사신들에게 전했는데, 통신사는 귀국 후 여대남의 부친 여수희에게 이를 알려 주었다. 그러나 어디로 편지를 보내야 할지 몰라 안타까워할 뿐이었다. 그러다 전쟁 후 두 번째 사절이 일본에 다녀온 1619년, 여대남이 구마모토의 혼묘지에 있다는 소식을 알게 되었고, 비로소 편지를 보내 귀국을 종용했다. 여대남은 편지를 받아 들고 이는 28

©국립진주박물관

홍호연 자화상(사가현 나고야성박물
관 소장)

년간 드린 기도가 응답한 것이라며 기뻐하였다. 그
리고 '영주(당시는 가토 기요마사의 아들인 가토 타다히
로였다)'에게 요청하여 허락을 받아 내겠다고 하였
다. 그러면서 영주의 호의를 얻기 위해 그들이 귀
하게 여기는 조선의 매를 보내 주면 좋겠다는 부탁
도 남겼다. 그러나 그는 끝내 귀환 허락을 얻어 내
지 못하였고 편지도 주고받지 못하게 되었다고 한
다. 영주가 만든 사찰의 주지로서의 삶, 28년간의
일본에서의 삶을 버리고, 익숙하지 않을지 모르는
조선에서의 삶으로 돌아가고자 했지만, 그 소원은
이루어지지 못했다.

홍호연도 10세라는 어린 나이에 나베시마 나오
시게군에 잡혀 일본으로 가게 되었다. 잡혔을 때
바위 틈에 붓을 들고 숨어 있었다고 한다. 홍호연
은 이미 시와 서예에 능했고, 능력을 인정받아 나
베시마 나오시게에 이어 그의 아들 가츠시게의 곁
에서 일할 수 있었다고 한다. 일정한 녹봉도 받고
공부를 위한 지원도 받았으며, 비슷한 처지인 여대
남과도 교류했다고 한다. 홍호연은 서예로 유명했
고 지금도 그의 작품이 많이 남아 있다. 그러나 그 역시 세상을 떠날 때까지
귀국을 원했으며, 여대남과 마찬가지로 결국 돌아오지는 못했다.

한편 홍호연의 최후는 조금 이례적인데, '주군'인 나베시마 가츠시게가 죽자 '순사(殉死)'를 택한 것이다. 이것만으로 그가 일본에 완전히 동화되있다고 봐야 할까. 이는 섣부른 판단일 것이다. 그가 가족에게 남긴 마지막 글은 참을 '인(忍)'이었다. 일본에서의 삶을 위해 그는 참고 견뎌야만 했다. 그리고 앞으로 일본에서 자신의 가족들이 대를 이어 살아야만 하는 현실을 인정해야 했다. 그는 가문을 위해 마지막으로 참으며 죽음을 택한 것이다. 그의 가문은 현재까지도 이어지고 있다.

일본으로 잡혀 온 이들 중에는 기술자들도 있었다. 일본은 조선의 도자기 기술을 원했기에 도자기를 만드는 도공들을 납치해 갔다. 납치된 도공 중에는 시마즈 요시히로에게 잡혀 사쓰마에서 도자기를 만든 심당길과 박평의, 나베시마 나오시게에게 잡혀 와 아리타 도자기(이마리 도자기)를 만든 이삼평이 잘 알려져 있다. 이들은 일본에서 도자기를 만들기에 알맞은 흙을 발견하고 가마를 설치하여 우수한 도자기를 만드는 데 성공했다. 이들 역시 자신들의 기술을 토대로 일본에서 인정을 받아 가문을 유지할 수 있었던 것이다. 생산된 도자기는 유럽으로 수출되어 지역의 경제에 중대한 역할을 하였다.

일부 조선인 중에는 지배층으로 진출한 이들도 있었다. 그러나 이러한 예외적인 사례를 제외하고는 대부분 일본인에게 소유된 신세로 오랫동안 어려운 삶을 살아야만 했을 것이다.

일본의 동북지역에 영지를 가졌던 다테 마사무네(伊達政宗)와 같은 일본 장수는 불과 몇 달 정도만 조선에 있었음에도 조선인을 잡아 왔다. 조선인들의 거주 범위는 당시 일본 전역에 퍼지게 되었을 것이고, 이들이 일본에 남긴 정신적·물질적 유산도 적지 않았을 것이다.

전쟁과 여성의 삶

전쟁이 일어나면 남녀노소 할 것 없이 전쟁의 피해에 노출된다. 스스로 자신을 보호할 신체적 능력이 성인 남성에 비해 평균적으로 낮은 여성이나 아이들이 피해를 입을 가능성은 더 높을 것이다. 일본군에게 살해당하거나, 피란 중에 질병과 기아로 죽었으며, 일본군에게 잡히기 전에 자결을 하는 경우도 적지 않았다. 또한 여성과 아이들은 전쟁 초기부터 일본군에게 사로잡혀 일본으로 보내지는 경우가 있었다. 당시 일본군의 문서 중에는 일본군 장수의 시중을 들기 위해 조선 여성을 잡아 보내라는 내용이 보인다. 그러나 여성이 직접 남긴 사료가 거의 없기에, 임진왜란 당시 여성의 삶에 근접하기 위해서는 간접적인 방법을 동원해야만 한다. 정희득과 강항의 기록, 통신사의 사행록 등을 통해 여성들의 고난을 살펴보도록 하겠다.

정희득은 가족들과 함께 배를 타고 피란 중이었다. 일본군에게 사로잡힐 처지가 되자 정희득의 어머니와 아내, 형수와 누이는 바다에 뛰어들어 자결하고 말았다. 양반 여성의 자결은 적지 않게 있었고, 이들은 후일 열녀로 추앙되기도 하였다. 그러나 가족이 스스로 목숨을 끊는 것을 달가워할 사람은 없었을 것이다. 여성 피로인 중에서도 남성 가족과 함께 사로잡힌 양반 여성은 비교적 괜찮은 대우를 받았다. 그들은 가족과 함께 생활할 수 있었다. 그러나 가족과 떨어진 여성들은 양반이라도 어려운 생활을 해야만 했다.

피로인의 기록에는 양반이 아닌 여성들도 많이 등장한다. 당시 일본군은 장수별로 공격 지역을 나누었는데, 따라서 한 지역에서 사로잡힌 이들은 특정 일본군의 소유가 되어 그의 영지로 끌려갈 확률이 높았다. 정희득이 자신의 집안 및 친인척의 여종들과 자주 만나게 된 일은 그 때문이었다. 이들

은 양반 여성들과 달리 스스로 목숨을 끊지 않은 경우가 많았다. 그들에게
는 '정절'이 강요되지 않았기 때문일지도 모른다. 이들은 함께 잡혀 온 처지
임에도 양반 주인의 곁에서 수발을 드는 사례가 보인다.

강항과 정희득, 그리고 노인은 '자력'으로 돌아올 수 있었다. 그러나 여성
들은 신분을 불문하고 자력으로는 거의 귀환할 수 없었다. 양반 남성과 함
께 거주할 수 있었던 여성은 귀환의 기회를 얻을 수 있었다. 그렇지 않은 경
우에 여성이 홀로, 혹은 여성들만으로 귀국하지는 못했다. 귀국 비용을 마
련하기도, 귀로의 안전을 보장하기도 어려웠기 때문이다.

조선과 에도 막부의 국교가 성립된 후, 조선의 사절이 일본을 방문하여
피로인들을 송환하기 시작하자 여성들은 비로소 귀환의 꿈을 이룰 수 있었
다. 그러나 이도 쉬운 일은 아니었다. 여성들의 활동이 남성에 비해 자유롭
지 못했던 것은 일본도 마찬가지였다. 귀환 의사를 전달하기도 어려웠고,
주인이나 일본인 남편이 귀환을 허락하지 않기도 했다. 몰래 사신이 지나는
길옆에 숨어 있다가 행렬에 뛰어들어 돌아온 여성도 있었다.

시간이 지나면서 피로인들 중에는 고향을 그리워하면서도 돌아갈 생각은
버린 이들도 생겨났다. 사신단을 바라보며 눈물을 짓는 여성들을 목격하였
다는 기록이 자주 보이며, 찾아와서 다만 고향 소식만 듣고자 한다는 여성
들도 많았다. 자식들이 일본인과 결혼하여 가정을 이루었기에 돌아가기를
포기했다는 여성도 있었다. 사절을 찾아온 어느 여성은 이미 서툴러진 조선
말로 눈물을 줄줄 흘리며 부모의 생존 여부를 묻고자 했는데, 돌아가고자
하는가 물으니 데리고 온 아이를 가리켰다고 한다. 그러나 정유년에 8살의
나이로 끌려와 일본에서 딸을 낳고, 그 딸이 14살이 된 해에 조선 사신과 함

께 귀환한 여성의 사례도 있었다.

일본에서의 삶을 선택하게 된 여성들은 어떤 여생을 보냈을까. 영주나 무사계급의 측실이 되어 상류층으로 살아갔던 여성도 드물게 있었다. 그러나 그들이 행복한 삶을 살았으리라 판단하기는 어렵다. 꿋꿋이 생활의 기반을 마련한 여성들도 있었다. 정희득과 친분이 있던 양반의 비(婢)였던 원덕어미는 선창가에 살고 있었는데, 귀환을 허락받은 정희득 일행이 이곳에서 하루 묵었다고 한다. 이 여성은 양반 남성과는 다른 방법으로 자산을 마련하여 거처까지 꾸리고 있었다.

여성들 중에는 당시 일본에 전파되었던 천주교에 귀의한 이들도 있었다. 선교사 등의 기록에 따르면 규슈의 나가사키 지방에는 조선인 신자가 수백에서 수천에 이르렀다고 한다. 여성 신도들의 비중은 상당히 높았다. 그들은 고난 속에서 새로운 길을 발견했고 그 길을 선택했다. 그러나 곧 박해가 시작되면서 또다시 고난과 마주해야만 했다.

같은 피로인이라도 남성과 여성의 삶은 꽤나 달랐고, 신분에 따라서도 차이가 많았다. 그러나 모두가 상처와 고통, 그리고 불안을 마음속에 가지고 살아야만 했을 것이다. 시대가 그들에게 준 고통, 다른 나라에서 그들이 개척한 삶 등, 전쟁이 가져온 다양한 삶의 모습을 바라볼 필요가 있지 않을까.

침략자의 전쟁

임진왜란은 조선 사람들에게 크나큰 상처를 남겼다. 함께 한 하늘 아래에 살 수 없는 원수라는 뜻의 "불구대천(不俱戴天)의 원수"는 일본을 가리키는 하나의 수식어로 정착했다. 임진왜란이 조선에 가져온 인적, 물적 피해는 엄청났다. 그런데 전쟁이 가져온 고난에 괴로워하던 이들 중에는 일본인들도 있었다. 다만 여기서는 "일본인도 어려웠어"라며 조선인의 고난을 희석하려는 의도는 아니라는 점을 먼저 밝혀 두겠다.

일본군 중에서 조선에 귀순한 이들을 '항왜(降倭)'로 부른다. 도요토미 히데요시의 허황된 목표에 동원된 십 수만의 일본군들 중에는 전쟁에서 공을 세워 이득을 얻고자 하는 이들도 많았겠지만, 동원을 피할 길이 없어 끌려온 이들도 많았다. 항왜는 전쟁 초기부터 발생했다. 그들을 심문한 기록에 따르면 억지로 끌려와 언제 끝날지 모르는 전쟁에 지쳐 탈출한 경우가 많았던 것으로 보인다.

가토 기요마사군에서 탈출한 후 조선에 귀순하여 '조선에 충성한다'는 의미의 김충선(金忠鮮)이라는 이름을 얻은 사야카라는 이가 가장 유명할 것이다. 황석산성 전투에서 김해부사 백사림을 구한 사백구라는 인물도 눈에 띤다. 황석산성이 함락되자 사백구는 백사림을 숨겨 두었다가 기지를 발휘해 탈출시켰으며, 산 속에 숨어 있는 그에게 먹을 것과 옷을 가져다주어 목숨을 부지할 수 있게 하였다고 한다. 항왜들 중에는 일본과의 싸움에 투입되어 활약하거나, 조총 기술 등을 전수한 이들도 적지 않았다. 그러나 다시 배신할지 모른다는 우려에 죽임을 당하거나, 여진족과 대치한 북쪽 변경으로 보내진 이들도 많았다.

일본군 병사 대다수는 오랜 내전에 지쳐 있었다. 전쟁은 전공을 얻어 포상을 받을 수 있는 기회이기도 하지만, 평온한 생활을 뒤에 둔 채 언제나 죽음에 맞서야 하는 곳이기도 했다. 시마즈 요시히로의 부하인 우메키타 쿠니

카네는 먼저 조선으로 건너간 주군의 뒤를 따라 군사를 이끌고 출진 기지인 나고야(名護屋)로 향하던 중, 구마모토에서 반란을 일으켰다. 전쟁 동원과 도요토미 히데요시 정권에 대한 반발이 원인이었다. 이들은 전쟁을 가장 적극적으로 거부한 이들이었다. 이보다 낮은 단계의 저항이 탈출이었으며, 이들 중 조선에 귀의한 이들을 항왜로 부르는 것이다.

가토 기요마사가 자신의 영지에 보낸 문서에는 도망친 병사나 인부에 대한 이야기가 자주 등장한다. 병사나 인부는 때에 따라 교체되거나 증원되어야 했는데, 영지에서 모아서 보내는 이들이 중간에 도망쳐 버리는 일들이 있었다. 도망친 이들은 고향으로 돌아가 숨어 있기도 했고 항왜가 되기도 했다. 어떤 지역에서는 도망쳐 오면 숨겨 준다며 도망을 부추기기도 했다. 기요마사는 중개인을 문책하고 인원을 선발할 때 보증인을 두어 비용을 지불하게 하라는 명령을 내리는 등 신경질을 내었지만 도망을 근절할 수는 없었다. 도요토미 히데요시의 문서나 다른 장수들의 문서에도 도망친 병사를 관리하라는 내용이 확인된다.

일본군에게도 조선이라는 지역은 두려움의 대상이었다. 조선은 먼 바다를 건너, 만나 보지 못한 존재와 싸워야만 하는 곳이었다. 사타케(佐竹) 가문의 한 장수는 히데요시가 전쟁 기지로 만든 나고야성을 바라보며 화려함에 감탄하는 한편으로, 조선으로 건너가는 배를 보며 '저승행'이라며 두려워했다. 조선에 온 일본군은 생각보다 넓은 조선의 영토, 그리고 말이 통하지 않을 뿐더러, 자신들을 적대시하며 공격하는 사람들을 보며 놀랐다.

장수들도 어려움을 솔직하게 드러내기 시작했다. 명나라 군부에서 일본에 사절을 보내어 강화 교섭이 시작되자, 일본 진영에서도 드디어 집으로 돌아갈 수 있다는 생각에 환호했다고 한다. 그러나 도요토미 히데요시가 내세운 조건을 전해 들은 난부 노부나오(南部信直)라는 장수는 아연실색했다. 히데요시가 조선의 8도 중 4도를 주지 않으면 교섭을 하지 않겠다고 고집했다는 것이다. 상심한 난부 노부나오는 조선에 온 일본 장병들은 완전히 지쳐서 더 이상 싸우는 것이 불가능하다며 한탄했다.

끝날 줄 알았던 전쟁은 다시 일어났다. 도요토미 히데요시는 정유재란에 다시 일본군을 동원하기 위해 더욱 강압적으로 장병들을 몰아붙여야만 했다. 전장에 병사를 내보내기 위해서는 세운 공로만큼 상을 주겠다는 약속도 필요했다. 그리고 공로의 증거를 요구했다. 조선인의 귀와 코였다. 일설에는 히데요시가 "사람이 귀는 둘이지만 코는 하나이니, 마땅히 코를 베어 머리를 대신하는 것이 좋겠다. 한 사람이 한 되씩으로 하되 소금에 절여 보내라. 코의 수효가 차야만 생포를 허하겠다."라고 했다 한다. 실제로 정유재란 때에는 수많은 조선인의 코가 베였다. 이는 지금까지도 남아 있는 '코 영수증'에 기록된 무시무시한 수를 보아도 알 수 있다. 히데요시의 멈추지 않는 욕망이 일본인을 다시 전쟁으로 내몰았고, 그들에게 누적된 피로와 두려움은 잔혹함을 배가시켰을 것이다.

전쟁은 결코 일어나서는 안 되는 일이다. 전쟁은 너무나 많은 희생을 가져온다. 전쟁에서는 영웅이 나타난다. 이들은 나라를 지키기 위해 죽음을 무릅썼다. 그래서 우리는 오랫동안 거듭하여 이들을 기억했다. 한편 그들이 싸워 지킨 공간에는 영웅들보다 더 많은 사람들이 있었다. 그들 또한 살아남기 위해 치열하게 '싸우고' 있었다는 사실은 두말할 나위가 없다. 그들의 이야기 또한 전쟁의 중요한 부분이다. 이들의 모습을 전쟁 속에서 함께 이

한글묵서 다완(茶碗) (국립중앙박물관 소장)
임진왜란 때 일본으로 잡혀갔던 조선인 도공이 만든 찻잔으로 추정
된다. 겉면에는 한글이 적혀 있다. 일본으로 잡혀 온 조선인들은 서
로 만나 타국에서의 아픔을 달래고, 도움을 주기도 했다. 어느 날
밤, 조선 사람을 만나기 위해 길을 나서자 개가 짖어 대기 시작했
다. "밤중에 돌아다닌다고 다 도둑이냐, 저기 조선 사람 있는 곳에
다녀오려고 한다."하자 개가 짖기를 멈췄다. 그러자 "듣고 잠잠한
거 보니 저 개도 조선의 개인가 보구나." 했다는 내용이다.

야기할 방법을 찾아야 한다. 나아가 침략전쟁에 합류한 이들이 어떤 생각을

가지고 있었는지 파악하는 일 또한 전쟁의 본질을 이해하여 전쟁 발발을 막

기 위한 방안을 만드는 데 도움을 줄 수 있을 것이다.

김경태 _전남대 교수

조선 군대는 어떤 무기로 어떻게 싸웠을까

노영구

무모한 육군과 현명한 수군?

우리의 옛 전쟁에 관한 지식은 역사적 사실에 바탕을 두고 있다기보다는 유튜브나 사극, 영화 등의 시각적 매체를 통해 많이 얻고 있다. 조선시대의 경우 가장 큰 전쟁이었던 임진왜란을 주제로 한 여러 사극이나 영화에 나오는 전투 장면을 보면서 얻은 전투 이미지를 통해 앞뒤 모든 시기의 전투 양상을 그려 보는 것이 일반적일 것이다. 임진왜란의 전투 장면은 크게 두 가지로 나뉠 수 있다. 이순신 장군이 이끄는 함대가 대형 함포를 사용하여 일본 함대를 통쾌히 격파하는 장면과 흰옷을 입고 창과 칼 심지어는 각종 농기구를 든 병사, 주로 의병들의 영웅적이고 애국적인 전투 장면이 그것이다. 해상에서 조선 수군이 통쾌하게 승리를 거두는 장면과 육상에서 조총을 든 일본군에 맞서 창과 칼 등 빈약한 무기로 용감히 돌진하여 싸우는 조선 의병의 모습을 보면 언제나 가슴이 뭉클해진다.

이상의 두 장면은 과연 임진왜란 당시의 전투 양상을 제대로 보여 주는 것일까? 특히 육지에서 싸웠던 조선 군인들은 언제나 창이나 칼 따위의 빈약한 무기를 들고서 우수한 무기를 든 일본군을 향해 무모하리만큼 용감하게 싸웠을까? 너무도 대조적으로 나타나는 육지와 바다의 전투 장면에서 얻어진 우리의 옛 전투에 대한 생각은 당시의 상황과는 상당한 거리가 있다.

임진왜란은 동아시아 주요 국가인 조선과 일본, 명이 보유한 군사력의 실체를 여실히 보여 준 국제전쟁이었다. 전쟁 중 각국은 상대의 우수한 무기와 전술에 대해 적극적으로 도입하여 자신의 군사력을 증강시키고자 노력하였다. 조선은 기존 무기와 전술체계에 더하여 새로운 무기 및 전술을 도입하여 이후 매우 역동적인 면모를 띠게 된다. 특히 화약 무기가 전면적으로 사용됨에 따라 다양한 화약 무기가 제조되었고 이를 보완하는 여러 단병기의 발전도 가져왔다. 무기의 발달은 당시의 전쟁 양상과 전술 등에 적지 않은 변화를 일으켰을 뿐만 아니라 군역 제도, 수공업, 유통 등 사회 전반에 걸쳐 많은 변화를 가져오기도 하였다.

조선에는 어떤 무기가 있었나

전근대시대의 무기는 상대를 제압할 수 있는 거리에 따라 장병기(長兵器, 일명 長兵)와 단병기(短兵器, 일명 短兵)로, 사용 용도에 따라 공격 무기와 방어 무기, 수성 무기, 공성 무기 등으로 나눌 수 있다. 여러 구분 중 거리에 따라 장병기와 단병기로 나누는 것이 일반적인 분류로, 장병기란 원거리의 적을 제압할 수 있는 무기로서 활과 화살, 각종 화포(火砲), 로켓 화기 등을 말한다. 이에 비해 단병기는 적과 가까운 거리에서 싸울 때 필요한 무기로서, 칼과 창이 대표적이다. 오늘날에는 대부분의 무기가 원거리 공격 능력을 가지고 있고 그 위력도 커서 상대의 공격을 먼거리에서부터 저지할 수 있지만 전근대시대에는 장병기만으로 적군의 돌격을 막기에는 어려움이 있었다. 따라서 단병기를 든 군사들의 근접전이 반드시 뒤따랐다.

주몽 신화에서 보듯이 고대 국가 초기부터 우리 민족은 활을 중시하여 원거리에서 적을 제압하는 장병 전술(長兵戰術)이 중심이었고, 창, 칼에 의한 백병전을 중시하는 단병 전술(短兵戰術)은 보조적인 역할을 담당하였다.

┃ 김홍도, 〈활쏘기〉, 《풍속화첩》(국립중앙박물관 소장)

이에 비해 일본 지역은 활의 성능이 상대적으로 낮아 칼을 중시하여 근접전으로 상대를 제압하는 단병 전술이 중심을 이루었다.

공격 무기로는 각종 칼, 창, 궁시류(弓矢類: 각종 활과 화살붙이), 화포류, 공성(攻城) 무기 등이, 방어 무기에는 방패와 마름쇠, 거마창(拒馬槍) 등이 있었다. 이러한 전통적인 무기 외에 고려 말부터 사용하기 시작한 화약 병기는 조선시대에 들어와서는 다양하게 개발되어 실전에 널리 사용되었다. 이 시기의 화약 무기를 대표하는 화포는 화약의 폭발력으로 화살, 돌, 포탄 등을 발사하는 원통형 무기로서, 동서양에서 14세기 초 다같이 출현하였다. 그 기술이 점차 발달함에 따라 당시까지의 주 무기였던 활과 화살이나 칼, 창 등을 능가하는 살상력과 파괴력을 갖추었다. 화약 무기의 등장은 사회구조에도 많은 영향을 끼쳐, 중국에서는 명나라의 통일 사업을 촉진시켰고 서양에서는 중세 기사를 무력화시켜 봉건사회를 무너뜨리는 한 요인이 되기도 하였다.

화약 무기가 우리나라에서 처음 제작된 때는 고려 말이었다. 부쩍 잦아진 왜구의 침입을 막아 내기 위한 군비 강화의 일환으로 화약 무기 개발이 착수되었다. 그러나 화약의 가장 중요한 원료인 염초의 제조법을 알 수가 없어 중국에서 화약을 수입하여 사용하다가 공민왕 때에 최무선이 화약 제조법을 습득하여 국내에서의 화약 및 화약 무기 제조가 본격적으로 시작되었다. 최무선은 화통도감이란 특별 관청을 통해 각종 다양한 화포와 발사물 등을 제작하였다. 대장군포, 이장군포, 삼장군포, 육화석포, 신포, 화포, 총통, 철령전,

〈반차도〉 부분, 《정리의궤첩》(개인 소장)
어깨에 총을 둘러멘 군사들이 보인다.

피령전, 철탄자 등이 이때 제조된 무기들이다. 이러한 화약 무기는 아직 이를 갖추지 못한 왜구 소탕에 큰 도움을 주었다.

조선시대에 들어와서는 화약 무기의 개발과 보급이 더욱 활발히 이루어졌다. 조선 초기에는 고려 말과는 달리 여진족이 가장 큰 두통거리였다. 압록강, 두만강, 송화강 유역에 거주하던 여진족은 아직 수렵이나 유목에 주

로 의존하여 생활하였으므로 식량 등 생활필수품 확보가 절실하였다. 당시 조선은 북방으로 영토를 확장하고 여진족에 대한 영향력을 확대하려는 과정에서 여진족과의 갈등은 필연적이었다. 여진족들은 아직 화약 무기는커녕 철제 화살촉도 만들 수 없어 짐승 뿔로 제작하는 등 무기의 수준은 상당히 낮았다. 그러나 이들은 잘 숙련된 기마술로 취약한 지역을 신속히 공격하고 도주하는 전술로 조선을 괴롭혔다. 여진 기병이 지닌 돌파력은 대단히 커서 이들을 막아 내기 위해서는 먼 거리에서 제압할 수 있는 무기가 요구되었다. 활의 경우 사거리가 가장 긴 각궁(角弓)은 약 200보(步: 1보는 약 1.2미터)의 긴 사정거리를 가지고 있었지만 그 재료인 물소 뿔을 중국 등에서 몰래 수입해 오고 있었으므로 대량으로 제작하기 어려웠다. 또한 활은 익히는데 적지 않은 기간이 필요해 많은 병사를 동시에 훈련시키기 힘들었다.

화약 무기는 이러한 점을 해결해 줄 수 있는 매력적인 존재였다. 화약 무기는 활보다 멀리 화살을 날릴 수 있고 관통력도 높았으므로 먼 거리에서 적의 돌격을 저지할 수 있었다. 또 개량된 총통은 한꺼번에 많은 화살을 발사할 수 있는 데다가, 그 큰 폭발음은 적의 말들을 놀라게 하기에 충분하였다. 이에 더하여 궁술에 비해, 화약 무기는 징집된 일반 양인 농민들도 쉽게 익힐 수 있는 강점이 있었다.

그러나 태종(1400~1418) 초기까지는 아직 화약 무기는 매우 무거워 선박에 탑재하여 적의 선박을 공격하는데 주로 사용되었고 화약의 성능도 낮아 원거리 사격이 어려웠다. 태종 중엽에 이르러 화약의 개량이 이루어져 위력이 종전보다 배나 좋아졌고 쇠 화살 수십 개를 구리 통에 넣고 작은 수레에 실어 발사하는 초기 형태의 화차(火車)가 제조되었다. 발사물로 화살 외에

돌멩이, 탄환 등도 넣어 발사할 수 있게 되었다. 이리하여 화기가 육상 전투에서 사용되기 시작하였다. 태종 대에는 화기를 전문적으로 다루는 화통군도 편성되어 태종 말에는 그 수가 1만 명에 달하였다. 그러나 당시의 화약 성능으로 충분한 사거리를 확보하기 위해서는 화포를 크게 만들 수밖에 없어 운반하는 데 극히 불편하였고, 화약의 소비량도 많았다.

화약 무기는 세종(1418~1450) 중반 이후 대대적인 개량이 이루어졌다. 이에 따라 종전과 같은 양의 화약으로 사정거리를 배 이상 늘릴 수 있게 되었다. 종전에 대형 화기가 400~500보 정도의 사거리를 가진 데 비해, 개량의 결과 사정거리가 1,000보 이상으로 늘어났다. 그리고 1회 발사로 여러 개의 화살을 사격할 수 있게 되고 발사된 화살 등이 옆으로 빗나가는 것을 방지하도록 화약 무기의 내부 구조도 바뀌었다. 이에 따라 화약 무기를 전면적으로 다시 제작하게 되었다. 이 시기 새로 나타난 화기로는 이총통, 삼총통, 사전총통, 팔전총통, 세전총통 등이 있었다. 그리고 로켓형 화기인 중·소신기전, 주화(走火) 등이 새로이 개발되었다. 문종(1450~1452) 때에는 화차가 동시에 많은 화살을 사격할 수 있도록 개선되었다.

조선 초기는 화약무기의 개량과 함께 기존 무기의 표준화와 개량도 이루어졌다. 먼저 각종 활과 화살이 제작되고 각궁, 목궁(木弓), 철궁(鐵弓) 등 7종의 활이 제작되었다. 이 활은 상황에 따라 사용할 수 있도록 하였고, 무과 과목으로 채택되었다. 화살도 편전(片箭), 세전(細箭) 등 8종이 있었다. 특히 각궁에 편전을 사격하는 것은 조선의 장기로서, 긴 사정거리와 높은 관통력을 가진 각궁과 편전으로 조선의 기병은 여진족에 효과적으로 대응할 수 있었다. 매우 우수한 능력의 이 각궁, 편전으로 인해 화약무기와 단병기 등 다른 무기체계를 적극적으로 개발하고 개량하는 데 관심은 다소 떨어질 수밖에 없었다. 임진왜란 이전 일본의 조총 보유에 대해 알고 있었음에도 불구하고 적극적인 대처에 소극적이었던 것은 기존 무기의 우수성에 대한 확신이 있었기 때문이다.

조선 전기 장병기인 각궁과 편전 등이 널리 사용되었음에 비해 창칼과 같은 근접전 무기는 상대적으로 비중이 약하였다. 가장 널리 사용된 단병기는 짧아 휴대가 용이한 환도(環刀)였다. 환도는 조선전기 군사들이 호신이나 최종적인 병기로 사용한 것으로 문종 대에는 환도의 규격화가 진행되었다. 이에 따라 기병용 환도는 길이 1척 6촌 너비 7푼 자루의 길이 1권(拳) 3지(指)로, 보병용 환도는 길이가 1척 7촌 3푼 너비 7푼 자루의 길이가 2권으로 정해졌다.

충주 전투의 패배, 신립은 과연 조총을 몰랐는가

임진왜란은 조선의 무기 개발과 전술 변화, 군사제도 등에 많은 영향을 미쳤다. 그것은 일본군이 사용한 조총(鳥銃)이라는 신식 개인화기에 의해 유발되었다. 임진왜란 초기 조선군이 일본군에게 육상 전투에서 패배한 것은 조선에 화약 무기가 없었기 때문은 아니었다. 다양한 화약 무기가 제작되었지만 그것은 주로 중, 대형 화포를 중심으로 이루어졌고, 개인화기 부문에서 승자총통(勝字銃筒)을 개발하여 사용하였으나 승자총통은 궁시의 보조적 성격에 그쳤다. 초기 전투의 패전은 개인화기의 성능상의 우열과 이를 활용한 전술의 채택 여부에 의해 결정되었다.

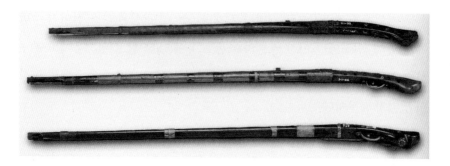

16세기 후반 조선은 북방 여진족에 대응하고자 다수의 성과 보(堡)를 설치하고 여기에 화약 무기를 배치하여 침입을 막아 내었다. 16세기 들어 남해안 일대에 왜구 등의 침입이 있었지만 화약 무기를 갖추지 못했던 이들을 저지하는 데 큰 어려움은 없었다. 그러나 일본이 16세기 중엽 화약 제조법을 습득하고, 특히 1543년 포르투갈에 의해 전래된 신식 화승총(火繩銃)인 조총을 제작하면서 상황은 달라졌다. 조총은 조선이 가지고 있던 개인용 총통(銃筒)과는 차원이 다른 무기였다.

최초에 출현한 개인화기는 손으로 불씨를 가지고 심지에 불을 붙여 점화시키는 방법을 사용하였다. 그것은 개인마다 불씨를 지녀야 함은 물론이고 언제 폭발이 될지 알 수가 없어 계속 목표를 조준하여야 하는 약점이 있었다. 조선의 승자총통은 이러한 방식의 개인화기였다. 그러나 일본군의 조총은 신형 화승총으로, S자로 구부러진 금속제 도구에 화승(火繩)을 끼워 방아쇠 역할을 하도록 만든 것이었다. 판 모양의 스프링을 사용하여 방아쇠를 당기면 급속히 화승이 화약에 닿아 화약을 점화시켰다. 이에 따라 병사가 원하는 순간에 목표물을 향해 사격을 할 수 있었고, 승자총통보다 총신이 길어 최대사거리 500미터, 유효사거리는 100미터에 달하였다.

게다가 일본군은 100년간에 걸친 전국시대를 통해 전투기술을 습득하고 있었다. 그중 조총의 특성을 이용한 연속 밀집 사격 전술은 주목된다. 보병 부대를 조총, 활, 창 세 종류로 혼합 편성하여 조총의 효용성을 극대화시킨 것이었다. 조총의 연속 집중 사격 등으로 무력해진 상대편을 기병 등을 이용하여 포위·섬멸하는 전술을 익히고 있었다.

임진왜란 초기 조선과 일본의 대부대가 충돌한 충주 전투를 통해 당시 양국의 무기 수준과 전술을 살필 수 있다. 먼저 이 전투를 지휘한 신립과 유성룡이 출병 전에 나눈 대화에서 조선의 일본군에 대한 정보의 수준을 알 수 있다.

유성룡: 전에는 왜병이 짧은 창, 칼 등만을 믿고 있었지만 지금은 조총과 같은 훌륭한 무기를 가지고 있으니 가볍게 볼 수는 없을 것이오.

신 립: 조총을 가지고 있다 해도 어찌 쏘는 대로 다 맞겠습니까?

이 대화에서 당시 신립은 조총의 존재를 알았지만 그 능력에 대해서는 정확히 알지 못하였음을 알 수 있다. 당시 조선군은 승자총통을 주된 화기로 하여 전투를 한 것은 아니었고, 특히 이를 집중적·조직적으로 운용하지 않았다. 그러므로 신립이 조총에 대해서 가볍게 생각한 것은 당연한 것이었다. 신립은 북방 여진과의 전투에서 큰 공을 세운 장수로서 그는 장기인 기병의 돌격에 의한 충격으로 일본군의 예봉을 꺾고자 하였다. 그리하여 산세가 험준하여 지휘 통제가 곤란하고 기병을 사용하기 힘든 조령을 포기하고 충주 탄금대를 결전장으로 선택하였다. 신립은 일본군을 공격하기 위해 휘하 군을 7개 부대로 편성하여 차례차례 적의 정면으로 돌격하게 하였다. 그러나 조총의 연속 사격에 가로막혀 큰 타격을 입고 자신도 돌격 중에 총상을 입고 자결하고 말았다.

평양성 전투와 기병의 퇴조

의주로 피난한 조정은 명나라에 구원을 요청하였다. 1592년 7월 최초로 조선으로 들어온 명나라의 요동군은 대부분 기병으로서, 8월 중순 평양성에 진입하였으나 시가에 숨어서 조총으로 공격하는 일본군의 공격에 크게 피해를 입고 철수하였다. 이 패배를 교훈 삼아 이듬해 초 평양성에 대한 공격에는 남쪽 지방인 절강성에서 왜구 격퇴에 성과를 거두었던 절강병(浙江兵), 일명 남병(南兵) 중심의 명군이 투입되었다. 절강병은 방패 등으로 중무장하여 조총을 막아 내었고 적을 제압하기 위해 다량의 화기도 보유하였다. 또한 근접전 능력 향상을 위해 장창(長槍), 낭선(狼筅), 당파(鏜鈀) 등의 신형 단병기도 보유하였다. 절강병의 평양성 전투 광경을 보면 다음과 같다.

절강병이 압록강을 건너왔을 때 이들이 사용하는 방패와 낭선, 장창과 당파의 기예는 우리나라에서 처음 보는 것이었다. 명군은 평양으로 진입한 다음 먼저 화포를 발사하고 뒤이어 화전(火箭)을 발사하여 왜적의 기를 꺾었다. 그러고는 곧 장창과 당파를 사용하는 병사를 동원하여 각기 운용 방식에 따라 사용하였다. 적이 먼저 돌진해 오면 낭선 부대를 집중시켜 대기

┃ 〈임란전승평양입성도병〉 부분(고려대학교 박물관 소장)

하고 만약 적이 움직이지 않으면 방패수들이 방패를 들고 전진한 결과 적은 크게 궤주하고 말았으니, 그 운용 방법이 지극히 신묘하여 무적임을 알 수 있다.

이처럼 평양성 탈환 전투에서 명군은 신형 단병기와 각종 화기를 운용하여 일본군을 압도하였다. 특히 명군이 운용한 각종 신형 화기는 조선에 처음 소개된 것이었다. 이때 사용된 명나라군의 화기로는 조취총, 삼안총, 불랑기포, 호준포, 백자총통, 화전 등이 있었다. 조취총은 일본의 조총을 모델로 제작한 소총이었고, 삼안총은 한 개의 총신에 세 개의 총열이 있어 철환을 동시에 세 발 혹은 연발식으로 발사할 수 있었다. 불랑기는 유럽에서 고안된 화포로서 종래 포신의 앞부분으로 화약과 탄알을 장전하는 방식이 아니라 포의 뒷부분을 통해서 화약과 납포환 한 개를 장전하는 방식이었다. 또 1문의 모포(母砲)에 여러 개의 자포(子砲)가 딸려 있어 자포에 미리 장전해 두었다가 필요시 결합하여 발사할 수 있었다. 호준포는 한 번에 작은 철탄환이나 납탄환을 수십 개 발사할 수 있는 소형 화포였다. 백자총통은 한 번에 여러 발의 총알을 사격할 수 있는 개인화기였다.

명나라와 일본의 신형 화기를 접한 조선은 이 화기들을 자체 제작하기 시작하여 조총, 불랑기, 호준포 등의 제작과 개량에 힘을 기울였다. 이 화기들은 조선의 기존 화기와 함께 임진왜란 이후 조선의 주요한 화기가 되었다. 그리고 전술상으로도 조선의 전통적인 기병 중심의 진법이 쇠퇴하고 명나라 보병 중심 전술인 절강 병법(浙江兵法)이 주류를 이루게 되었다. 이제 조선에서 기병은 전투의 주역에서 물러나고 조총과 단병기 등으로 무장한 보병이 주

축을 이루게 되었다. 훈련도감을 구
성한 병종인 포수(砲手, 조총병), 사수
(射手, 궁수), 살수(殺手, 근접전 병사) 등
이른바 삼수병(三手兵)이 그것이다.

　임진왜란과 병자호란을 거치며 조
선은 남북으로부터의 위협에 대비하
여 다양한 무기를 개발, 개량하였다.
17세기 명청 교체의 격동의 시기 개
발된 각종 화포는 이전까지 유지되던
유목 민족의 군사적 우위를 무력화시

불랑기(위, 1677, 국립중앙박물관 소장)와 호준포(육군박물관 소장)

켰다. 이에 18세기 청의 몽골의 복속과 오늘날 신장(新疆) 지역의 준가르 정
복은 유목 제국의 위축과 소멸을 보여 준다. 18세기 청 제국 건설 이후 동아
시아 지역의 평화로 인해 이 지역에서 화약 무기 등의 획기적인 개량은 이루
어지지 못하였다. 그러나 같은 기간 유럽은 절대왕정시대와 국민혁명 시기
를 거치면서 치른 수많은 전쟁을 통해 각종 화약 무기를 개량하여 19세기에
는 오늘날의 무기체계와 유사한 형태의 화약 무기를 개발 생산하여 실전에
사용하였다. 이는 이후 동아시아 지역에 대한 서양 침략의 첨병으로 우리에
게 돌아왔고 시간과의 경쟁에서 뒤쳐진 조선은 식민지로 전락하게 되었다.
그러나 다양한 형태의 전쟁이 수행되는 오늘날, 전반적인 군사혁신 없이 유
형적, 수량적 능력에 기반에 바탕을 둔 무기만으로 국가의 안위를 지킬 수
있는지에 대해서는 의문이 적지 않다.

노영구 _국방대 군사전략학과 교수

조선시대의 군대 생활

서태원

군 입대를 앞두고 있는 대한민국의 젊은이로서 군대 문제로 고민하지 않은 사람은 거의 없을 것이다. 신성한 국방의 의무라고는 하지만, 군대 생활에 대한 불안감과 18~21개월 정도의 기간을 민간인과 다른 생활을 해야 한다는 점 등으로 인해 심리적 갈등을 겪게 된다. 그래서 군대를 기피하기 위해 갖가지 편법이 등장하여 때때로 사회적 물의를 빚은 바 있고, 1990년대 대학가에서 '신의 아들(면제)·장군의 아들(방위병)·어둠의 자식(현역)'이라는 냉소적인 유머가 유행한 적도 있었다. 그렇다면 조선시대 사람들은 군대 생활에 대해 어떠한 생각을 가졌을까? 조선시대에도 군대에 복무하는 것을 싫어했을까?

군대 생활의 빛과 그림자

조선시대의 군대 생활은 요즈음과 다른 점이 많았는데, 조선시대의 법전인 《경국대전》 등을 중심으로 몇 가지 사항을 살펴보면 다음과 같다.

해남현 전라우수영 《1872년 지방지도》(서울대학교 규장각한국학연구원 소장)
전라도 수군의 최고 군영의 하나인 전라우수영 성안에는 군기고 등 여러 건물이 있고,
성 밖 맨 위에는 긴급한 상황을 불을 피워서 연기로 알려 주는 봉대와 성 밖 아래 바다에
는 전선·병선 등 전함이 설치되었다. 전라우수영 등에 소속된 수군은 조선 전기에 교대
로 1년에 6개월 복무했는데, 수군이 조선 후기에 포(布)나 전(錢)을 납부하는 군인으로 변
질되자 주사군(舟師軍)이 그 역할을 대신하였다.

첫째, 복무 기간이 길었다. 원칙적으로 16~60세까지의 양인 남자는 군역
의 의무를 담당해야 했다. 지금과 비교하면 엄청나게 복무 기간이 긴 셈이
다. 2021년 현역병의 경우 병영에서 18~21개월 정도의 기간을 계속 근무
한 후 제대하지만, 조선시대는 1년에 2~6개월 정도 복무한 후 교체되었으
나, 너무나 오랜 세월에 걸쳐 군역 부담을 감당해야만 했다. 그렇기에 군대
복무는 괴로운 의무로 간주되었다.

둘째, 국가에서는 일반 군인에게는 대부분 월급을 제공하지 않았다. 조선

시대에는 직접 군사 활동을 수행하는 정군(正軍)에게 보(保: 정군을 재정적으로 도와주는 사람으로, 봉족이라고도 불렀다)를 병종(兵種)에 따라 달리 지급하였을 뿐, 정부는 일반 군인에게 별도의 급료를 주지 않았다. 따라서 임진왜란 중 훈련도감이라는 군대가 생기기 전까지 하급 군인은 월급이 없었다. 2021년 현역 사병에게는 이병부터 병장까지 약 45만 9,100원에서 60만 8,500원의 월급이 제공되는 것과는 달리, 조선시대 대부분의 하급 군인은 정부로부터 직접적인 혜택을 전혀 받지 못하였다. 그저 군역 담당자들 상호 간의 부조에만 의존해야 하는 실정이었다.

셋째, 조선시대의 군인은 종종 자신이 사용하는 무기나 복장을 스스로 마련해야 했다. 몇 년 전인가 현역인 아들을 둔 부모에게 당신의 아들이 무기를 잃어버려 감옥에 갈 위험에 처했으니 돈을 부치라고 사기를 친 사건이 있었다. 물론 요즈음 군대는 국가에서만 무기를 지급할 뿐이어서 설사 무기를 잃어버렸다고 하더라도 돈으로 무기를 사서 보충할 수 없는 것이 사실이다. 그러나 조선시대에는 군사 지휘관에게 무기나 복장 등을 검열받을 때 처벌을 피하기 위해 실제로 군인 스스로가 돈을 마련하여 그런 물품을 구입한 경우가 종종 있었다. 1657년(효종 8) 《효종실록》의 기록은 이러한 사례의 하나이다.

군대의 장비가 조금이라도 정밀하고 예리하지 못하거나 군복이 조금이라도 깨끗하지 못하면, 영장(營將)이 순시를 하다가 심하게 매를 칩니다. 때문에 혹 소나 말을 전당 잡히거나 혹 전답을 팔아서 병장기·군복·군량 등을 마련합니다.

위의 기록은 지금의 연대장에 해당될 조선 후기 영장이 속오군을 점검할 때 무기나 군복이 불량하면 처벌을 심하게 하였으므로, 속오군이 무기나 군복을 스스로 마련하기 위해 가산을 탕진하는 폐단을 지적한 것이다. 한편 조총과 같은 비싼 무기를 자신의 돈으로 구입한 군인에게는 국가에서 조세 등을 면제해 주는 혜택을 주기도 하였는데, 이를 통해서도 조선시대 군인은 요즈음과는 달리 군인 스스로가 무기나 복장 등을 마련하기도 하였음을 알 수 있다.

넷째, 조선시대의 군대는 대체로 신분에 따라 다양하게 편성되었다. 양반의 군대로 볼 수 있는 갑사·별시위·내금위·충의위·충찬위·충순위·도성위·호익위 등이 있고, 일반 양인은 정병, 그리고 천인은 잡색군이나 속오군 등에 편성되었다. 물론 시대에 따라 폐지 또는 신설되는 군대가 있었으므로, 앞의 구분이 조선시대 모든 시기에 해당되지는 않았다.

한편 조선시대의 군대는 신분에 따라 편제된 까닭에 각각에 대한 차별 대우가 존재하였다. 양반의 경우 군대 복무와 관료로의 진출이 동시에 보장될 수 있는 특전이 부여되었다. 임진왜란 중에 지방 군사력을 강화시키기 위해 창설된 속오군은 실제로 훈련을 받고 전투에도 참여하는 부대였으나, 천인이 주축을 이룬 까닭에 대우가 보잘것없었다. 그렇지만 과거와 달리 천인이 국가에 의해 인격을 갖춘 존재로 인정받아 국가의 통제 대상이 되었다는 점

《정조의 화성행차》 중 마대(국립중앙박물관 소장)
장용위 오마대(五馬隊)는 정조의 어가를 호위하는 임무를 담당하였다. 마대(마병)는 활과 화살통을 지니고 있다는 점에서 활이 주요한 무기임을 알 수 있는데, 군인의 시재(試才)에서 대표적인 종목이 활쏘기이다.

과 군공(軍功)이나 시재(試才)를 활용하여 속오군에 편성된 천인은 신분 변동의 기회를 보다 많이 갖게 되었다는 점 등에서 사회사적으로 중요한 의미를 지닌다.

다섯째, 조선 후기에는 군역을 지는 자에게 세금을 거두어서 국가재정을 확보하려 하였다. 그러나 국가재정을 확보하기 위한 가혹한 수취는 군정의 폐단을 초래하여 전정·환곡 등과 함께 조선 후기 일반 백성의 몰락에 중요한 원인이 되었다.

이처럼 조선시대의 군대는 현재의 군대와는 많은 차이가 있었다. 양반은 군대 생활로 관료로 진출하는 특전을 얻었지만, 군인의 대다수를 이루는 일반 양인들에게 군대 복무는 감당하기 힘든 고된 생활이었다. 양인들은 군대 복무 기간이 길고, 하급 군사에게 월급이 제공되지 않았고, 종종 군인 스스로 무기나 복장을 마련함으로써 군인의 경제적 부담이 심했다. 또 신분에 따라 군대 편성이나 처우가 달랐으며 군역 담당자가 군역세를 내야 했기 때문이다. 이런 까닭으로 조선시대의 군인들은 공식적으로 군역에서 면제되는 것과는 별도로 온갖 편법을 동원하여 병역을 기피하려 하였다.

공식적인 군역 면제의 사유

《경국대전》《대전회통》을 비롯한 조선시대의 법전에는 군역 면제(군대 면제)의 사유가 규정되어 있는데, 병무청 홈페이지(http://www.mma.go.kr) 등의 현행 병역법(2021년)과 그 내용을 도표로써 간략히 비교해 보면 아래와 같다.

조선시대와 현대의 군역 면제 사유

	조선시대	2021년
군역이 면제되는 나이나 기간	• 만 60세 (45년간 군역을 담당하는 것이 원칙)	• 현역병 중 '육군·해병은 18개월, 해군은 20개월, 공군은 21개월' 복무 후 • 상근 예비역은 18개월 복무 후 • 전환복무 중 '의무경찰은 18개월, 의무소방·해양경찰은 20개월' 후 • 사회복무요원은 21개월 후 • 산업기능요원 중 '현역입역 대상자는 34개월, 사회복무요원 소집 대상자는 23개월' 후 • 전문연구요원은 3년 복무 후
귀화한 외국인	• 군역을 담당한 경우도 있음	• 병역판정검사를 실시하지 않고 전시근로역에 편입(현역, 보충역, 예비군복무 면제) • 현역 또는 사회복무요원의 복무를 원하는 경우 지원 입영 가능
전·공상자 가족의 보충역 편입 및 복무기간	• 전사자의 자손으로 충장위에 소속된 자는 3대에 한해 군역 면제	• 병역판정검사의 현역병 및 사회복무요원 등 징·소집 대상자로서, 부모·배우자 또는 형제자매 중 전몰군경·순직군인 및 상이정도가 6급 이상인 전상군경·공상군인이 있을 경우, 1명을 보충역에 편입시켜 6개월 사회복무요원으로 복무하게 함
시대적 특성을 잘 보여 주는 군대 면제 및 감면 사유	• 불치의 병이나 불구인 부모를 모시거나 70세 이상의 부모를 모신 경우는 아들 중 한 명을, 90세 이상의 부모를 모신 경우는 아들 모두를 면제시킴. 아들이 사망한 경우는 친손자 중 한 명을, 친손자가 없으면 외손자 중 한 명을 면제시켜 줌	• 본인이 아니면 가족의 생계를 유지할 수 없는 사람에 대하여 가족의 부양비율, 재산액, 월수입액이 법령에서 규정된 기준에 모두 해당이 되는 경우 병역감면처분(전시근로역)

도표를 통해 요즈음에 비해 조선시대에는 군역을 마치는 나이가 매우 늦었다는 점을 알 수 있다. 특히 연로하거나 불구·불치의 부모를 모신 자식에게 군역 면제의 혜택을 폭넓게 준 점에서 효 윤리를 강조하는 조선시대의 사회 성격이 잘 나타난다. 반면 요즈음은 부모를 모시고 사는 가족보다는

핵가족이 많고 아이를 적게 낳는 추세로 인해 독자가 많으므로, 독자라든가 노부모를 섬기는 자식에게 혜택을 주기보다는 가족의 생계 곤란 여부와 연관되어 군대 면제가 결정되고 있다. 이러한 측면은 경제력을 중요시하는 현대 자본주의사회의 특성을 잘 반영하고 있다.

이 밖에도 조선시대에는 지랄병·맹인·벙어리·천치·난쟁이·곱사등이·팔다리 중 하나를 쓰지 못하는 등의 불치병에 걸렸거나 불구인 남자, 현직 관료와 관학생(官學生: 성균관 유생, 사학 유생, 향교 생도), 2품 이상의 전직 관리 등은 군역을 면제받았다. 그리고 향교나 향소의 임원·아전 등도 군포 징수 대상에서 제외되었다.

군역 기피

조선시대에 비합법적으로 군역을 기피하는 방법은 다양하였다. 우선 재력이 있는 경우는 '아르바이트 군인'을 고용하여 자기 대신 군대 생활을 하게 하였는데, 이것이 중앙에서 군 복무를 하는 군인에게서 나타나는 '대립(代立)'이다. 대립은 당초 군 복무로 인하여 장사에 지장을 받았던 상인이나 군대 생활을 꺼렸던 부유한 사람들이 자의적으로 시작하였지만, 뒤에는 군대의 지휘관이 강요하면서 대립의 폐단이 한층 심각해졌다. 심지어 대립을 알선하는 '전문 브로커'가 생겨 한 사람이 1년 내내 군인으로 활동하는 일도 있었다. 물론 조선시대에는 사진은 없었지만 군인의 용모와 특징 등을 기록한 파기(疤記)가 있었으므로 군사 지휘관은 쉽게 가짜 군인을 식별할 수 있었는데, 군사 지휘관은 가짜를 묵인해 주는 대가로 돈을 받았다. 따라서 진짜 군인이 오면 돈을 받을 수 없으므로 나중에는 대립을 강요하기까지 하는 현상이 나타났다. 이러한 대립의 폐단은 정부가 지방에서 복무하는 군인에게 금품을 받고 군대를 면제해 주는 방군수포(放軍收布)와 함께 조선 전기의 군역 제도를 동요시키는 중요한 원인으로 작용하였다. 방군수포 현상은 정부로부터 지방 군사 지휘관의 관직에 따른 월급이 제대로 지급되지 않아 일반화되었다.

다음으로 양반으로 신분을 상승시키는 방법이다. 조선 전기에는 양인이면 신분에 관계없이 누구나 군역을 져야 했기에 공경(公卿)의 아들에서 일반 백성의 아들에 이르기까지 학교에 들어가지 못한 사람은 모두 각종 군대에 편성되었다. 하지만 조선 후기에는 양반이 군역에서 빠지게 되어 군역을 담당했던 일반 백성들은 족보를 사거나 위조하는 등 각종 방법을 동원하여 양반으로 신분을 상승시키려 하였다.

그 밖에도 학생이 되면 군역이 면제되는 것을 이용하여 향교의 교생에 모입(冒入)하는 것, 각 읍 향청의 관속·차비(差備)가 되는 것, 감영이나 병영의 군관이 되는 것 등의 방법이 있었다. 아울러 승려

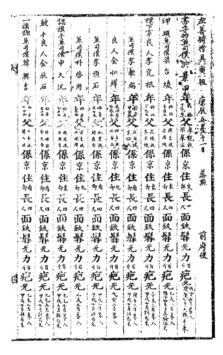

중앙군 선기대 군안(k2-549, 한국학중앙연구원 소장)
조선시대에는 군역 기피를 막으려는 목적 등으로 군안을 작성하였다. 선기대 군안에는 직역, 신분, 성명, 나이, 아버지 이름, 친족 성명, 소속 부대 위치, 거주지, 용모, 군역에 정해진 해, 전속한 해·달·전 소속부대 등이 기재되었다. 선기대는 말 관리 중요성을 감안하여 친족의 성명도 기재한 것으로 보인다.

가 되는 것, 양반가에 종으로 들어가는 것, 향교나 향소의 임원이 되는 것, 서원에 모입(冒入)하는 것 등도 군역을 기피하기 위해 자주 동원되었던 편법이었다.

이러한 군역 기피 현상으로 인해 나머지 군역 담당자들은 더욱 가중된 군역 부담을 지게 되었으며, 이를 감당하지 못해 연쇄적으로 몰락하는 일이 빈번하게 발생하였다. 이러한 사실은 조선시대 대부분의 시기에서 발견되는데, 한 예로 1538년(중종 33)의 《중종실록》에는 다음과 같이 기록하고 있다.

보병이 내는 군포(軍布)는 전에는 한 달에 일고여덟 필 정도였다. 그러나 계속해서 흉년이 들어 곡식이 귀하고 군포의 가치가 떨어지게 되어 전에 비해 열 배까지를 요구하게 되었다. 그 때문에 그 부담을 감당할 수 없게 된 보인(保人)이 도망가면 이어 정군(正軍)도 연쇄적으로 도망가고, 그러면 친척의 친척, 그리고 이웃의 이웃까지 군포를 부담시켰다. …… 그 결과 도망이 계속 이어져 온 마을이 텅 비게 되었다.

그런데 수령은 군역 담당자를 책정된 대로 확보하지 못하면 처벌을 받았으므로 군역 담당자가 도망을 간 경우에도 문서상으로는 있는 것처럼 꾸몄다. 따라서 도망자의 친족은 물론이고 이웃 사람에게까지 군역 책임을 전가하는 족징·인징 외에도, 어린아이·죽은 사람·예순이 넘은 사람 그리고 한 사람에게 이중 또는 삼중으로 군역을 부담시키는 등 폐단이 심해지면서 군역 담당자의 몰락은 한층 가속화되었다.

이렇게 군역 담당자들의 군역 기피가 다양하게 전개됨으로써 남아 있는 군역민의 고통이 가중되고 국가재정의 확보에도 어려움이 발생하는 등 군역의 폐단이 심화되자, 정부는 이러한 문제점을 시정하기 위한 여러 대응책을 추진하였다. 즉 정부는 호패법을 실시하여 도망가거나 군역을 지지 않는 자의 색출에 나서고, 승려가 되는 것을 억제하기 위해 도첩제를 실시하고, 교생에 대한 고강(考講)을 통해 군역을 피해 향교의 학생이 된 자를 색출하려고 했다. 아울러 영장을 활용한 토호 통제를 통해 역이 없는 장정을 군역에 편성하고, 군역세의 부담을 낮춰 지방관청에 군인이 편입되는 것을 방지하고, 일반 양인에 대한 군역 부담을 줄이기 위해 천인을 군역에 동원하는 등의 정책을 시행하였다. 하지만 실학자들의 주장처럼 토지개혁을 통해 군인에게 토지를 제공해 줌으로써 군인의 생활을 안정시키거나, 조선 후기에 수가 크게 증가하고 있었던 양반에게 군역을 부담시키는 등의 근본적인 군역 기피 방지책을 시행하지는 못하였다. 따라서 조선 후기에 이르러 군역 기피는 남아 있는 군역 담당자의 부담을 가중시켜 전정·환정 등의 폐단과 함께 일반 백성의 몰락과 항쟁을 야기시키는 주요한 원인으로 작용하였다.

스스로 군인이 된 사람들

군대 생활이 그토록 고됨에도 조선시대 동안 자발적으로 군인이 된 사람들이 없지는 않았다.

조선 전기에는 양반으로 편성되는 군대를 제외하면 이러한 군인이 매우 적었지만, 팽배(彭排)와 대졸(隊卒) 등에 소속된 군인이 바로 그러한 사람들이었다. 팽배와 대졸은 힘이 좋은 일반 양인 장정이 시험을 보아 들어갈 수 있는 군대로서, 무예를 익힐 시간적·경제적 여유가 없는 일반 양인이 하급 무관직으로 진출할 수 있는 유력한 수단이었다. 비록 팽배와 대졸이 자주 각종 토목공사에 동원된 탓에 점차 기피 대상이 되어 그 정원을 채우기가 쉽지 않았지만, 1475년 군인 총수 14만 8,449명 가운데 이들의 정원은 약 8,000명이었다.

임진왜란이 일어난 뒤 설치된 훈련도감은 가난한 장정들에게는 그런대로

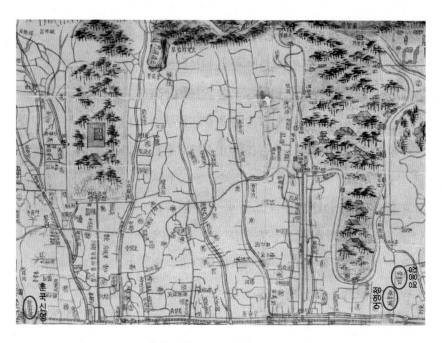

훈국신영(訓局新營)·어영청·장용영, 《도성도》, (古軸4709-3, 서울대학교 규장각한국학 연구원 소장)
훈국은 훈련도감을 일컫는데, 임진왜란 때 일본군을 격퇴하려고 조총(포수) 중심으로 삼수병을 육성하기 위해 설치되었다. 왼쪽 맨 아래 경희궁의 정문인 흥화문 바로 오른쪽에 훈국신영이 위치하였으며, 훈국신영의 오른쪽 바로 옆에 비변사가 있다. 오른쪽 맨 아래에 동부가 기록되었는데, 동부의 왼쪽 조금 위에는 훈련도감·금위영 등과 함께 도성을 방어하는 어영청이 설치되었다. 한편 어영청의 오른쪽 바로 위에는 정조 대 국왕의 친위 부대인 장용영 내영이 위치했는데, 후에 헌종 대의 총위영과 고종 대의 무위소 본영도 장용영 내영과 같은 장소에 설치되었다.

좋은 일자리였다. 전란이 1년 남짓 진행되어 소강 상태로 접어든 국면에서 하루에 쌀 두 되씩 지급하겠다는 조건을 내걸고 훈련도감군을 모집하자 당장의 끼니를 잇기 어려운 서울의 빈민들이 곡식을 얻기 위해 다투어 몰려들었다. 이들 가운데에는 노비 신분 장정도 많았으나 정부도 신분을 가려 뽑을 형편이 못 되어 모두 군인으로 삼았다.

그러나 식량문제 등 임진왜란 초기의 혼란이 극복되고 점차 민생이 안정되자, 훈련도감군은 직업군인으로서 계속 장기적으로 복무해야 되고 지휘관에 의한 혹사 등도 심하였던 탓에 반 가까이 도망하게 된다. 아울러 백성들이 새롭게 훈련도감군에 지원하는 일도 기피하고, 노주(奴主)가 훈련도감에 편성된 자신의 노를 살해한 것을 계기로 개인의 노를 훈련도감군으로 편성시킬 수 없었으므로 훈련도감은 안정적으로 군인 수를 유지하기 힘들었다.

이에 정부는 한편으로는 여러 가지 포상 규정을 마련하고 특히 하급 무관으로 진출할 수 있는 통로를 열어 주는 등 처우를 개선하고, 다른 한편으로는 도망 군인에 대한 처벌을 강화하고 훈련도감에 편성될 군인을 각 지방에 할당하는 등의 방법을 활용하여 훈련도감군을 안정적으로 확보하려 하였다.

한편 조선 후기에도 군인의 대다수는 여전히 의무적으로 군대 생활을 하는 군인들이었다. 그렇지만 시간이 흐를수록 실제 군대 생활을 하는 군인에 비해 군포만 내는 군인의 비중이 커져 갔다. 18세기 중엽 균역법이 시행되기 전에는 어떤 부대 또는 관청에 소속되는가에 따라 군포의 부담이 달라서 부담이 적은 쪽을 찾아 몰려드는 현상도 벌어진 바 있다. 또 이들은 번을 나누어 복무했기에 실제 근무자도 매우 적었다. 이에 따라 직업군인인 훈련도감군이 서울에서 실제 근무하는 군인의 대부분을 차지하는 상황이 전개되었다. 이 시기에는 화약 무기의 중요성이 크게 높아졌으므로 훈련도감의 군인처럼 1년 내내 근무하는 군인이라야 화약 무기를 능숙하게 다룰 수 있었다. 따라서 숫자나 전투 능력에서 훈련도감군이 중앙 군대의 핵심 역할을 담당하였다. 더욱이 갑오개혁을 거치면서 종전의 군대가 폐지되고 새롭게 창설된 중앙군과 지방군은 모두 직업군인이었으므로 조선 말기에는 직업군인이 군대의 주축을 이루게 되었다.

서태원 _목원대 교수

청나라에 간 조선 시녀들, 조선판 공녀였을까

장정수

병자호란과 조선 여성들의 고초

역사 이래로 전쟁은 정치적 역학 관계의 변화와 함께 경제·사회적 피해를 수반했다. 전장이 된 지역이나 전쟁에서 패배한 국가는 그러한 피해를 고스란히 떠안았다. 전쟁의 영향은 사회적 약자인 여성들에게도 크게 미쳤다. 전쟁을 치르는 과정에서 수많은 성범죄가 발생했을 뿐만 아니라 패전국 여성들은 포로나 공녀(貢女)라는 명목으로 갖은 수모를 겪어야 했다.

만주족이 조선을 침입한 병자호란 때도 마찬가지였다. 전쟁 기간 동안 무수한 여성들이 능욕을 당했고 절개를 강요받아 죽음으로 내몰리기도 했다. 전쟁 이후에는 수많은 여성들이 포로가 되어 청나라로 끌려가 고초를 치렀으며 우여곡절 끝에 본국으로 돌아오더라도 여성들을 맞은 것은 환대가 아닌 멸시였다. 그들은 절개를 잃었다는 이유로 남편에게서 버림받았을 뿐만 아니라 사회적으로도 외면받았다. 열녀(烈女)를 기리는 사회적 분위기 속에서 이른바 '환향녀'들이 설 자리는 없었다. 그 밖에도 고향으로 도망쳐 온 여성들을 납치하는 불량배들의 범죄 행각도 연일 중앙 조정에 보고되었는데,

피해 여성 중에는 비교적 신분이 높은 사족도 적지 않아 사회적 문제로 대두되었다.

전쟁 이후 정치적 우위를 점한 청나라의 요구도 갖가지였다. 가장 먼저 문제가 된 일은 청나라 사신들의 기생 요구였다. 고위의 사신뿐만 아니라, 그들을 따라온 하인들도 기생을 요구하여 반감을 자아냈다. 조선의 기생 대부분이 그들에 대한 수발을 거부하자 이는 외교적 현안으로 떠올랐으며 죽음으로 항거하는 이들도 있었다. 결국 한성에서는 청나라 사신을 접대하기 위해 의녀(醫女)를 동원하는 일마저 있었다.

청나라에서는 화친을 돈독히 한다는 명목으로 만주 관료들과 혼인할 조선 고위 관료들의 딸을 요구하기도 했다. 이 사안은 전쟁 직후의 정축약조에 명시된 것이기도 했는데 조선의 적극적인 지연 전략에 힘입어 유야무야되었다. 다만 1650년(효종 1) 청나라의 요구에 못이겨 국혼을 성사시켰는데, 종실 이개윤(李愷胤)의 딸을 국왕의 양녀로 삼아 의순공주(義順公主)라 부르며 청나라의 황부섭정왕(皇父攝政王) 도르곤에게 시집보냈던 것이다.

혼인 문제와 더불어 청나라는 황궁에서 부리겠다는 명목으로 시녀(侍女) 수십 명을 요구했다. 조선은 이 문제에서도 여성들을 선발하고 교육시켜야 한다면서 시일을 지연시켰지만, 청나라의 등쌀에 못 이겨 1638년(인조 16) 열 명의 여성을 청나라로 보내야 했다. 시녀 문제는 1643년(인조 21)에 청나라 황제 홍타이지가 조선의 각종 부담을 줄여 주면서 아울러 '면제'시켜 주었지만, 효종(재위 1649~1659년) 대에 다시 국혼과 관련된 시녀 요구가 있었다.

청나라의 두 번째 시녀 요구는 의순공주의 혼사와 연동되었다. 논란 끝에 열 여섯 명의 시녀가 의순공주와 함께 청나라로 떠났다. 의순공주를 수행할 인원으로 유모, 여의(女醫), 내관, 역관 등이 함께 갔다. 이때의 시녀들은 명목상 공주를 배행한다고 했지만 대부분은 청나라에서 혼인했다. 도르곤은 의순공주와 시녀들의 용모에 불만을 표하면서 다시 시녀를 요구했고, 조선에서는 이전보다 많은 공을 기울여 시녀들을 엄선하여 보냈다. 그러나 조선에서 출발한 세 번째 시녀들은 북경으로 향하던 중 도르곤이 사망하자 돌아가라는 지시를 받아 귀국할 수 있었다.

┃ 도르곤 초상화

이렇게 청의 조선 시녀 요구는 인조와 효종 대에 걸쳐 3차례 있었다. 그 가운데 실제 파견된 1~2차 시녀 스물 여섯 명은 청나라에서 생을 마감했던 것으로 보인다. 예외적으로 의순공주는 귀국할 수 있었다. 도르곤이 죽은 뒤 의순공주는 호쇼이 친왕 볼로에게 재가했는데 그 역시 1년 만에 사망하자 한동안 과부로 지내다가 1656년(효종 7) 조선으로 돌아와 6년 뒤 한 많은 인생을 마감했다.

시녀는 어떤 여성들이었을까

병자호란 이후 청에 갔던 시녀들과 의순공주는 대체로 공녀(貢女)로 소개되고 있다. 공녀란 말 그대로 공물로 바쳐진 여성을 의미한다. 이 때문에 '공녀'는 한국과 중국의 '조공체제'라는 관점 안에서 이해되기도 한다. 그러나 공녀의 발송은 주로 관계가 불안정한 시기에 진행되었던 만큼 '공녀'를 '조공'의 일환으로 보기는 어렵다. 도리어 공녀 발송은 공식적인 외교체제의 이면에서 발생한 내밀한 사안에 가까웠다. 시녀들은 사신이 아닌 별도의 내관이 인솔해 가는 별행(別行)인 경우가 대부분이었고 명이나 청에서도 이를 역사의 전면에 드러내기를 꺼렸다.

일반적으로 공녀라 하면 고려시대 말, 흔히 '원간섭기'로 불리던 시기에 몽골로 갔던 여성들을 지칭한다. 발송의 횟수나 규모 면에서 압도적이었고 몽골로 간 공녀들 가운데 원나라에서 권력의 정점에 도달했던 기황후(奇皇后) 등의 유명한 사례가 있기도 했다. 고려에 남은 기황후의 친족들조차 그 후광에 힘입어 본국에서 상당한 권력을 남용했던 점도 잘 알려져 있다. 그러나 대다수의 고려 공녀들은 가족과 헤어져 타국에서 온갖 고초를 겪으며 살았을 것이다.

조선도 건국 이후 명나라에 공녀를 보냈다. 조선 초기의 공녀들은 출신 성분이 다양했으며 그 수도 백여 명을 훌쩍 넘었다. 이들의 처지 역시 고려 공녀와 크게 다르지 않았겠지만 간혹 권현비(權賢妃)처럼 명 황제의 총애를 독차지한 경우도 있었고, 대신들이 자신의 누이를 공녀로 보내려고 했던 사례도 보인다. 이 시기의 공녀 문제는 조선과 명의 관계가 정상적인 궤도에 오른 뒤 곧 사라졌다. 조선 초기 공녀들 가운데에는 상당한 지위를 획득하여 나름 성공한 사례도 있었지만 모든 여성이 그러한 삶을 살지는 못했다.

병자호란 이후 청나라의 혼인 및 시녀 요구도 공녀와 유사한 성격을 띤 사안이었다. 차이가 있다면 전자는 정축약조에 명시된 사안인 반면, 후자는 청에서 '명나라의 옛 사례'를 들어 요구해 왔다는 점이다. 다시 말해 청은 조선이 과거 명나라에도 공녀를 보냈던 점을 근거로 시녀를 요구해 왔던 것이다. 따라서 시녀 문제는 종래의 공녀와 같은 맥락에서 제기된 것이라고 볼 수 있다.

그런데 시녀를 선발하는 과정에서 드러난 논의 내용이나 실제로 뽑힌 여성들에게서는 선뜻 이해하기 어려운 점들이 발견된다. 먼저 공녀 선발을 위해 고려는 결혼도감(結婚都監)이라는 관청을 설치했다. 조선 초기에는 진헌색(進獻色)이라는 별도의 기구가 마련되었다. 그러나 청에 대한 시녀 문제는 별도의 관청을 두기보다 비변사의 구관당상이 전담했다. 효종 대에는 의순공주의 혼사와 관련한 혼례도감(婚禮都監)에서 시녀 문제를 아울러 담당했다. 그러나 청에 보낼 시녀 간택에 대한 실질적인 책임은 각 도의 관찰사들에게 있었다.

다음은 시녀의 인원수였다. 청에서도 시녀의 수를 미리 정하기보다는 조선의 의중을 파악하고자 했다. 그러나 조선의 태도는 몹시 소극적이었다. 시녀 요구에 난색을 표하던 조선 국왕 인조는 결국 두 명을 거론했다. 이때 청나라에서 명나라의 옛 사례를 언급한 점을 역이용하여, 명에 보낸 공녀도 두 명이었다고 강조한 사실이 흥미롭다. 시녀 수에 대한 논쟁은 한동안 지속되었는데 조선 출신의 청나라 사신 정명수가 제시한 열 명으로 일단 조율을 보았다. 조선의 소극적인 태도에 화가 난 청나라 사신은 각 도에서 세 명씩 총 스물 네 명을 마련하라고 못을 박았다. 그러나 조선에서는 각 도에서 한 명씩 선발하겠다는 의사를 굽히지 않았고 결국 두 명을 더하여 열 명을 채워서 보냈다. 이에 대해 청이 반발하였지만 이 일이 추가적인 시녀 요구로 이어지지는 않았다. 2차 시녀는 처음부터 열 여섯 명을 기준으로 마련되었고 중도에 귀국한 3차 시녀는 주로 양계(兩界) 지역 여성들로 구성된 점 외에는 정확한 사정을 알기 어렵다.

연령에도 문제가 보인다. 대개 공녀는 '나이가 어린 처녀'로 여겨진다. 고려시대에 공녀 선발로 인해 딸을 무척 어린 나이에 시집보내는 조혼(早婚)이 성행했다는 사실은 잘 알려져 있다. 그런데 청나라에 간 시녀들은 나이가 비교적 많았다. 1차 시녀는 열 명 모두의 정보가 확인되는데, 15세부터 24세까지 다양한 연령으로 구성되었다. 10대는 네 명, 20대는 여섯 명으로 평균 연령은 19.4세였다. 교섭 과정에서 사안의 성사에 매달린 청나라 사신 정명수가 20~30세의 여성도 가능하다고 말했던 점을 보면, 어느 정도 신경을 썼다고 해석할 수는 있다. 그러나 훗날 청에서는 시녀들의 나이가 많다고 질책했으며, 2~3차 때의 선발에서는 연령 부분이 좀 더 고려되었다. 이후 2차 시녀들도 나이가 많다는 질책을 받자 3차 때는 아예 '17세 이하'로 나이 기준을 정하기도 했다. 연령을 제한한 3차 시녀의 선발 과정에서 해당 지역에 조혼 현상이 만연했다는 언급이 보이는데, 이는 이전까지의 시녀 선발에서 나이가 어린 여성을 선발하는 데 굳이 힘쓰지 않았음을 반증한다.

가장 큰 문제는 신분과 용모였다. 조선에서 시녀 선발을 두고 고심한 부분은 신분이었다. 청 사신들은 양인 여성을 요구했다. 명목상 시녀라고 하지만, 양국의 혼인 문제와 연관된 사안임을 조선도 모르지 않았다. 따라서 조선은 시녀 문제를 두고 한동안 주저했다. 결국 조선은 기생과 관비(官婢), 시비(侍婢)들을 시녀로 충원하게 된다.

선발된 시녀들은 대부분 용모가 아름답지 못했다. 각 도의 관찰사들이 보낸 시녀들을 살핀 중앙 조정에서도 이 점을 지적하며 해당 여성의 출신 지역 관찰사를 추고(推考)했다. 1차 시녀는 물론 2차 시녀들도 용모가 아름답지 못하다는 청의 질책을 받았으며, 의순공주 역시 그러하여 도르곤이 크게 실망했다는 기록이 보인다.

이처럼 조선 시녀의 발송 문제는 종래의 공녀와 비슷한 맥락에서 제기되었지만 강대국의 강요에 따른 약소국의 굴종이라는 단순한 구조로 진행되지 않았다. 조선 시녀들은 신분이 천하고 대부분 나이가 많았을 뿐만 아니라 용모가 아름답지 못하다는 평가를 받았다. 그뿐만 아니라, 훗날 시녀 가운데 출산 경험이 있는 여성이 포함되었다는 사실이 밝혀지기도 했다. 또 청에서 스물 네 명을 보내라는 지침을 알려왔음에도 여덟 명에 두 명을 더하여 총 열 명을 보내는 데 그쳤다. 효종 대에는 이보다 좀 더 적극적이었지만, 3차 시녀가 '미모를 갖춘 어린 여성'에 대한 추가적 요구였음을 감안하면 역시 순종적인 자세로 본 사안을 처리하지 않았음을 짐작할 수 있다.

특히 효종 대 2차 시녀의 신분 문제가 흥미롭다. 청에서 아버지가 천인이 아닌 여성을 선택하라고 지시했고, 이에 따라 어머니가 천인인 여성을 시녀로 채웠던 것이다. 아버지나 어머니의 신분에 따라 자식의 신분이 결정되는 것은 조선시대 내내 번복되면서 변화해 온 사안이다. 그러나 적어도 법제적으로 부모 가운데 한 쪽이 천인이면 그 소생도 천인이었다. 조선은 이 점을 활용하여 2차 시녀들도 천한 신분의 여성으로 충원했다. 양국의 상이한 인식이 가져오는 허점을 적극적으로 활용한 나름의 기지가 돋보이는 대목이다.

병자호란 이후 청의 거센 정치적 압박을 받던 조선은 이런 방식으로 교섭을 이어갔다. 무리한 요구에 대해서는 전쟁으로 인해 국가가 파탄에 이른 상황을 강하게 피력하는가 하면, 군사 요구에 대해서는 조선군이 얼마나 약체인지를 거듭 강조했다. 또 소현세자를 비롯한 인질 사안이나 피로인을 돌려받는 문제에서는 인정을 내세워 감정에 호소했다. 조선의 교섭 방식이 늘 유용하지는 않았지만 청에서도 강경책으로 일관하기 곤란하게 만드는 효과가 있었다. 약한 속국에 '자소(字小)'하는 행위야말로 황제의 미덕이었으며 명과의 전면전에 돌입한 마당에 언제든 그들과 연계할 수 있는 조선에 대한 회유책을 병행하지 않을 수 없었던 것이다.

청의 시녀 요구와 조선의 대응

병자호란 이후 청은 조선에 다양한 요구를 해왔다. 이러한 요구 사항들은 이른바 정축약조로 구체화되었다. 정축약조에는 철산 앞바다의 가도(假島)에 주둔하던 명군을 공격하기 위한 군대 파견 및 향후 명을 정벌하는 군사 작전에 동참할 것을 요구하는 '조병(助兵)' 사안, 세자를 포함한 조선 국왕의 두 아들 및 삼공육경의 아들이나 조카 혹은 동생을 인질로 삼는 문제, 전쟁 포로가 된 조선인과 조선에 귀화한 여진인들을 찾아서 송환하는 문제, 구체적인 세폐의 물목과 액수 규정, 성곽을 건설하거나 수리하지 말라는 조항, 양국 대신들 간의 혼인을 통해 화호(和好)를 굳힐 것을 요구하는 규정, 청과 일본의 관계를 중개하라는 규정 등이 포함되었다.

이 밖에도 청의 추가적인 요구가 있었다. 대표적으로 홍시·곶감·배와 같은 과일 진상을 들 수 있고, 사냥에 쓸 매와 개, 닥나무와 같은 약재, 다양한 한문 서적 등을 요구했다. 이러한 부수적 요구는 주로 내관을 통해서 처리되었다. 청의 시녀 요구는 이러한 '추가적 요구'의 하나였다.

청의 시녀 요구는 사신이 아닌, 심양에 머물던 소현세자 혹은 그를 배종하던 관료들에게 먼저 전해졌다. 1637년(인조 15) 9월 5일, 청나라의 조선통이라 할 수 있는 잉굴다이, 마푸타가 와서 처음으로 이 문제를 꺼내들었다. 잉굴다이 등은 조선에서 명나라 황제에게 공녀를 바쳤던 전례를 들어 어째서 자발적으로 여성을 헌상하지 않느냐고 따졌다. 소현세자를 모시던 조선 배종재신은 "그런 적이 있지만 온당치 않은 일이기에 금세 그만두었다.", "여자는 바치는 물건이 아니고 황제의 분부도 없다." 면서 반발했다.

오래지 않아 조선 조정에서도 배종재신의 장계를 통해 이 사실을 알게 되었다. 당시 청나라에 사신으로 파견될 예정이었던 최명길은 '비록 약조에 없는 내용이지만 황제의 의사일 것'이라며 문제가 커지기 전에 서둘러 여성들을 선발하자고 제안했다. 이때 최명길은 혼인과 조병 문제를 함께 거론했는데, 여성을 바치는 문제는 사안의 경중에 있어 우선 순위에서 밀려 깊이 있는 논의가 전개되지 않았다.

시녀 문제는 병자호란 이후 청의 첫 번째 공식 사신을 접대하는 문제를 논의할 때 재론되었다. 조선은 미리 칙사와의 문답에 대비하여 모범답안을 만들기로 했다. 이날 비변사는 주회인(走回人) 문제, 명나라 사람과 몰래 접촉한 문제, 일본과의 통교를 중개하는 문제, 병자호란 직전 산성으로 소개한 평안도와 황해도의 행정체제를 복구하는 문제 등과 더불어 약조에 명시된 혼인 문제, 헌녀(獻女) 문제에 대비했다. 이 중에 혼인은 명나라에서도 전례가 없었던 점을 들어 거부 의사를 우회적으로 밝히고, 헌녀 요구에 대해서는 비록 전례가 있지만 따를 만한 일이 아님을 피력하기로 했다.

같은 해 11월 드디어 잉굴다이·마푸타·다이윤 등 청의 칙사들이 한성에 도착했다. 이들은 인조를 조선 국왕으로 책봉하는 청 황제의 칙서와 인신·고명을 전달하기 위해 파견된 사신이었다. 그러나 이들은 곧 여러 가지 요구 조건을 제시한다. 청 사신은 연회석상에서 여진인을 색출하여 송환하는 문제, 한인을 붙잡아 보내는 문제, 본국으로 도주한 조선인을 돌려보내는 문제, 말을 훔친 사람을 치죄하는 문제, 예전에 포로가 되었던 조선인 가운데 통사나 사환으로 활동하며 달아난 자들의 송환 문제 등 다섯 가지 사안을 거론했고, 국왕 인조가 궁궐로 돌아간 뒤에는 사신 접대의 책임을 맡은 관반에게 혼인과 시녀를 요구했다.

청 사신이 혼인 사안과 함께 시녀 사안을 공식 거론한 1637년 11월 22일 인조실록 기사(국사편찬위원회)

조선 조정에서는 갑론을박이 펼쳐졌다. 인물 송환 문제는 이전부터 지속적으로 진행되던 사안이었지만 혼인과 시녀 문제가 공식석상에서 제기된 것은 처음이었다. 조선은 이 두 가지 문제 중 하나라도 면제를 받고자 했다. 혼인 문제를 극력 막아야 한다는 의견이 있었는가 하면, 시녀 문제는 약조에 없으니 면할 수 있다는 의견도 있었고 모두 들어줄 수밖에 없다는 의견도 있었다. 오래지 않아 혼인은 여섯 명, 시녀는 여덟 명을 기준으로 추진한다는 방침은 정해졌지만 모두 수용하기 어려운 요구였던 만큼 조선은 사안의 처리를 지연시키면서 대청황제공덕비, 즉 '삼전도비'의 건설 문제로 주의를 돌렸다. 칙사는 돌아가는 길에 스물 네 명의 시녀를 마련하라고 일러두었지만, 조선에서는 여덟 명을 고수했다.

시녀 문제는 해를 넘겨 계속되었다. 청 사신이 돌아간 뒤, 같은 시점에 청에 사신으로 갔던 최명길을 통해 '조병'을 면제받았다는 희소식이 전해졌다. 조선은 가장 부담스러운 현안이 원활히 해결된 것으로 보고 신경진을 사은사로 파견했다. 하지만 청나라에서는 조병을 영구히 면해 준 것이 아님을 분명히 하고 도리어 조선이 요구 사항을 이행하는 데 적극적이지 않다고 질책했다. 이때 청나라에서는 신경진이 시녀들을 데리고 올 것이라 기대하고 있었다.

시녀와 혼인 사안에서 지연 전략을 사용하던 조선은 크게 놀랐다. 어쩌면 조선은 여러 가지 사안에서 상당히 낙관을 하고 있었는지 모른다. 사실 청은 조선이 여전히 명과 밀통하고 있다고 의심하고 있었다. 그런데 조선은 조병과 인질 조항의 면제를 거듭 요청하는가 하면 인물 송환이나 혼인·시녀 등의 민감한 사안에 대한 별다른 이행 조치가 없었다. 게다가 그 무렵 조선인들이 변경을 넘어가 인삼을 캐는 사건이 연달아 발생하여 청나라의 심기를 자극하고 있었다. 조선은 신경진의 사행을 통해 청의 내부 분위기를 파악했다. 이에 따라 여러 외교 현안의 처리를 서둘렀고, 1638년(인조 16) 8월에 시녀들을 발송하기로 결정했다. 결국 열 명의 조선 시녀들은 내관 백대규의 인솔하에 심양으로 가게 된다.

이상에서 보았듯이 병자호란 직후 조선은 혼인과 시녀 문제에서 소극적으로 대응했다. 두 가지 사안 모두 여성과 관련된 민감한 사안이어서 굳이 자발적으로 실행할 이유가 없었다. 그러나 청의 의심과 압박이 가중되자 조선의 지연 전략은 실패로 돌아갔다. 혼인 문제는 어느 순간 논의에서 사라졌는데 청에서 이를 더 이상 강요하지 않았고 조선도 굳이 이 사안을 먼저 꺼내들지 않았다.

여기서 주목해야 할 사실은 청 측에서 조선 시녀들의 나이와 용모, 신분에 강한 불만을 표시하면서도 더 이상 이 문제로 압박을 가하지 않았다는 점이다. 아마도 명과의 전쟁에 본격적으로 돌입한 상황에서 청나라도 적정선에서 묵인하는 대신 군사적 협력을 얻어내는 데 전력하고자 했던 것 같다. 조선군을 불러들이는 마당에 그들의 반감을 계속해서 자아낼 필요가 없었던 것이다. 명의 가장 믿을 만한 우방이었던 조선의 군대가 청과 합세하여 명에 대적한다는 일 자체만으로도 큰 전략적, 심리적 효과를 거둘 수 있었기 때문이다. 이 점은 명과의 전쟁에서 확실한 승기를 잡은 이후, 조선의 각종 부담을 줄여 주면서 시녀 사안을 면제한다고 공식적으로 천명한 점을 통해서도 짐작할 수 있다.

조선의 정치적 셈법과 시녀 발송

조선이 태도를 바꾸어 시녀의 발송을 전격적으로 추진했던 이유는 따로 있었다. 결론부터 말하자면 청의 환심을 사려는 행위의 일환이었다. 조선이 각종 과일 요구, 매와 개에 대한 요구 등을 적극적으로 따라 준 것과 일맥상통한다. 물론 조선에서도 여성은 물건이나 짐승이 아님을 강조하며 불편한 감정을 숨기지 않았다. 다만 조선의 소극적 태도에 대한 청의 의심과 질책이 임계점에 다다랐음을 절감하자 모든 사안을 거부할 수는 없게 되었다.

결국 조선은 사안의 경중을 구분하고 '들어줄 만한 사안'은 들어주기로 했다. 그래야만 '도저히 따를 수 없는 요구'에 대응할 만한 명분을 확보할 수 있을 것이었다. 시녀의 발송이 임박했을 무렵 "종사를 온전히 하고 동궁(東宮)을 돌아오게 하며 군사 징발을 면하는 일에 전념하고 다른 일은 돌아볼 겨를도 없다." 라고 한 최명길의 발언은 이러한 분위기를 잘 보여 준다. 조선은 명을 공격하는 데 동참하라는 청의 조병 요구에 대응하고 소현세자를 비롯한 인질들의 안위와 조기 환국을 도모하기 위해서 다른 소소한 사안들을 가급적 들어주어야 했다.

앞에서 보았듯이 조선이 청의 시녀 요구에 무조건 순종적인 것은 아니었다. 수효를 두고는 청의 무리한 요구를 거부했으며, 양인 대신 신분이 낮은 여성들을 선발함으로써 내부적 반발도 최소화했다. 갖가지 이유를 들어 시녀 요구와 혼인 요구를 아울러 지연시켜 왔지만, 청의 조병 요구가 닥쳐 오고 명과의 밀통을 의심받는 상황에서 향후 교섭에서 대응할 여지를 만들려면 몇 가지 요구만큼은 따라야 했다.

시녀 요구에 대한 수용은 어느 정도 효과가 예상되었다. 다양한 조항으로 이루어졌지만, 정축약조의 골자는 청의 정명전(征明戰)에 동참하라는 데 있었다. 단순히 명과의 관계 단절을 강요하는 선에서 그치지 않고 명을 적대하라고 종용한 것이다. 여타의 조항들은 이를 관철시키기 위한 '압박조항'에 가까웠다. 청은 조선과의 관계에서 집요하리만치 명을 의식했다. 그들이 '명조구례(明朝舊例)'를 강요한 것은 스스로 명나라의 제도 문물을 답습하겠다는 의미가 아니었다. 오히려 청의 내부 분위기는 명에 망조를 들게 한 제도적 문제점들을 신랄하게 비난하는 것이었다. 명조구례에 따른 방식의 강요는 조선과 명의 관계를 근원부터 파괴하려는 의도에서 나왔다. 그런데 시녀 요구 역시 이 명조구례에서 유래했다. 조선은 조병에 비해 의리 면에서나 현실적인 면에서 상대적으로 받아들이기 쉬운 시녀 문제를 통해 최소한의 성의를 보이고자 했다. 시녀의 선발과 발송이 착착 진행되던 시점에 조선이 조병 면제를 요청하는 별도의 진주사를 파견한 점도 이러한 의도를 잘 보여 준다. 요컨대 시녀의 발송은 일종의 정치적 제휴 내지 거래 차원에서 이행된 하나의 카드였다고 보아도 무방하다.

효종 대 혼인과 시녀 사안의 수용도 유사한 정치적 셈법에 따라 실행되었다. 효종은 집권 초기부터 김자점 등 친청 성향의 인물을 배제하고 김상헌을 불러들였으며, 김집·송준길·송시열 등 이른바 산림(山林)들을 전격적으로 기용하며 정국을 재편했다. 특히 척화론의 거두였던 김상헌의 명성은 대단했다. 일례로 효종 즉위년인 1649년 8월 영의정으로 기용된 이경석은 자신이 좌의정 김상헌의 위에 있을 수 없다면서 벼슬을 사양하기도 했다.

그런데 이 사실이 청나라에 알려지면서 의구심을 불러일으켰다. 청에서 조선의 태도를 살피겠다면서 조사에 나서자 효종은 급히 김상헌과 여러 산림들에게 즉시 귀향하게 했다. 아울러 청에도 잘 알려진 원두표, 이시백 형제, 구인후, 정태화 등으로 다시 조정을 꾸렸다. 이로 인해 청의 의심은 어느 정도 풀릴 수 있었다. 그런데 마침 황부섭정왕 도르곤은 부인이 사망하자 조선에 국혼을 요구해 왔던 것이다.

이때는 청나라가 심양에서 북경으로 수도를 옮겼을 뿐만 아니라 인질도 없었던 만큼 국혼을 통해서 조선의 반청정서를 제어하고자 했다. 효종이 국혼과 그에 수반한 시녀 요구를 받아들인 까닭은 김상헌 등을 보전하기 위해서였다. 이때 나온 청 사신 바하나와 키충거 등은 조선에서 혼인을 쾌히 승낙한 소식을 듣자마자 조선의 반청정서를 조사한다는 원래 임무는 적정선에서 마무리했다. 의순공주와 열 여섯 명의 시녀들은 국혼을 이유로 청나라로 갔지만, 그 이면에서는 청의 의구심을 해소하려는 정치적 계산이 있었다.

한편 의순공주와 시녀들의 용모에 실망한 도르곤이 시녀를 엄선해서 다시 보내라고 요구한 뒤 시녀 요구는 전형적인 공녀의 형태로 변모했다. 조선은 새로 선발할 여성의 연령을 17세 이하로 한정하고 처녀 간택을 지시한 양계 지역의 몇몇 고을에 금혼령을 내렸다. 이 지역에서는 집중적인 소요가 일어났고, 어린 딸을 서둘러 시집보내는 등 조혼 현상이 나타나기도 했다. 이때의 시녀 선발은 중앙 조정에서도 깊이 간여하였다. 아마도 용모와 나이를 중점적으로 살폈을 것이다. 엄선된 3차 시녀들은 북경으로 향하는 도중에 도르곤이 사망하자 곧바로 귀국할 수 있었다.

이 시기의 시녀 문제는 고려 말이나 조선 초기의 공녀와 달리 두각을 드러낸 인물이 전혀 없었다. 조선에서 시녀의 발송을 받아들이는 대신 자국의 정서를 고려하여 신분이 낮은 여성들로 채워 두었기 때문이다. 1차 시녀 열 명은 천한 신분과 빼어나지 못한 용모로 인해 청나라에서 홀대받았다. 청 황제 홍타이지는 열 명의 시녀 가운데 넷을 고른 뒤, 도르곤과 지르갈랑에게 한 명씩 주고 세 명은 남문 밖에 두라고 지시했다. 2차 시녀에 대한 처우는 알 길이 없지만 그 가운데 한 명은 남편의 아버지가 조선을 방문한 칙사의 가정(家丁)이었다는 사실이 확인된다. 여기서 가정은 아마도 시위(侍衛)를

병자호란과 삼전도 항복의 공간적 배경인 남한산성(경기도 광주시 소재)

뜻하는 듯한데 이로 미루어 시녀의 대부분은 비교적 낮은 신분의 남편을 만났을 것으로 추정된다.

시녀들의 신분이 천했던 만큼 그들의 친족으로서 조선 내부 정치에 영향을 미친 인물도 전무했다. 시녀로 선발된 여성이 받은 혜택은 부모의 면천(免賤)이었고, 이미 면천되었거나 부모가 없으면 남자 형제를 면천시켰다. 2차 시녀의 경우에도 면천과 면세(免稅)의 조치가 이루어지는 데 그쳤다. 명색이 공주인 의순공주의 경우도 크게 다르지는 않았다. 친아버지였던 이개윤에게는 품계 승급과 함께 쌀과 비단이 지급되었고, 남자 형제인 이준과 이수는 각각 장릉참봉과 전설사별검이라는 한직에 기용되었다. 그 밖에는 청에서 예단 명목으로 보낸 비단 40필과 은 1천 냥을 이개윤에게 지급한 정도만 확인된다. 여타의 시녀들보다 상당한 우대를 받은 듯하지만, 국혼이었다는 점을 감안하면 초라하기 틱이 없었다.

지금까지 보았듯이 병자호란 이후 조선에서는 몇 차례 시녀를 선발해서 청나라에 보냈다. 선발된 시녀들은 몹시 열악한 환경을 마주했을 것이다.

이는 강대국의 수많은 요구를 감내해야 했던 약소국의 저지를 여실히 보여준다. 다만 이 시기의 시녀 문제는 고려 말이나 조선 초기의 공녀 문제와 비교할 때 다소 차이가 있다. 흔히 병자호란을 통해 조선이 명 질서에서 벗어나 청 질서에 편입되었다고 여기지만 현실은 그렇게 단순하지 않았다. 의례적인 면에서 조선은 청의 요구를 받아들여 명에 대한 사대를 원용했지만 한동안 명과 청의 치열한 전쟁이 계속되었다. 만약에 명이 승리했다면 어땠을까? 당시로서는 그런 가능성이 아예 없지는 않았다. 조선에 대한 청나라의 집요한 압박이나 회유책이 명과 청의 전쟁 상황에 따라 유동적이었던 만큼 조선과 청의 관계 역시 가변적이었다. 이런 상황에서 조선과 청의 관계에는 정치·외교적인 측면에서 적지 않은 타협과 조율, 묵인이 이루어졌다. 조선은 마지못해 시녀를 발송했지만, 조선 시녀에 불만을 품었던 청나라에서도 발송 사실 자체에 의미를 두고 더 이상 불만을 표시하지 않은 점도 이러한 맥락에서 이해할 수 있다. 조선의 시녀 발송은 청과의 관계가 안정적인 궤도에 오르지 않은 상황에서 이루어진 정치적 결정이었다. 공녀가 주는 부정적인 어감과 조선의 '수난'이라는 관점에서 잠시 벗어나면 당대의 정치·외교적 현실을 보다 균형감 있게 조망할 수 있다.

장정수 _고려대 연구교수

장용영은 어떻게 만들었을까

박 범

궁궐의 숙위부대로 시작하다

정조 재위 초반의 상황은 정치적으로 안정적이지 않았다. 여러 옥사 사건이 발생하였고 정조를 시해하려는 존현각 침입 사건까지 벌어지면서 정조는 목숨이 위태로운 지경에 이르렀다. 당시 정조가 놓인 상황을 미루어 볼 때 재위 초기 정조의 관심사가 신변 보호에 있었다는 사실은 크게 놀라운 일이 아니었다. 정조는 자신을 보호하기 위한 호위부대로 숙위소를 설치하고 궁궐의 수비를 강화시켰다. 그리고 그 임무 책임을 집권 초반 최측근이었던 홍국영에게 맡겼다.

그러나 숙위소는 오래가지 못했다. 정조는 숙위소를 통해 금군을 강화시키고자 했지만, 숙위소 책임자였던 홍국영의 권세가 극에 달하자 홍국영을 쫓아내고 그가 맡았던 숙위소를 해체시킬 수밖에 없었다. 정조가 경호를 강화하고자 한 첫 노력이 실패하는 순간이었다.

정조가 다시 호위부대를 강화한 때는 1782년(정조 6)이었다. 훈련도감의 '무예출신' 중에서 일부 군병을 떼어 내 창경궁의 정전인 명정전을 숙위하도록 했다. 당시 무예출신은 훈련도감 중에서도 무예가 가장 출중해야 뽑힐 수 있는 군병이었다. 정조는 이들을 이용하여 궁궐의 숙위를 강화하고자 했다. 장용영은 바로 여기서 시작되었다. 당시 부대의 명칭은 군병의 호칭을 빌려서 '무예출신청'이라고 불렀다.

우리가 아는 '장용'이라는 명칭은 그로부터 3년이 지난 1785년(정조 9)에 등장했다. 사실 '장용'이라는 이름은 우연히 붙게 되었다. 당시 조선 정부는 《대전통편》을 편찬하고 있었다. 이때 '무예출신청'과 관련된 내용도 새롭게 《대전통편》에 수록되어야 했다. 그런데 그 과정에서 '무예출신'이라는 명칭 문제가 대두되었다. 이를 지적한 이는 정조였다.

무예출신청에 들어갈 수 있는 자격은 무예가 출중하거나 혹은 무과에 급제해야 주어졌다. 보통 전자는 한량(閑良)이라고 부르고 후자는 출신(出身)이라고 불렀다. 그런데 '무예출신'이라는 명칭은 두 병종을 모두 포함하여 부르는 명칭이기에 무과 급제자를 호칭하는 '출신'이라는 말을 쓰면 안 되었다. 정조는 《대전통편》을 편찬하는 신하들에게 새로운 명칭을 정하도록 명하였고 그 후보로 '친군', '무용', '장용'이 제시되었다. 정조는 이 중에서 '장용'을 선택했다. 결국 군병의 호칭은 '장용위'가 되었고 그 부대의 명칭은 '장용청'이 되었다. 이러한 사실은 《대전통편》에 그대로 수록되었다. 장용영의 공문을 모아 놓은 《장용영고사》가 이때부터 시작되는 이유도 여기에 있다.

이때까지도 장용청 소속의 장용위는 궁궐을 숙위하고 화재를 진압하는 일을 맡아 하였다. 무예출신 때부터 맡았던 명정전을 포함하여, 창덕궁과 창경궁을 연결하던 동룡문의 숙위도 장용위가 담당했다. 궁궐에서 불이 나면 가장 먼저 화재를 진압하는 일도 이들의 몫이었다. 1784년(정조 8) 10월,

〈장용영고사〉와 〈장용영대절목〉(한국학
중앙연구원 장서각 소장)
〈장용영고사〉는 장용영이 다른 관청과 주
고 받은 문서를 필사하여 엮은 책이고 〈장
용영대절목〉은 장용영의 연혁과 운영, 제
도를 정리한 규정집이다.

실제로 궁궐의 행각에서 화재가 발생하자 무예출신(장용위)이 앞장서서 지
붕에 올라가 화재를 진압하기도 하였다. 장용청에 다수의 화재 진압 도구가
갖추어진 이유이기도 하다.

정조의 시위부대로 발전하다

숙위부대인 장용청은 1787년(정조 11) 무렵부터 변화가 나타났다. 1786년
(정조 10) 12월, 역모 사건으로 훈련대장 구선복이 제거되자 장용청은 훈련
도감의 그늘에서 벗어나기 시작했다. 선혜청 제조가 장용청에 개입하면서
재정 확보에 나섰다. 아직 마땅한 관사가 없었던 장용청은 정조의 배려로
버려진 이현궁을 수리하여 관사로 삼도록 했다. 장용청을 맡아 관리하는 수
장도 임명하여 군병의 관리는 장용청 병방이, 재원 운영은 장용청 호방이
맡도록 했다. 이러한 일들은 독자적인 군영으로 발돋움하기 위한 사전 작업
이었다.

우리가 아는 '장용영'이라는 명칭은 이 무렵 처음 등장했다. 1788년(정조 12) 1월을 전후하여 모든 정부 기록에서 '장용청'은 사라지고 '장용영'을 사용하였다. 명칭이 바뀐 구체적인 이유는 확인되지 않는다. 다만 이때부터 눈에 띄는 변화상이 나타난 것만은 확실하다. 군안(軍案) 개정을 통해 급료를 지급하는 군병의 확보가 시작되었다. 그러자 처음으로 장용영의 설치를 반대하는 사헌부의 상소가 올라왔다. 너무 많은 재정이 투입된다는 것이 반대 이유였다. 그럼에도 정조의 의지는 꺾이지 않았다.

1788년 4월에는 정조가 사도세자의 무덤인 영우원을 행차하는 데 궁궐 밖에서 국왕을 호위하는 시위군으로 장용영 군병을 처음으로 참여시켰다. 원래 훈련도감, 어영청, 금위영의 군병을 활용하였던 왕의 행차에 궁궐의 숙위만을 담당하던 장용영을 시위군으로 참여시켰다는 사실은 적지 않은 의미를 내포하였다. 이는 곧 장용영의 성격이 숙위부대에서 훈련도감과 같은 중앙군영으로 전환되었다는 정치적 의미이기도 했다.

중앙군영의 성격이 부여된 장용영은 이제 군영의 규모를 확대할 필요가 있었다. 1788년 7월 경기 지역의 진상 문제를 해결한다는 명목 아래 장용영

〈장용영편액탁본첩〉(수원화성박물관 소장)
김종수가 쓴 장용영의 편액으로 장용영 관사에 걸려 있던 현판이다. 〈임하필기〉에 따르면 관청에 걸려 있는 수많은 편액 중에서 명필로 손꼽힌다고 한다.

내에 향군(鄕軍)이 설치되었다. 그러나 새로운 군병의 확보는 다른 문제를 야기할 우려가 있기에 수어청 군병 중에서 불필요한 병력을 옮겨 오는 방식을 활용했다. 향군의 거주지에 둔전을 개설하여 그 수입으로 향군의 상번 비용을 충당했다. 그렇게 장용영은 별다른 재원을 들이지 않고도 군병과 재원을 모두 확보할 수 있었다. 이러한 방식은 정조가 백성들의 힘을 들이지 않고 장용영을 운영하는 원칙과도 같았다.

다수의 군병을 확보하자 이제 남은 문제는 위상을 올리는 일이었다. 장용영을 운영하는 책임자는 병방과 호방이었다. 그런데 1788년 3월, 장용영 병방 이한풍이 체직 상소를 올렸다. 정조는 훈련도감보다는 높고 병조판서보다는 낮은 지위로 병방의 위상을 설정하고 싶어 했다. 그러나 현실은 달랐다. 이한풍은 병방이 되기 이전에 한번도 군영대장이 된 적이 없었다. 그러므로 군영대장 중 가장 위상이 높은 훈련대장보다 더 높은 지위를 갖는다는 것은 현실적으로 불가능했다. 정조의 기대와는 달리 이한풍은 그러한 역할을 맡을 수 없었다.

정조는 다른 방법을 선택하지 않을 수 없었다. 재정을 담당하던 호방 대신 선혜청 제조인 서유린이 장용영 제조를 겸직하여 장용영의 재정을 책임지도록 했다. 장용영은 이제 선혜청 제조와 동일한 수준의 위상을 갖게 되었다. 군병의 관리도 마찬가지였다. 1791년(정조 15) 5월, 금위대장이었던 김지묵을 장용영 병방으로 임명하여 처음으로 중앙군영의 대장급 인물이 장용영을 맡았다. 이로써 장용영은 명실상부하게 중앙군영으로서의 지위를 갖게 되었다. 《국조보감》 정조 15년 5월조에는 다음과 같은 기사가 실려 있다. "장용영을 설치하였다." 그리고 정조는 이때 아래와 같은 하교를 내렸다.

장용영을 신설한 데는 내 나름대로 깊은 뜻이 있었으니, 숙위를 엄중히 하려는 것도 아니고 만일의 사태에 대비하려는 것도 아니었다. 몇 년 동안 절약해서 경상 비용을 축내지 않고서도 단속이 대략 이루어지고 시설이 바야흐로 넓혀졌다. 내 뜻은 대개 앞날을 기다리려는 것인데, 속뜻을 알지 못하는 자들이 어찌 나의 고심을 알겠는가. 장차 내 뜻을 이루는 날이 있을 것이다.

화성 방어를 위한 군병으로 성장하다

수원부는 일찍이 군병의 중요성이 매우 강조된 지역이었다. 선조 연간 임진왜란과 인조 연간 여러 변란을 거치면서 국왕과 중앙정부에 깊은 인상을 남겼다. 수원부 군병은 끝까지 곁에서 지킬 수 있다는 신뢰를 주었고, 국왕은 중앙군영과 비교하면서 그들을 연하친병(輦下親兵) 혹은 외도감(外都監)으로 불러 주었다. 수원부의 속오군 규모는 36초로 약 5천여 명을 늘 유지했다. 정조가 수원부에 장용영 외영을 설치할 수 있는 배경도 여기에 있었다.

정조와 장용영, 그리고 수원이 서로 관련을 맺게 된 계기는 사도세자 무덤이 영우원에서 현륭원으로 이장되면서였다. 현륭원의 위치가 수원부의 읍치 자리였기에 새 읍치가 현재 화성이 있는 곳에 새로 조성되었으며 그곳에 정조가 행차 시에 머무를 수 있는 행궁과 성곽이 만들어졌다. 성곽이 축성되면서 이를 지킬 병력을 새로 확보하여야 했으므로 정조는 이곳에 장용영의 외영을 창설하였다.

외영의 창설은 사실 예고된 일이었다. 1792년(정조 16) 12월, 정조는 이듬해 1월에 있을 화성 행차를 준비하면서 사전 조치를 단행했다. 정조는 전교를 내려 수원부 군제를 개정하고 수원부 군병을 관리하던 총융청의 권한을 해제시켰다. 즉 더 이상 수원부 군병을 총융청에서 관리하지 말도록 한 조치였다.

1793년(정조 17) 1월, 정조는 현륭원으로 가기 위하여 수원부에 행차했다. 그 자리에서 수원부의 호칭을 화성으로 바꾸고, 정3품인 부사를 종2품 유수로 승격시켰다. 수원부에 장용영 외영을 두어 수원부의 군제를 독립시키고 유수가 겸직하도록 하였다. 장용영 외영은 이전의 수원부 군제를 그대로 흡수한 것으로 외영의 격에 맞추어 그 위상을 높였다. 이로써 장용영은 도성에서 내영을, 화성에서 외영을 갖춘 군영으로 성장하였다.

하지만 화성부의 군병만으로 화성을 방어하는 데에는 한계가 있었다. 화성을 효율적으로 방어하려면 주변의 군현을 활용할 필요가 있었다. 일찍이 현륭원을 조성할 때 용인, 진위, 과천, 시흥, 안산의 백성들이 나무 심기와 도로 청소에 동원되었다. 그래서 이를 계기로 처음에는 용인, 안산, 진위가, 뒤에는 과천, 시흥이 외영으로 편제되었다. 그렇게 1797년(정조 21) 12월, 화성 방어를 위한 협수군제를 시행하고 화성방어체제는 도성방어체제와 동일한 구조로 완성되었다.

협수군제에서 말하는 협수(協守)는 화성을 함께 지킨다는 뜻으로 화성은 곧 선침, 즉 사도세자를 가리켰다. 그러므로 협수군제의 역할은 현륭원을 보호하고 화성을 지키는 것이었다. 일은 화성부와 그 주변의 5개 군현이 해야 할 일종의 의무와 같았다. 이에 대한 보답으로 정조는 화성부와 5개 군현 백성들에게 몇 가지 위민책(爲民策)을 제시했다. 이를 인화(人和)라고 불렀다. 인화를 위한 실천 수단으로 하나는 환곡의 이자인 모곡(耗穀)을 면제해 주는 것이었고, 다른 하나는 군역으로 납부해야 하는 보미(保米)를 1두 줄여 준 것이었다.

장용대장보다 더 중요했던 장용영 제조

일반적으로 장용영이라 하면 정조와 장용대장을 가장 먼저 떠올리게 된 다. 장용대장은 장용영을 관리하는 최고 관직으로 군병을 통솔하는 책임을 가졌다. 그러나 장용대장보다 더 중요했으나 그 중요성에 비해 그동안 주목 을 받지 못한 관직이 있었으니 바로 장용영 제조이다. 장용영 제조는 겸직 으로 운영되었고 보통 선혜청 제조 중 한 명이 맡았다. 장용영 제조에 주목 해야 하는 이유는 장용영의 살림살이를 책임졌기 때문이다.

예나 지금이나 재정이 뒷받침되지 못하면 관청이나 군대를 운영할 수 없 다. 훈련도감의 중요성에도 지속적으로 혁파 요구가 등장한 까닭은 너무 많 은 재원을 필요로 한 데에 있다. 재정 절감을 강조했던 조선왕조에서 직업 군인의 성격을 가진 훈련도감군은 난감한 존재였다. 훈련도감군의 급료를 마련하기 위하여 '삼수미'라는 새로운 세금을 창설하였고, 훈련도감의 재정 지원을 위하여 호조 내에 '별영'과 '양향청'을 운영하였다. 장용영도 이러한 비판에서 자유로울 수 없었다.

군영을 운영하기 위해서는 군병보다 재원 확보가 우선되었다. 장용대장 은 1793년(정조 17) 1월에 등장했지만 그보다 훨씬 빠른 1788년(정조 12) 8월 에 장용영 제조가 설치되었다. 장용영 제조는 임명되자마자 가장 먼저 재정을 충분히 확보하였다. 특히 정민시는 장용영 제조를 가장 오래 역임하면서 장용영의 재원을 튼튼하게 확보한 대표적인 인물이었다.

장용영 제조는 다른 관청에서 쓰고 남은 재원을 가져와 모으는 식으로 재원을 확보하였다. 그런데 다른 관청에서 남는 재원이 어디에 있는지를 파악하려면 중앙정부의 재정을 잘 알고 있어야 했다. 장용영 제조를 선혜청 제조가 겸직한 이유가 바로 여기에 있다. 선혜청은 가장 큰 중앙 재무기구이면서 선혜청 제조가 호조판서를 겸직하는 일이 많았기에 정부의 재정 상황을 소상하게 알고 있었다. 또한 재원을 옮겨올 수 있는 지위에 있어서 다른 관청의 남는 재원을 쉽게 확보할 수 있었다.

확보된 재원을 자산으로 장용영 제조는 이를 재생산하기 위하여 투자를 해야 했다. 당시 각 관청에서 가장 일반적으로 재원을 확보하는 방법은 환곡과 둔전이었다. 환곡은 이자를 통해, 둔전은 수세를 통해 재정 수입을 확충할 수 있었다. 장용영은 평안도와 황해도 지역을 중심으로 둔전의 확보와 환곡의 분급을 실시했다. 이를 위해 청천강 하구에 있던 고성진을 장용영 소속으로 편제하여 주변의 장용영 둔전을 관리했다. 평안병영 소속이던 갈마창을 장용영 소속으로 바꾸어 평안도 환곡을 운영했다. 그리고 평안도 지역의 환곡과 둔전을 체계적으로 관리하기 위하여 평안병사는 장용영과 관련된 인물이 임명되었다. 결국 이렇게 확보된 재원은 중앙군영인 훈련도감, 금위영, 어영청을 능가하는 수준에 이르렀다.

사정이 이렇다 보니, 대표적인 장용영 제조였던 정민시와 서유린에 대한 평가는 엇갈릴 수밖에 없었다. 정조는 살아생전 정민시에 대하여 "장용영과 관련된 모든 조치와 계책이 모두 이 두 사람으로부터 나왔다."고 하였다. 반면 사후에 기록된《정조실록》에서 한 사관(史官)은 "국가 재정을 마음대로 운영하면서 민생이 곤궁에 빠진 것은 모두 이 두 사람의 죄이다."라고 하였다.

장용영 본영도형과 군병의 거주 구역

장용영 군병의 역할은 시간이 지날수록 강조되었다. 초기 주요 군병이었던 장용위 이외에도 여러 종류의 군병이 늘어났다. 그것은 그만큼 장용영의 기능이 확대되었다는 것을 의미했다. 장용영 군병은 궁궐 내 여러 곳에 입직하였다. 명정전, 인정문, 집례문, 건양문, 동룡문 등이 대표적이었다.

기능과 역할이 강조될수록 장용영의 관사 규모도 커질 수밖에 없었다. 장용영 내영의 관사는 옛 이현궁, 즉 지금의 종로 4가 교차로 부근의 혜화경찰서 자리에 있었다. 맞은 편에는 어영청이 자리했다. 장용영 관사의 규모는《본영도형》이라는 자료를 통해 구체적으로 확인할 수 있다.《본영도형》은 군영의 규모를 알 수 있는 유일한 자료로 고려대 박물관에 1점, 한국학중앙연구원 장서각에 2점이 소장되어 있다. 최근 보물로 지정되어 문화재적 가치도 매우 크다고 볼 수 있다.

관사의 증설 과정은《본영도형》에 수록된 기록과《일성록》을 통해 확인할 수 있다. 관사로 활용되기 이전의 이현궁은 66칸에 불과했다. 관사로 쓰기 시작한 1787년에는 72칸, 1789년에는 175칸, 1793년에는 418칸, 1800년에는 653칸으로 증축되었다. 이처럼 매우 짧은 기간 동안 추가 증축이 이루어졌다는 점은 장용영의 역할이 매우 빠르게 커져 갔다는 것을 상징했다.

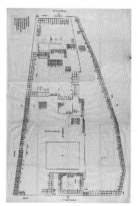

<본영도형>(한국학중앙연구원 장서각 소장)
1799년(정조 23)과 1801년(순조 1)에 각각 그
린 장용영 내영 관사의 평면도이다. 군영의
실제 모습을 알 수 있는 자료이다. 최근 그
가치가 인정되어 보물로 지정되었다.

관사의 규모가 커진 만큼 장용영에서 근무하는 군병의 수도 증가하여 정
부에서는 이들을 특별하게 관리할 필요가 있었다. 장용영이 정조의 특별한
혜택을 받고 있다는 점을 장용영 군병들도 잘 알고 있었기에, 정조는 그러
한 특별 혜택을 군병들이 악용할지 모른다는 점을 우려하였다. 1788년 정조
는 하교를 통해 "내가 만약 너그러이 대한다면 교만하고 멋대로 굴어 제재
하기 어려울 것이고 또 도성의 폐단이 될 것이다."라고 한 사실도 바로 이
점을 염두해 둔 것이었다.

정조는 바로 장용영 군병들이 사는 별도의 거주 구역을 만드는 방법을 선
택했다. 1793년 처음 시행된 관련 절목에 따르면 장용영 관사가 위치한 이
현대로(지금의 종로 4가 교차로에서 창경궁 홍화문 앞까지)를 중심으로 좌측은
'장용영 좌계', 우측은 '장용영 우계'로 설정하여 장용영과 관련된 사람들이
거주하도록 했다. 여기에는 장용영에서 임명한 운영 책임자인 '존위'와 '중
임'을 두어 거주자를 관리 감독했다.

정조가 관사를 증설하면서 그 주변에 별도의 거주 구역을 설정한 까닭은

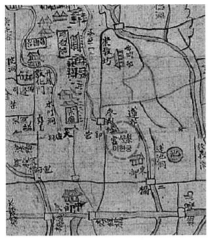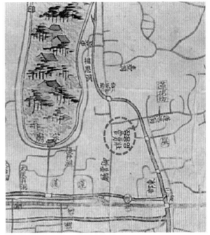

〈한양도〉(서울역사박물관 소장)와 〈도성도〉(서울대 규장각한국학연구원 소장)
장용영은 이현궁을 보수하여 설치되었다. 〈한양도〉(왼쪽)에 보이는 이현궁의 위치가 〈도성도〉에서는 장용영이라고 표기된 사실을 알 수 있다.

장용영의 존재가 반감을 살 수도 있다는 우려에서였다. 장용영 군병은 궁궐을 숙위하면서 정조의 호위를 담당했기에 이들이 도성에서 폐단을 일으킨다면 결국 그 화가 정조 자신에게 미칠 수 있었다. 그러므로 정조는 이들의 군사 활동뿐만 아니라 일상 생활까지 단속의 영역으로 범주화하여 이를 실제로 제도화시켰다. 물론 단속에 대한 대가로 거주에 필요한 비용은 모두 장용영 재원으로 지출해서 이들의 실제 거주에 대한 부담은 거의 없었다. 이 점이 다른 중앙군영과 다른 점이었다.

장용영 창설의 그늘

장용영은 정조 개혁 정치의 핵심 사안이어서 군제는 물론 재정의 영역에서도 많은 영향을 미쳤다. 먼저 장용영에서 군병을 다수 확보하다 보니 다른 군영이 축소 개편되는 과정을 거쳤다. 수어청과 총융청의 경우 외영의 설치로 인하여 다수의 군병을 상실했다. 특히 외영 군제의 대부분이 총융청에서 확보된 것이므로 총융청의 군제 개편이 불가피했다. 총융청의 전체 속오군은 80초(哨: 100명을 군대 단위로 편제)였으나 외영 창설 이후 거의 절반 수준에 이르렀다.

다수의 재정 운영을 환곡과 둔전에 의지하다 보니 백성들에게 끼치는 폐단도 다른 환곡과 둔전 운영에서 발생하는 문제와 동일하게 나타났다. 환곡 운영은 원곡과 이자를 납부하는 과정에서, 둔전은 중간 비용 문제에서 많은 문제를 야기했다. 이미 다른 관청에서 이러한 문제가 나타났지만, 장용영과 관련되어서는 잘 언급되지 못하고 있었다. 왜냐하면 장용영은 정조가 직접 관여하는 군영이라는 점을 모두가 잘 알고 있었기 때문이다. 1795년 1월, 권유는 여염의 서민들 사이에서 오가는 말이라 인용하면서 다음과 같은 상소를 올렸다.

"장용영을 운영하는 것에 대해 감히 입을 열지 못한다. 화성을 운영하는 것에 대해 감히 입을 놀리지 못한다. 상(정조)께서 들으시면 싫어하신다."

물론 정조 스스로도 이러한 사실을 의식했던 것으로 보인다. 1797년 정조는 다음과 같이 말하였다.

"장용영을 신설한 뒤 바깥 여론에 자못 분분한 듯이 있었는데 지금은 이미 잠잠하게 사그라졌고, 장용영의 모든 일들이 다른 관청보다 낫기도 하다. 참으로 소인(정조)과는 이루어진 것을 함께 즐길 수는 있어도 시작을 함께 꾀할 수는 없는 법이다."

즉 장용영은 정조 자신의 의도로 만들었지만, 지금은 누구나 함께할 수 있는 군영이라는 것이다. 문제는 그 장용영이 정조와 하나라는 데 있었다. 백성들도 그렇게 생각했을지 알 수 없다.

정조가 사망하자 문제는 곧바로 드러났다. 1800년 11월, 화성 암행어사 신현이 올린 별단에 그러한 사실이 잘 드러나 있다. "지금 화성의 백성은 외롭고 의지할 곳이 없어 먹이를 잃은 어린아이와 다름 없다." 정조의 사망으로 화성부의 백성들은 어버이를 잃어버린 자식의 처지가 되었다는 것이다. 장용영의 상황도 이와 크게 다르지 않았다.

얼마 지나지 않아 장용영 내영의 해제 작업이 진행되었다. 장용영 군병은 본래 소속으로 되돌려지거나 혁파되었다. 장용영 재정은 당장 필요한 정조의 장례 비용, 공노비 혁파의 재원 보전 비용, 평안도 지방재정 문제 해결 비용 등으로 지출되었고 나머지는 모두 재무기구인 호조와 균역청으로 분배되었다. 얼마나 많은 재원이 장용영에 있었는지는 1811년 4월, 호조판서 심상규의 매우 솔직한 발언을 통해 짐작해 볼 수 있다. "1801년 이후 장용영에서 가져온 것이 넉넉하여 여러 해 호조에서 부족한 것을 보충했는데 지금 바닥이 났습니다." 호조는 장용영 덕분에 10년간 재정 부족 문제에 시달리지 않았던 것이다.

정조는 장용영을 왜 만들었을까. 명확한 이유를 보여 주는 자료는 없지만, 어떻게 만들었는가는 매우 구체적으로 확인할 수 있다. 정조는 장용영과 관련하여 현륭원을 조성하고 화성부라는 도시를 건설하면서 끊임없이 자신의 아버지인 사도세자를 언급하였다. 도성에 내영을 두고, 화성에 외영을 둔 조치는 자신의 숙위와 아버지 무덤의 호위를 위한 제도적 장치였다. 정조 개인의 입장에서 보면 사도세자에 대한 사은(私恩)이지만, 국왕으로서 그 점을 끊임없이 공의(公義)로 만들고자 하는 정조의 노력을 엿볼 수 있다. 그 사이에 정조가 장용영을 만든 본래의 이유가 있지 않을까 싶다.

박범 _ 공주대 교수

오랑캐, 왜구보다 더 무서웠던 역병

신동원

반갑지 않은 손님

2020년 코로나19 바이러스의 팬데믹은 옛 전염병을 다시 돌아보게 한다. 전근대 시기 역병은 우리 사회의 큰 문제 중 하나였다. 우리나라 역병 유행에 관한 최초 기록은 기원전 15년 백제 온조왕 4년까지 거슬러 올라가지만, 특히 조선 후기에 들어서서는 이전 어느 시대에도 볼 수 없었을 만큼 역병이 크게 유행하였다.

17세기 중반~19세기 중반에 걸친 전염병 유행은 국가 인구를 현저히 감소시킬 정도였다. 1660년에서 1864년 사이의 약 200년간 사망자가 많이 발생한 역병을 《조선왕조실록》에서 찾아보면 모두 79차례나 있었고, 그중 10만 명 이상 죽은 경우만도 여섯 차례나 등장한다. 이 중 어떤 해에는 50만 명 이상이 사망하여 전체 인구의 7~8퍼센트가 역병으로 죽기까지 하였다. 1807년(순조 7)의 경우 《증보문헌비고》에 나온 당시 인구는 756만 1,463명이었는데, 28년 뒤인 1835년(헌종 1)에는 661만 5,407명으로 거의 100만 명 정도가 줄었다. 28년 동안 일어난 거의 100만에 가까운 인구 감소는 주로 역병과 기근 때문에 발생한 것으로, 임진왜란과 병자호란으로 말미암아 발생한 인구 감소보다 훨씬 규모가 컸다. 조선 후기 주된 역병으로는 콜레라, 두창, 성홍열, 장티푸스, 이질, 홍역 등이 있었다. 이 가운데 가장 피해가 컸던 병은 콜레라와 두창이었다.

국가 차원에서 역병 피해는 단지 숫자의 많고 적음만으로 표시되겠지만, 숫자만으로는 결코 당시 사람들이 겪었던 고통을 생생하게 읽어 낼 수 없다. 역병 유행으로 인한 두려움, 생활 기반인 마을을 떠나야 하는 고생, 피난지에서의 고통스러운 생활, 몸을 비트는 경련, 고통스러운 토사와 살을 에는 한기, 열악한 환경의 구호 병원, 가족을 잃은 슬픔 등 그 끔찍함을 1895년 콜레라 유행을 지켜본 어떤 외국인의 다음 기록에서 잘 읽을 수 있다.

그것은 여태껏 내가 본 일들 가운데 가장 절망적이고 무시무시한 일이었으며, 약이란 것도 그저 최후의 순간을 조금 늦추어 주는 것밖에는 아무 쓸모도 없는 경우가 종종 있었다. 독은 단번에 중추신경을 마비시켰고 모든 기관을 정지시켰다. 끔찍스러운 경련으로 근육이 옥죄어지고, 심장이 약해지고, 사지가 점점 차가워지고, 맥박은 가늘어지며, 정신이 오락가락했다. 때로는 아무런 예비 증세도 없이 갑자기 쓰러져서 급사하기도 했다.

이와 같은 고통을 역병이 한 번 돌 때마다 몇 만, 몇 십만 명이 겪었다. 설사 재수가 좋아 살아남았다 해도, 대다수 사람들은 부모, 형제, 자손이 죽어가는 고통을 공유해야만 했다. 그리하여 마을 주변의 언덕은 새 무덤들로 가득 찼고 장례 행렬은 줄줄이 계속되었다.

조선 후기 사회에서 역병이 크게 돌게 된 까닭은 어러 측면에서 찾을 수 있다. 우선 국제적 측면에서 이 시기 국제 교역의 확대를 들 수 있다. 질병사 연구에 따르면 18, 19세기 전염병은 거의 전 세계에서 발생했다고 하는데, 동쪽에 위치한 조그만 나라인 조선 역시 이 세계 역병 유행 지도의 한 부분을 이루었음을 알 수 있다. 당시 두창이나 콜레라 등은 모두 중국에서 들어왔다.

둘째로 사회변동도 역병이 크게 도는 원인을 제공했다. 당시 농촌 사회의 분해와 도시의 성장에 따른 인구의 밀집 등은 전염병이 유행하기에 좋은 조건을 조성하였다. 지역 사이의 교류와 인구의 밀집으로 인해 악화된 환경은 전염병 병균의 훌륭한 서식지 노릇을 했다.

셋째로 문화·관습적 측면에서도 그 원인을 찾을 수 있다. 조선 사람들은 목욕을 자주 하지 않았으며, 채소를 잘 씻지 않고 그냥 먹기를 즐겼고, 우물 가까운 곳에 뒷간이 위치한 경우도 많았다. 게다가 장례식 때에는 일가가 모두 모여 음식을 나누어 먹었다. 이 같은 장례 풍습은 매우 강고해서, 지역 단위로 역병이 유행하는 결정적인 구실을 하였다.

도망이 상책

전염병을 피할 수 있는 가장 좋은 방법은 '도망'이었다. 즉 전염원으로부터 탈출하는 것이다. 역병 유행이 심할 때에는 주민의 90퍼센트 이상이 다른 지역으로 보따리를 꾸려 가 성 안이 텅텅 비게 되었고, 관공서 업무 또한 제대로 이루어지지 못했다. 1895년 조선을 여행한 한 여행자가 "이 해 평양과 의주 지방에 콜레라가 유행하였을 때 대부분의 주민들이 동쪽 산악 지대로 피신하였는데, 잔등에 병든 처를 업고 가는 남자를 종종 만날 수 있었다."라고 했고, 김옥균이 1883년에 쓴 글에서 "조금이라도 의술을 아는 자는 이러한 장소에서 다른 곳으로 가려고 해도 되지 않아서 이리 닫고 저리 달려 창황하게 돌아다닌다. 이리하여 요행히 살아남으면 문득 말하기를 올해는 운기(運氣)가 그렇다고 할 뿐이다."라고 하였다.

도망이 상책이었다는 것은 당시의 의학 수준이나 구료 대책이 근본적으로 전염병에 무력했기 때문이었다. "의약의 효과가 없고, 구할 방도가 없다. …… 전염하는 것이 거센 불길과 같은데 치료할 방법이 없다. …… 옛 처방이 전혀 없다. 의원조차 어떤 증세인지도 모른다."라는 1821년 《조선왕조실록》의 기록이 이를 잘 말해 준다. 직접적으로 재앙을 벗어나기 위해 피난이 최선의 방법이기는 했지만, 그마저도 고달프기는 매한가지였다. 자신의 생활 터전을 버리고 오랫동안 산간벽촌에서 살다 돌아오는 방법을 굶어 죽는 모험을 무릅쓰고 결행해야 했기 때문이다.

풀뿌리로 연명하며

1821년 콜레라가 유행했을 때, 서울 주변 산이 모두 황폐해졌다. 굶주린 백성들이 서로 다투어 소나무를 베어 껍질을 벗겨 먹고 솔잎을 따 먹었기 때문이다. 서울 주변의 산은 홍수를 막기 위해 벌목이 원칙적으로 금지되어 있었다. 벌목한 사람은 가혹한 형벌로 다스리도록 되어 있었음에도, 이때에는 매우 많은 사람들이 굶주림을 참지 못하여 소나무를 베었으므로 한성부에서도 이를 억제할 수 없었다. 이는 역병이 돌 때 전국 각지에서 나타나는 일반적인 현상이었다. 역병이 돌면 덩달아 그해의 농사도 지을 수가 없었으며, 굶주려서 이곳저곳으로 떠돌아다니지만 하루하루 끼니를 제대로 잇기조차 힘들었다. 기아로 인한 처참함이 어느 정도였는가 하면, 17세기 역병이 유행했을 때에는 "굶주림 끝에 자식을 죽여 먹기도 했고", "서너 살 난 어린아이를 버리고 도망가기도 했으며", "남편이 쓰러져 굶어죽어 가는데도 자신의 죽 그릇을 그러잡고 죽을 퍼먹던 여인의 모습"도 기록에 보인다. 평상시에는 생각조차 하지 못할 끔찍한 상황이 벌어졌던 것이다.

동서 활인서의 구료 활동

서울에서는 역병이 돌면 한성부에서 환자나 주검을 적발하여 성 밖으로 격리시키는 조치를 취하였다. 혜민서나 성문 밖 멀지 않은 곳에 있는 동서 활인서에서는 역병으로 생긴 굶주린 사람을 보살피는 임무를 맡았다. 1851년 영의정 김재찬이 "전염병이 크게 번져 사망자가 늘어나고 있습니다. 활인서와 혜민서로 하여금 나누어서 구료하게 하고, 삼군문(三軍門)에서는 장막을 치고, 진휼청에서는 양식을 지급하도록 하소서."라고 아뢰어 그대로 시행되었다. 이 기록을 보면 당시 서울 각 기관들이 역병 구료 대책을 어떻게 시행했는지 잘 알 수 있다. 이 가운데 광희문, 소의문(서소문) 밖 두 곳에 세워진 동서 활인서가 역병 관리를 맡은 조선 정부의 주요 기관이었다. 이 기관은 기원이 멀리 고려시대의 동서대비원까지 거슬러 올라가며, 조선 후기에는 제조 한 명, 별제 두 명, 참봉 두 명, 서원 한 명 등의 직원이 업무를 보았는데, 병자에 대한 약물 치료보다는 굶주린 백성들에게 '죽'이라는 형태로 최소한의 영양가를 공급하여 단지 죽음의 문턱을 넘지 않도록 하는 것을 주목적으로 하였다.

그런데 역병이 크게 돌수록 구호 대상자는 많아졌으며, 정부에서 줄 수 있는 곡식도 한계가 있어서 동서 활인서를 비롯한 여러 구료소에 있던 굶주린 백성들의 생존경쟁이 치열하였다. 17세기 말 한 기록은 진제소(賑濟所)의 풍경을 다음과 같이 전한다.

〈홍화문사미도〉(고려대학교 박물관 소장)
나라에서 쌀을 풀어 백성들에게 나누어 주고 있다.

"처음에는 6,000여 명이던 것이 만여 명을 넘게 되어서 …… 죽을 주는 곳이 너무 붐비게 되니 사족 부녀자와 농사지으러 돌아가는 자에게는 건량(乾糧)을 특별히 마련해 주었다. 진제소에 모여든 2만 명의 죽을 끓이기 위하여 30~40개의 솥이 사용되었고 새벽부터 늦은 밤까지 굶주린 백성들의 아우성치는 광경이 눈에 보이는 듯하다. 여기서 죽어 가는 사람, 차례가 돌아가지 못한 사람, 재빠르게 두 그릇, 세 그릇씩 얻어먹는 사람 등등으로 붐벼, 모여든 난민들은 죽 한 그릇 얻어먹기에 필사적이었다. …… 여든 먹은 노파가 문에 들어가기 위하여 다투고 붐비고 하던 중 넘어져 진제소에서 죽기도 했다. …… 굶주린 백성들이 서울에 모이면 거의 진제장에 몰려들었고 그들은 길바닥에서 밤을 새우는데 악기(惡氣)가 훈증하여 서로 염병에 걸리게 되었다. 수일 동안 신음하다가는 쓰러져 넘어지게 되고, 넘어지면 수레에 실려 나갔다. 이러한 풍경은 매일 계속되었는데, 개중에는 아직 숨이 붙어 있는 자도 있었다. …… 배급되는 죽의 양은 하루에 어른 두 홉 다섯 작, 어린아이 두 홉이었다.”

전염병을 전문적으로 담당하는 활인서가 조선 후기에는 제대로 운영되지 못하였다. 구료 의관들이 태만하고, 약을 횡령하기가 일쑤였으며, 제때에 약을 나누어 주지 못하는 일을 예사로 하였기 때문이다. 조선 후기에 들어서 이 기관이 유명무실하다는 지적이 여러 차례 제기되었으며, 실학자들의 과녁이 되었다. 결국 1882년에 정부 기구 개혁안에 따라 이 기관은 혁파되었다.

역신에 제사를 지내다

도망을 친다든지, 병에 걸려 죽은 자를 적발하여 성 밖에 묻는다든지 하는 방법들로 전염을 회피할 수 있다는 사실은 경험을 통하여 어느 정도 파악된 것이었다. 그러나 병을 일으키는 ‘본질’과 ‘원인’에 대해 오늘날과 같은 과학적 인식이 이루어지지는 않았다. 대신 그 본질과 원인은 종교적으로 이해되었고, 그에 따른 각종 대응책이 마련되었다. 일반적으로 역병은 역신(疫神)이 붙은 것으로 생각하였다. 따라서 귀신을 겁주어서 쫓아내는 방법[축귀(逐鬼)]과 살살 달래서 풀어 주는 방법(굿), 더 뛰어난 신령의 도움을 받아 역귀로부터 벗어나는 방법 등이 역병을 예방하고 치료하는 수단이었다. 축귀에는 흔히 복숭아 나뭇가지로 때리거나, 불을 이용하여 쫓는 방법이 쓰였다. 원혼을 달래서 풀어 주는 방법으로는 각종 굿이나 여제 등이 시행되었으며, 더 큰 정령의 힘을 이용하기 위해서 장승을 세우거나 산천이나 성황 등에 빌었다.

이 가운데 특기할 것은 여제이다. 여제란 역신에게 지내는 제사를 일컬으며 상시와 임시 두 가지 형태로 행해졌다. 서울을 보면 북한산에 여제단이 상설되어 있었으며, 역병의 예방 차원에서 청명, 7월 보름, 11월 초하루에 제사를 지냈다.

한편 전국에 역병이 돌 때에는 유행 지역에서 임시로 여제를 지냈다. 중앙에서는 여제를 지낼 제관(祭官)을 선택하여 축문과 향을 주어서 역병 유행 지역에 파견하기도 하였는데, 피해의 심각도에 따라 파견되는 제관의 등급

▌신윤복, 〈무녀신무〉(간송미술관 소장)

이 달랐다. 그러나 일반적으로는 그 지방 수령이 직접 제사를 거행했다. 또한 유행이 매우 심할 때에는 왕이 직접 제문을 짓기도 하였다. 여제는 귀신 섬기기에 가장 좋은 날을 택하여 지내는 것이 보통이었으나, 다급할 때는 길일을 따로 잡지 않고 즉시 제를 올렸다.

"콜레라 귀신을 막으려는 제단이 준비되어 있었고, 그 위에 제물인 짐승들이 놓여 있었으며, 둘레에는 왕이 보낸 궁신(宮臣) 몇 사람이 제관의 자격으로 와 있었다."라는 에비슨의 언급은 고종 말년 서울에서 행해진 여제의 모습을 일러 주고 있다. 여제는 조선이 일제 식민지가 되기 직전까지도 계속 행해졌다. 그때까지도 조선 정부가 무지몽매해서 행하였다기보다는 민심 수습 차원에서 시행하였던 것이다.

야단에 법석을 깔며

오늘날 기준으로 보면 의학 수준이나 국가의 구료 대책이 전염병에 무력했던 것은 사실이었지만, 당시 사람들은 나름대로 역병을 해소하는 방법을 가지고 있었다. 오늘날에는 전염병이 세균이나 바이러스에 의해서 일어난다는 것을 알기에 그것을 '때려잡아야' 할 대상으로 보지만, 조선 후기 사회에서는 역병을 인간의 힘으로 어찌할 수 없는 하늘의 재앙 중 하나로 이해하여 그 재앙이 자신에게 깃들지 않기를 기원했다. 설사 재수 없어 그것이 자신에게 씌었다 해도 그 병이나 죽음에 저항하기보다 자연스럽게 받아들였다. 즉 오늘날과 달리 인간을 죽음으로 내모는 역병은 싸워서 이겨 내야 할 존재가 아니라 삶과 더불어 늘 같이하는 존재로 여겼다.

김준근, 〈중의 수륙 지내는 모양〉,
《기산풍속화첩》(함부르크 인류학박물
관 소장)
수륙재는 물과 육지에서 헤매는 외로
운 영혼과 아귀를 달래고 위로하기 위
하여 불법을 강설하고 음식을 베푸는
불교 의식이다.

　역병이 돌았을 때 널리 행해진 불교의 수륙재(水陸齋)가 그와 같은 생각을
대표한다. 망자를 저승으로 고이 보내 극락왕생을 비는 불교 의식은 조선
후기 전염병의 창궐을 겪으면서 표준 형식이 만들어졌다. 재공양(齋供養)의
시배(侍輩), 대령(對靈), 관용(灌溶), 불공(佛供), 시식(施食), 봉송(奉送) 따위의
의례가 그것이다. 엄격한 유교 사회를 지향했던 조선왕조는 이 같은 불교
의식을 정부에서 지내는 문제를 가지고 심한 논쟁을 벌이기도 했지만, 민심
을 수습하는 차원에서 정부에서 이를 직접 거행하기도 하였다.

　수륙재 같은 불교 의식은 역병으로 죽은 망자가 결코 불쌍하고 가엾은 존
재가 아님을 가르쳐 준다. 복잡한 의식 절차를 통하여 이승에서의 죽음은
저승의 극락왕생으로 승화한다. 죽은 자의 가족이나 이웃은 이 같은 의식을
통하여 슬픔과 공포를 극복하게 된다. 이 같은 수륙재나 영산재는 국가에서
지내 주거나 그 지방 유력자의 공양으로 이루어지는 경우도 있었지만, 대개
는 마을 사람들의 추렴으로 베풀어졌다. 가난한 사람이건 부유한 사람이건

공동체 전체의 재난을 극복하기 위하여 각자 능력에 맞게 쌀이나 돈을 지출하여 의식을 준비하였다.

종두법의 정착

조선 말 무서운 역병 가운데 오직 두창, 즉 천연두는 예방할 수 있는 방법이 수입되어 정착되었다. 종두법이 그것이다. 종두법에는 두창을 앓은 사람에게서 취한 물질을 이용하는 인두법과 소의 그것을 이용하는 우두법 등 두 가지가 있었는데, 19세기 내내 조선에서 널리 행해진 것은 효과가 큰 우두법이 아니라 인두법이었다. 우두법이 서학의 일종으로 간주되어 철저히 금지되었기 때문이다. 반면에 인두법은 '원래 중국에서 발견한 방법'으로 알려진 데다가, 한의학과 깊이 관련되어 발전하였으므로 이에 대한 저항은 전혀 없었다. 인두법이 우두법에 비해 안전성과 효과가 떨어지는 방법이기는 했지만, 종두를 하지 않은 경우에 비해서는 엄청난 효과를 보였다.

〈박필건상〉 **부분**(모스크바 오리엔탈박물관 소장)
박필건의 초상을 보면 얼굴이 얽었는데, 마마를 앓은 후에 남은 흔적이다.

1817년에 출간된 이종인(李鍾仁)의《시종통편(時種通編)》은 인두법과 관련된 가장 중요한 문헌으로, 인두법의 원칙을 다음과 같이 정리하였다. 우선 종두 방법을 배우는 사람은 먼저 아이가 앓는 두창의 증세가 중증

인가 경중인가를 살핀 후에 종두를 해야 하며, 돌 전의 아기는 종두를 하지 못한다고 하였다. 갓난아기는 대체로 몸이 약한 상태여서 종두하여 부작용이 생겼을 때 약을 쓰기 어렵기 때문이었다. 다음으로 종두할 나이가 되었다 해도 반드시 아이의 정신, 형기(形氣)를 살펴서 건장한 아이에게만 종두가 허락되었다. 기색이 어둡고 안광의 빛이 없이 말과 소리에 생기가 없거나 중병을 치른 지 얼마 되지 않는 아이는 접종 대상으로 삼지 않았다. 종두를 한 후에는 아이 몸의 보혈을 위한 약재를 복용케 하였다.

이처럼 인두법은 접종자의 몸 상태를 세심하게 배려하였다. 왜냐하면 사람의 두창균을 이용한 인두법은 매우 위험한 것이어서 접종자의 건강 상태가 양호해야 했기 때문이다. 비록 두창을 매우 미약하게 앓은 아이의 두창균을 희석하여 사용한다 하더라도 그 독성은 결코 무시할 수 없었다. 그렇기에 인두법은 건강한 어린이의 선택, 접종 후 여러 병증에 대한 완벽한 통제가 매우 중요했다. 이 같은 원칙이 제대로 지켜지지 않았을 때에는 종두법 때문에 오히려 아이가 두창에 걸리는 끔찍한 결과가 생길 수도 있었다. 그렇지만 의사가 세심하게 시술하면 어린이는 건강하게 자랄 수 있었다. 이종인은 백번 해서 백번 틀림이 없었다고 하며, 그렇게 해서 수만 명의 어린 목숨을 건질 수 있었다고 하였다. 민간에서 대다수의 어린이들이 인두법으로 접종하였는데, 1886년 서양인 의사 알렌이 낸 통계에 따르면 당시 조선 전체 주민의 60퍼센트 이상이 인두 접종을 한 것으로 되어 있다.

19세기를 거치는 동안 조선에 인두법이 정착하게 된 사실은 두창의 예방 또는 역병의 예방이라는 측면에서 가히 혁명적인 사건이었다. 이제 인간의 힘으로 하늘의 재앙인 끔찍한 역병을 이겨 낼 수 있다는 사실을 깨닫게 되었기 때문이다. 이후 조선에서는 1895년 세균설에 입각한 콜레라 방역이 시작된 이래 20세기를 거치면서 철저한 격리와 검역, 예방백신, 항생제와 같은 의학적 혁신에 힘입어 세계의 다른 지역에서와 마찬가지로 천연두, 콜레라, 장티푸스 등 급성 전염병을 극복하기에 이르렀다.

코로나 팬데믹 유행을 겪으면서

그런데 역병의 역습이 완전히 사라졌을까? 20세기 후반 들어 HIV 바이러스, 사스, 메르스 등 신종 바이러스 전염병이 세계적으로 다시 유행하기 시작하더니 급기야 코로나 바이러스 대유행을 맞이했다. 세균에게 맹위를 떨쳤던 항생제는 더 이상 효과가 없고, 무수히 변신하는 바이러스 종에 대한 만능 백신은 기대하기 힘들다. 조선시대에는 민은 피난하고 국가는 역병으로 고통받는 민의 처지에 공감하는 위무(慰撫)하는 정책을 펼쳤다. 근대는 세균설로 무장한 과학과 근대 행정, 때로는 식민지 권력처럼 무단성(武斷性)을 수반하는, 위생 권력이 결합하여 민을 통제의 대상으로 삼는 방역이 펼쳐졌다.

2020년 코로나 팬데믹 이후에는 탈근대적 방역의 시대가 개막되었다. 더욱 첨단화한 과학, 위생 경찰이 아닌 의료진을 주축으로 한 공공 행정, 거기에 민주 시민의 자발적인 참여가 필수적이다. 현재 한국인은 첨단 과학을 응용한 재빠른 진단, 공공 의료 인력과 시설의 확보와 활용, 의심 환자 전체에 대한 격리, 대중 집회와 소규모 모임의 자제와 모임 때 거리 두기, 자신과 타인을 바이러스로부터 지키기 위한 마스크 착용을 일상적으로 실천하

고 있다. 조선시대 사람들이 펼친 피난과 방역을 생각할 때 격세지감을 느
낀다.

신동원 _전북대 과학학과 교수 겸 한국과학문명학연구소장

조선시대 진휼제도는 어떻게 이루어졌나

원재영

조선시대 농업정책의 연장에서 본 진휼의 성격과 의미

전근대 농업 중심 조선 사회에 있어서 자연재해는 흉년, 기근과 연결됨으로써 재해 자체로 인한 직접적인 피해뿐만 아니라 그 여파는 근본적인 사회, 경제적 토대의 손실과 연결되고 있었다. 이러한 중요성으로 인해 조선왕조는 농업생산의 안정을 위해 빈번한 재해에 대응하며 농민들로 하여금 농사 시기를 놓치지 않고, 농사일에 전력할 수 있도록 다양한 농정책을 지속적으로 시행해 왔다. 우선 한해 농사의 시작과 함께 농업생산의 원활한 수행을 중앙정부에서 조장하고 지원하는 권농(勸農)과 농업생산이 진행되는 시기에 농형(農形)의 파악을 통해 다양한 변수에 대응하며 농업생산을 관리 감독하는 감농(監農) 혹은 방재(防災)의 단계, 그리고 최종적으로 흉년을 맞게 될 때 진휼(賑恤)이 시행되었다. 이때 재해로 인해 흉년이 닥쳤을 때 시행해야 할 여러 가지 대책은 그 해의 농형이 어떠한 재해로 인해 말미암아 흉년이 발생하였는지에 대한 제반 사정을 파악하는 데서 시작된다. 따라서 감농(방재), 곧 한해 농사의 시작과 함께 계속된 농형과 우택(雨澤)의 관리와 감독은 당해 연도의 부세 수취를 위한 것이었지만 동시에 그 과정은 재해 상황을 파악하고 판정하는 '재해조사'의 성격을 지닌 것이기도 했다. 이 과정에서 한해의 농사가 흉년으로 예상되면 이에 수반한 적절한 대책들이 시행되었다. 그리고 최종적으로 흉년으로 판정되었을 때 기민(飢民)에 대한 조사를 거쳐 크고 작은 진휼이 시행될 수 있었다. 이를 통해 농민들은 흉년으로 인한 기아선상에서 최소한 생존위기에서 벗어나 다시 생산현장에 복귀하여 생산과 재생산을 지속해 나갈 수 있었다.

이렇듯 농업생산의 피해를 최소화해 나가며 농업생산을 이루어 나가고자 했던 조선왕조의 농정책과 그 실현이라는 관점에서 보면, 진휼은 한해 농사의 시작과 함께 연속성을 지닌 여러 과정의 하나였다. 그리고 자연재해의 영향을 받을 수밖에 없는 농업생산의 특성상 이때 발생하는 크고 작은 피해는 사실상 반복적으로 발생하는 일상에 가까운 일이었다. 그러므로 진휼의 성격은 일회성, 부정기적인 대책 혹은 임기응변적 특별한 시책이었다고 볼 수 없다.

나아가 농업생산이 모든 사회, 경제적 토대가 되었던 조선왕조에서는 진휼은 재해를 당해 굶주리는 농민의 배고픔을 해결해 주는 것 이상의 중요한 의미를 지녔다. 그로 인해 농업 중심의 국가체제 유지를 위한 기반을 확보하려는 국가정책의 일환이었다는 측면에서 다른 말로는 구황정책(救荒政策)이라고도 불렀다. 그리고 보다 더 넓은 의미로는 황정(荒政)이라고 표현되었다. 그러한 점에서 진휼은 지금의 사회복지 개념에서 이루어진 것이라기보다는 국가의 유지와 존립을 위한 지배정책과 관련된 문제였고 다른 한편으로는 유교의 천변재이설에 기초한 국왕의 무한책임이기도 했던 것이다.

진휼행정의 진일보, 17세기 진휼청의 상설화

조선시대 진휼의 1차 책임은 군현의 수령에게 있었고, 도(道)의 장관인 감사 역시 그 임무에 주력해야 했다. 그리고 중앙정부에서는 감사-수령의 보고에만 의지하지 않고 진휼사와 진휼경차관 등으로 불린 조관(朝官)을 파견하여 진휼 상황을 직접 살피고 별도의 구체적인 조치를 강구하기도 했다. 이러한 가운데 16세기 들어 1511년(중종 6)에 진휼문제만을 전담하는 진휼청이 임시기구로 처음 등장하였다.

진휼청의 설치는 진휼사의 파견 과정에서 발생했던 문제와 밀접한 관련이 있다. 재상급 진휼사의 파견은 이를 수행하는 많은 행렬을 동반했고, 지방에서 이를 영송(迎送)하면서 군현에 많은 부담이 되었다. 또한 진휼사와 관찰사 사이의 직질 및 업무의 유사성에 따른 행정체계에 혼란 등이 발생하기도 했다.

이러한 문제점은 1511년(중종 6)의 전국에 극심한 흉년이 들자 중앙에 진휼청을 임시기구로 따로 설치함으로써 해결될 실마리를 보이게 되었다. 기존의 진휼사는 대개 중앙에 남아 진휼청의 제조 임무를 담당하고, 이를 대신하여 진휼종사관 겸 낭청을 두어 필요에 따라 지방에 파견하였다. 그리고 진휼청에서는 이들의 자세한 보고를 받아 호조와 진휼대책을 협의한 뒤 그 결과를 왕과 대신의 논의를 거쳐 최종 결정하여 시행해 나갔다.

이후 진휼청은 치폐를 반복하면서도 중종 말엽부터 별도의 진휼청 직함 없이 논의에 참여했던 영의정을 비롯한 이른바, 삼공(三公)으로 불린 대신(大臣)을 포함한 직제를 갖추어 가기 시작했다. 그리고 1637년(인조 15) 무렵부터는 삼공을 도제조로 하여 호조판서가 제조의 직임을 겸관하는 도제조-

제조의 조직 구성으로 정비된다.

그런데 진휼청 제조를 겸관하는 호조판서는 중앙 재정아문의 수장으로 담당한 업무 자체도 매우 번거롭고 많아서 진휼청 업무에만 전념하기 어려 웠다. 그에 따라 진휼청 제조는 대동법 시행으로 신설된 선혜청 당상도 예 겸(例兼)하게 되었다. 그리고 흉년으로 진휼 업무가 방대해지면 이들 외에도 별도의 제조 당상을 추가로 임명하였다. 17세기 후반 가장 큰 흉년을 당한 해로 기록된 현종 11년과 숙종 21년의 이른바 '경신대기근(1670~1671년)'과 '을병대기근(1695~1696년)'으로 불린 시기에는 예겸하는 제조 당상 외에 2명 을 더 차출하기도 했다.

한편 진휼청에는 실무를 담당하는 낭청(郎廳), 산원(算員)을 비롯한 하급직 임도 있었다. 낭청은 본래 2명으로 비변사 낭청이 겸대(兼帶)하였으나 제조 와 마찬가지로 진휼 업무가 방대해지면 실무에 밝은 자를 추가로 차정하였 다. 그리고 산원(算員)의 수는 정확한 기록은 없으나 상평청의 산원 1명이 겸찰(兼察)했고 행정사역을 담당한 인원들로 서리(書吏) 4인, 고직(庫直) 4명, 사령(使令) 3명, 문직서(文書直) 1명이 있었다.

16세기 초 처음 등장한 진휼청은 17세기 인조~효종 연간까지 설치와 폐 지를 반복하였으나 현종 연간 이후에는 거의 매년 설치되면서 상설화되어 갔다. 진휼 업무가 많지 않은 평년에는 예겸하는 선혜청 당상의 관리를 받 는 선혜청의 속아문으로 유지되었다가 큰 흉년으로 업무량이 증가하면 예 겸 당상 외에 추가로 임명된 별도의 제조 당상과 함께 업무를 분담하며 운 영되었다. 이때 별도의 진휼청 제조당상은 보통 비변사 당상이 겸임할 때가 많아서 비변사의 직접적인 관리를 받기도 했다. 이후 진휼청은 1686년(숙종

12) 상평청으로 이속되기도 했으나 1695년에 다시 설치되면서 선혜청 구관의 상설기구가 되며 독자적인 환곡을 운영하며 재원을 갖춘 관청으로 완전히 자리 잡게 된다. 이로써 조선 후기 진휼 행정은 상설화된 진휼청을 매개로 중앙정부와 지방 군현 간 일원화된 체계를 갖추고 다양한 대책을 한층 신속하고 효율적으로 실행할 수 있게 되었다.

진휼제도의 재정비와 법제화

17세기 중반 진휼청이 상설기구화 되어 가면서 한편으로는 진휼제도의 실무적 운영규정도 기존의 원칙들을 새롭게 정비한 각종 절목(節目)과 사목(事目)의 반포로 확립되었다. 먼저 1661~1662년(현종 2~3)의《진구사목(賑救事目)》과《추가마련절목(追加磨鍊節目)》을 반포하여 여러 도에 공통적으로 적용되는 진휼의 기본 원칙과 규정을 한 차례 정비하였다. 23개 항목에 걸친 내용에는 진휼 시행의 기간, 진휼 방식, 진휼 대상자의 기준, 권분 및 납속자에 대한 시상, 권농책, 진휼의 관리, 감독에 이르기까지 진휼제도 전반에 관한 운영 원칙을 제시하였다.

그리고 숙종 8~9년(1682~1683)에는《제도황정사목(諸道荒政事目)》과《제도구황사목(諸道救荒事目)》을 반포하였다. 이 두 사목의 가장 큰 특징은 현종 연간 이후 진휼의 방식이 기존의 설죽(設粥)중심에서 건량(乾糧)을 지급하는 방식으로 전환되어 가는 과정에서 이와 관련된 규정을 반영한 데 있다. 17세기 중엽까지 일반 구제의 방식은 죽을 끓여 주는 설죽이 중심이 되었고 건량의 지급은 이를 보조하는 수단이었다. 그러나 이 과정에서 수령이 직접 살피지 않아 하급 관리들이 쌀을 빼돌려 죽에 물을 타 늘리는 농간이 빈번했다. 또한 일시에 많은 기민이 죽을 먹기 위해 진제장(賑濟場)에 모여 머무른 탓에 전염병이 생기기 쉬웠다. 실제로 1670~1671년(현종 11~12) 대기근 당시 굶주린 사람 못지않게 그로 인한 전염병 유행으로 더 많은 사람이 죽게 되었다. 이에 진휼방식에 대한 몇 차례 논의 끝에 죽보다는 건량 지급을 선호하면서, 숙종 8~9년 건량 중심의 진휼 원칙을 담은 사목이 반포된 것이다. 이 사목의 반포는 조선 후기 진휼제도의 방식이 변화하는 중요한 기점이 되었다. 그리고 이 같은 건량백급(乾糧白給)은 오직 우리나라에만 있었다는 지적이 있을 만큼 획기적인 진휼 방식이 되었다.

이후 18세기 들어 이 새로운 진휼 방식인 건량백급이 정착되어 가면서 기존의 규정과 필요에 따라 새롭게 시행되었던 각종 관련 운영 규정이 법제화되었다. 그런데 무상의 건량백급은 기존의 죽을 끓여 먹이는 방식에 비해 진휼 과정에서 더 많은 곡물을 필요로 하였다. 따라서 18세기 이후 여기에 투입되는 곡물의 안정적인 확보와 운영이 중요한 문제로 부각되었다. 이미 17세기 후반 백급의 재원으로서 등장한 첩가미(帖價米)나 수령의 자비곡(自備穀)은 물론, 군작미(軍作米)라는 새로운 명목을 신설하는가 하면, 납속(納粟)·권분(勸分)에 참여한 자들에 대한 명확한 논상의 규정 등을 마련하여 백급에 필요한 진휼곡을 확충해 나갔다. 그리고 이렇게 마련된 진휼곡의 지역 간 이전을 원활히 하고자 전라도 임피(臨陂)에 나리포창(羅里舖倉), 경상도 영일(迎日)에 포항창(浦項倉), 함경도 원산(元山), 함흥(咸興), 고원(高原)에 교제삼창(交濟三倉)의 진휼곡 전용 창고를 설치하였다. 또한 진휼제도의 시행과 결과에 대한 관리·감독을 더욱 강화해 나갔다. 그 결과 18세기 영조 연간

《신보수교집록》을 거쳐《속대전》그리고 정조 연간《대전통편》의 법전에는 이와 관련된 규정들이 차례로 명문화되면서 제도적으로 완전히 확립될 수 있었다.

다양한 예비조치들과 진휼방식의 결정

농업생산과정에서 가장 빈번히 발생하고 큰 피해를 준 것은 한재(旱災), 곧 가뭄이었다. 그런데 이는 단기간에 집중된 피해를 주는 장마 등의 수재와 달리 서서히 진행되는 특징을 보인다. 따라서 가뭄으로 인한 재해는 몇 가지 과정을 거치면서 위기가 나타나고 이에 맞추어 취해야 할 제반 조치를 어느 정도는 예견할 수 있었다. 농사의 시작과 함께 농사력에 맞는 적절한 강우가 없으면 가장 먼저 기우제가 시행되었다. 이에 기우제는 재해에 대한 대비가 필요함을 알리는 일종의 신호였고 이후에도 적절한 강우가 없다면, 재해의 진행 과정에 맞추어 흉년에 대비한 여러 가지 예비조치가 이루어졌다. 중앙정부에서는 최소한의 농업생산을 확보하고자 서둘러 가뭄으로 이앙의 시기를 놓친 곳에는 가뭄에 강하고 성장 속도가 빠른 메밀 등 다른 작물을 파종하는 대파(代播)의 시행을 지시하였다. 그리고 흉년이 예상된 시기에 농민의 부담을 덜어 주기 위해 군사 조련[정조(停操)], 번을 서는 일[제번(除番)]을 중지하고 술을 빚고 마시는 일을 금했으며, 임금에게 정기적으로 바치는 공물[어공(御供)]과 각 도에서 진상(進上)하는 물선(物膳)을 정지하거나 줄이는 등의 조치를 내렸다. 또한 차후 진행되는 진휼행정의 관리·감독의 강화를 목적으로 이를 담당할 만한 능력 있는 지방관의 배치가 이루어지기도 했다. 예를 들면, 1809년 흉년이 들었던 전라도에서는 재해의 사정과 읍의 규모, 수령의 능력을 고려하여 익산과 고산, 구례와 곡성의 현감을 서로 맞바꾸고, 재해가 심한 보성군의 군수를 교체하였다. 이러한 여러 가지 다양한 예비 조치들이 가뭄의 진행 과정에서 적절히 시행된 가운데 9월 무렵 감사는 예하 군현의 농형(農形)에 따라 우심(尤甚)·지차(之次)·초실(稍實)로 나누어 판정한 재실분등(災實分等) 장계를 중앙에 올리게 된다. 그리고 여기에 근거하여 우선 중앙정부는 그해에 백성이 바쳐야 할 각종 부세 등의 부담을 전부, 혹은 부분 감면, 또는 연기해 주는 견감책을 내려 주었다. 조선시대 견감책에는 재해지역 전결세를 완전 면제해 주는 급재(給災)와 재해 정도에 따라 전세 및 대동세를 부분 감해 주거나 징수를 연기해 주는 특별 견감, 각종 신역과 신포, 환곡의 부분 감면, 징수를 연기해 주는 조치가 있었다. 이러한 견감책과 함께 각 군현의 진휼방식도 연분에 근거하여 공진(公賑)·사진(私賑)·구급(救急)의 세 가지 형태로 결정되었다.

공진은 우심읍으로 판정되어 재해의 피해가 가장 큰 지역에서 시행되었고, 그 비용은 공곡에서 지출되었다. 그리고 수령이 자비로 시행하면 사진, 굶주린 이의 수가 적어서 공곡을 사용하지 않으면 구급이라고 하였다. 그러나 재정상의 이유로 공진을 적극적으로 시행하지 못하고 사진이나 구급으로 대신할 경우 공곡을 일부 보조하기도 했다.

공진과 사진은 중앙정부의 재정상황과 활용할 수 있는 진휼곡의 사정에 따라 결정되었다. 대개는 감영에서 해당 군현으로 관문을 보내 공진과 사진의 가부를 묻고, 수령의 요청을 수합하여 중앙에 장계를 올려, 그 지시에 따라 시행하였다. 이때 공진은 우심읍에서만 시행하는 것이 원칙이었지만, 수령의 요청에 따라 공진을 거론할 수 없는 지차읍 지역에서도 사정이 우심읍과 다를 바가 없거나 군현의 사정이 사진을 할 여력이 없을 경우 시행하기도 했다.

한편 구급은 공진과 사진에 해당되지 않는 지역에서 굶주림이 가장 시급한 상황에 처한 사람들을 최소한으로 선별하여 시행되었다. 그리고 공진이나 사진이 시작되는 이듬해 1월까지 버틸 수 없는 가장 굶주린 자를 대상으로 12월에 1~2차례 진휼곡을 나누어 주었고, 이를 '세전구급(歲前救急)'이라고 불렀다. 구급은 보통 일정한 정해진 원칙이 없었기에 해당 군현의 상황에 맞추어 적절히 실시하였다.

진휼 대상자의 선별기준은?

재실분등의 연분 결과에 따라 진휼의 방식이 결정되면 진휼 대상자인 기민을 선별하는 작업이 이루어졌다. 기민의 선별을 의미하는 '초기(抄飢)'는 진휼의 성패와 직결되는 중요한 문제였다. 왜냐하면 환곡은 당연히 갚아야 하는 것이었으나 이들에게 나누어 주는 곡물은 무상의 건량백급이었기 때문이다. 따라서 흉년으로 기민이 발생하면, 우선 이들 가운데 유상의 환곡을 지급하는 환민(還民)과 무상의 건량백급 대상자인 진민(賑民)으로 구분하였다. 다만 환민 가운데서도 형편의 차이가 있음을 감안하여 처음에는 진민으로 분류하였다가 차례로 환민으로 옮겨가기도 했다.

초기가 시행되기까지 행정적인 절차를 보면 흉년이 예상되면 가을 추수 이전에 각 군현에서는 초기감관(抄飢監官)을 선정하고 가좌성책(家坐成冊)을

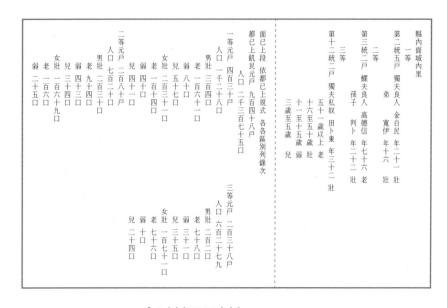

초기성책(抄飢成冊)의 사례
1810년 당진현 현내면 성내리(오른쪽)와 당진현의 전체 기민 선별 문서책[都己上 抄飢](왼쪽)
출전: 1810년 충청도 당진현의 진휼 기록을 담고 있는 《진휼등록(賑恤謄錄)》

통해 진휼 대상자의 대략적인 수치를 파악하였다. 감영에서는 여기에 근거하여 예상되는 기민의 수와 여기에 필요한 진휼곡의 수효를 중앙에 요청하였다. 각 군현에서는 이에 맞추어 다시 각 면에 기민을 선별하는 상세한 내용을 담은 《초기절목》을 시달하였다. 여기서 제시된 기민의 기준은 논밭이 없어서 농사를 지을 수 없는 자, 질병이 있어서 스스로 생활할 수 없는 자, 환과고독(鰥寡孤獨)으로 누구에게도 의지할 데가 없는 자들로 대체로 토지가 없고 병들고 늙어 홀로 외롭게 살아가는 빈궁한 부류를 가장 먼저 선별해야 할 대상으로 삼았다. 그러나 땅이 없어 농사를 짓지 못하더라도 건장하여 품팔이를 할 수 있는 자는 여기서 제외되었다. 그리고 농업이 아닌 상업이나 수공업, 어업으로 일정한 생업이 있는자, 친인척의 도움을 받을 수 있는

자, 사노(私奴)로 주인이 먹여 살릴 수 있는 자 역시 배제되었다. 이러한 기준에 따라 선별된 기민은 형편에 따라 다시 1, 2, 3등으로 구분되었고, 이후 기민의 수는 2~3차례 가감을 거쳐 확정되었다.

그런데 이러한 기민이 되기 위한 중요한 조건은 해당 군현에 거주하는 주민으로서 호적(戶籍)에 등록된 자였다. 그러므로 호적에서 누락된 누호(漏戶)나 거지나 떠도는 이들은 원칙적으로 기민에 포함될 수 없었다. 다만 흉년으로 굶어죽기 직전의 이들을 무조건 배척하지는 않았고 최소한의 진휼도 이루어졌다. 18세기 중반 개성부와 1815년 임실현에서 시행된 진휼 사례를 보면, 유걸인(流乞人)을 본적지 기민과 구분하여 별도의 기준으로 진휼을 시행하였다. 조선 후기 목민서 《사정고(四政考)》의 진휼 관련 부분에는 이러한 누호나 유걸인 문제를 해결하는 방법으로 이런 부류들을 다른 곳으로부터 옮겨 온 자, 또는 식년(式年: 과거를 실시하거나 호적을 조사하던 해로 3년마다 한 번씩 돌아온다) 후에 새롭게 살림을 난 자로 새로운 호(戶)로써 적어 넣어 처리하면, 통호(統戶)를 기재하는 법을 어기지 않으면서 떠도는 거지[유걸(流乞)]도 아울러 진휼할 수 있다고 했다.

정약용의 《목민심서》에서도 이들에게도 최소한의 시혜를 베풀어야 한다는 당위성을 강조하며, 그 대책으로 빈 집 한 채를 빌리거나 구입하여 이를 유걸원(流乞院)이라고 이름 짓고, 여기에 거주하게 하고 토정(土亭 이지함, 1517~1578)의 사례에 따라 이들에게 일을 시키는 방법으로 구제할 것을 제시하기도 했다.

진제장(賑濟場) 설치와 진휼곡의 지급 과정

진휼곡을 나누어 주는 곳을 말하는 진제장(賑濟場)은 진소(賑所), 진장(賑場)이라고 하고 죽을 쑤어 제공한다고 하여 죽소(粥所), 설죽처(設粥處) 등으로 불렸다. 조선 전기 서울에는 주로 서대문 밖의 홍제원(弘濟院), 동대문 밖의 보제원(普濟院)에 설치되어 이를 합해 동서진제장이라고 했다. 그리고 기근이 심하면 남대문 밖의 남쪽 이태원(利泰院)에 추가로 설치되기도 하였다. 주로 도성 밖에 설치되었지만, 현종 연간 대기근 당시에는 서울로 몰려드는 수많은 유이민들을 감당하기 위해 도성 안 선혜청, 한성부 훈련에 두었다는 기록도 있다.

그리고 지방 군현의 진제장은 조선 전기에는 주로 대로변 길가에 두었다. 그러나 이를 이용하는 이가 적어 진휼의 효과가 크지 않다는 이유로 1437년

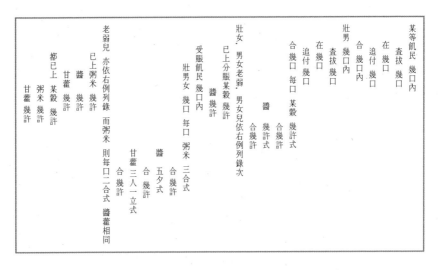

▌ 분진성책규식(分賑成册規式)〈출전: 《진휼등록(賑恤謄錄)》〉

(세종 19)에 도의 계수관(界首官) 및 각 고을의 읍내나 수령의 청사 앞, 또는 주요 교통로의 원(院) 등에 형편에 따라 적당하게 움집과 임시로 가가(假家)를 지어 진제장으로 사용하였다. 그리고 조선 후기에는 현종 연간의 《진구사목》에 소읍에는 관문(官門)에 설치하고, 큰 읍(大邑)은 관문에서 멀리 떨어진 촌락의 기민들이 왕래하는 불편을 고려하여 외창(外倉)이 소재한 지역에 서너 곳을 따로 개설하도록 했다. 1814년 임실현의 진휼 사례를 보면 관문 주변의 읍창외에 관문과 거리가 먼 촌락의 기민들을 위해 북창과 서창 3곳에 진제장을 설치하였다.

선별된 기민에게는 일종의 증명서인 진패(賑牌)를 나누어 주었고 이를 소지해야만 진제장에 들어갈 수 있었다. 공진이 시작되면 각 면의 면리임(面里任)은 진패를 지닌 기민임을 확인한 후 이들을 인솔하여 가까운 진제장에 도착하였다. 이때 모면·모리(某面·某里)라고 적인 하나의 깃발을 만들어 각 면의 진휼 대상자가 서로 뒤섞이지 않도록 했고 진제장에 입장하여 마당에 깔린 공석(空石: 빈 가마니)에 각 면리의 깃발에 맞춰 남녀를 구분하여 앉혔다. 그리고 순서대로 진패를 기민의 명부인 진안(賑案)과 대조하여 다시 확인한 후 먼저 죽을 나누어 주었다. 그런데 이 과정에서 굶주림을 참지 못한 자들이 서로 먼저 죽을 받으려고 다투기도 했고, 넘어져 밟혀 죽는 사고가 일어나기도 했다. 그래서 속설에는 굶주린 사람들이

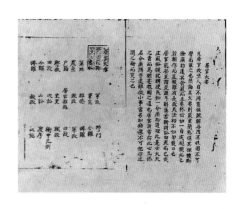

《거관대요》 (한국학중앙연구원 장서각 소장)
조선 후기 수령이 지방에서 행해야 할 업무 내용을 정리한 목민서의 하나로, 진정(賑政)부분에서 진휼의 절차와 과정에 관한 다양한 규정을 기록하고 있다.

아귀다툼을 벌이는 '엉망진창'의 소란은 바로 '억만 명이 모여든 진제장[億萬賑場]'의 모습에서 유래되었다고도 전해진다.

이때 진제장에 진휼곡을 받기 위해 나온 기민에게는 먹이는 죽에 들어 가는 쌀[죽미(粥米)]의 양은 장년 남녀는 1인당 3홉, 나머지 노인·약자·어린아이는 1인당 2홉이었다. 그리고 죽에 함께 들어가는 미역은 동일하게 3인당 1립(立), 간장은 각 5작(勺)씩이었다.

진휼곡의 분급은 진휼 담당 색리(色吏: 賑色)가 죽을 다 먹은 기민의 진안을 살피면서 '○○面 ○○里 아무개는 조(租) 몇 말[斗] 몇 되[升] 장(醬) 몇 홉[合]'이라고 외치게 된다. 그리고 또 다른 색리가 다시 해당자의 진패와 분급액수를 대조하여 확인한 뒤 창고의 출납을 담당했던 고지기[庫子] 2명이 비로소 앞서 외친 수량을 부르는 대로 나누어 주었다. 모든 기민에게 진휼곡 분급을 마무리하고 나면 수령은 분진정책(分賑成冊)을 작성해 이를 감영에 보고하는 것으로써 한 차례의 공진이 마감되었다.

공진은 이러한 방식에 따라 초·중·종순(初·中·終旬)의 10일 간격으로 한 달에 3차례 이루어졌다. 만일 초순을 초 1일에 시작하면, 중순과 종순은 각기 11일, 21일로 정하여, 기민들이 정해진 날짜를 모두 알게 하였고 부득이한 경우가 아니면 날짜를 변경할 수 없었다. 공진이 시작되면 1순(巡)은 1등 기민, 2순에는 1, 2등 기민, 그리고 3순부터 모든 기민에게 진휼곡을 나누어 주는 것이 원칙이었다. 이후 순차를 더해 더해 가면서 진휼을 마칠 때까지 백급 대상자의 수를 줄여 나갔다. 이러한 기준에 따라 공진이 시행되는 기간은 보통 정월 초순에 시작하여 가을보리가 성숙하는 4월~5월을 기준으로 경상도는 4월, 경기도와 충청도는 5월 초순, 경우에 따라서는 중순까지었으며 상황에 따라 감영의 지시로 1차례 더하기도 함으로써, 12순이 일반적이었고 경우에 따라서 최대 13~14순까지 시행되었다. 그리고 이 과정에서 한 차례의 별진[別賑(別巡)]이 이루어졌다. 별진은 보통 감영이나 해당 군현의 자비곡으로 월에 3차례 외에 별도로 시행되거나 본래의 지급액에 진휼곡을 더해 주기도 했다. 임금의 하사로 진휼에 보태지는 물자인 내하진자(內下賑資)가 내려올 때에는 이를 사용하여 정해진 날에 기민들을 불러 모아 국왕의 특별한 위무의 뜻을 선포했다. 별진은 감사가 진휼 상황을 점검하는 목적도 있었기에 각 군현을 순력(巡歷)하면서 이루어졌고, 직접 순력하지 못하는 지역은 비장(裨將)을 보내어 대신 행하였다.

계획적 진휼의 시행, 진휼곡 지급액의 세분화

진휼 과정에서 지급된 진휼곡의 수량은 시기에 따라 조금씩 차이를 보인다. 1419년(세종 1) 진제장에서 나누어 준 곡물의 사례를 보면, 장년의 남녀 1명은 1일 쌀 4홉, 콩 3홉, 장(醬) 1홉, 11세부터 15세까지의 남녀는 쌀 2홉, 콩 2홉, 장(醬) 반 홉을 주고, 10세부터 5세까지의 남녀는 쌀 2홉, 장 반 홉이 지급되었다. 그리고 1503년(연산군 9)에 16세 이상의 사람이 일시에 먹는 것이 횡간에 조미(造米)와 (黃豆)가 각각 5홉씩이라는 기록을 보면, 조선 전기에는 장년의 남녀 기준으로 하루에 쌀 4~5홉 콩은 3~5홉 사이로 두 가지 곡식을 합하면 7~10홉 정도가 지급되었음을 알 수 있다.

그런데 임진왜란 이후 그 액수가 다소 줄면서, 1662년(현종 3) 반포된 절목에 장년의 남녀에게 아침저녁으로 두 차례 쌀 2홉, 남녀 노약자에게는 1

홉 5작(勺)으로 죽을 끓여 지급하였다. 건량(乾糧)으로 나누어 줄 때도 이 규정에 따라 시행되었으므로 장년의 남녀 기준으로 4홉 정도가 된다. 그리고 건량백급이 무상구제로 자리 잡은 18세기 후반에는 지급액이 다소 늘어나 장년의 남자에게 쌀 5홉으로 고정되면서 나이에 따른 수량을 세분화하였다. 다음의 표는 1815년 전라도 임실현에서 시행된 공진의 진휼 규정에 따른 진휼곡의 지급 기준이다.

지급된 진휼곡의 액수는 10일, 곧 공진의 1순을 기준으로 한 분급액이므로 이를 하루 분으로 환산하면 장년 남자의 경우 5홉이 된다. 쌀이 아닌 조로 지급되면 쌀[米] : 조[租] = 1 : 2.5의 준절식[準折式]을 적용하여 1말 2되 5홉을 지급하였다. 남녀와 노인의 지급액에 약간의 차이가 있지만 장년·노인·약자·어린이로 구분된 기민은 각각 10일에 한번 5·4·3·2되의 곡물을 분급 받는 것으로 고정되는 제도가 확립되었다.

그렇다면 기민 1인 당 공진(公賑)의 기간 동안 어느 정도의 진곡을 분급 받고 있었을까. 여기에 대해서 진휼과 관련된 목민관이 행해야 할 규정들을 매우 자세히 담고 있는 《황정대개(荒政大槪)》에 "장년 남자가 받는 바는 비록 1

1815년 전라도 임실현에서 시행된 진휼곡 지급 사례

	지급곡	장년[壯](15세 이상)	노인[老](50세 이상)	약자[弱](8세 이상)	어린이[兒](8세 이하)
남	쌀(米)	5되	4되(*3되)	3되	2되
	조(租)	1말 2되 5홉	1말(*7되 5홉)	7되 5홉	5되
여	쌀(米)	4되	3되	3되	2되
	조(租)	1말	7되 5홉	7되 5홉	5되

1. *는 《거관대요》와 1810년 충청도 사례에 나타난 규정
2. 약자와 어린이의 구분은 10세나 11세를 기준으로 나누기도 했다. (1810년 호남과 충청도의 진휼 사례)

말을 넘지만 장년 여자와 노인과 약자는 1말을 채우지 못하므로 1순 1명에 1말의 곡식으로 가정하면 진휼이 시작되면서 이를 끝마칠 때까지 14차례 내외이므로 1섬으로 가정한다."라고 하여 진휼곡의 지급 기간 동안 기민 1인은 대략 1섬 전후의 진휼곡을 받았던 것으로 볼 수 있다.

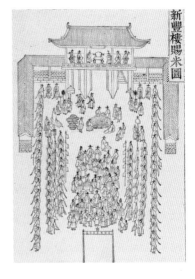

신풍루 사미도(원행을묘정리의궤)
1795년 화성행궁의 정문인 신풍루에 행차한 정조가 기민들에게 쌀과 죽을 나누어 주는 모습이다.

당시 성인 남자 기준으로 평시 하루에 먹는 양은 쌀 2되로 알려져 있다. 장년 남자에게 지급된 하루 분인 5홉은 여기에 비교하면 평상시의 1/4정도의 수준이다. 따라서 진휼이 시행되면서 기민 1명에게 지급되는 진휼곡은 굶주림을 면할 정도의 생존에 필요한 적은 양이었다. 다만 흉년으로 인해 농민들의 생활이 거의 활동 정지 상태에 있는 상황을 감안한다면, 그러한 육체활동의 저하는 평상시보다 적은 양으로도 분명히 최소한 생존은 할 수 있었을 것으로 짐작된다.

여기에 공진이 시행되는 동안 진휼곡과 함께 지급된 장이나 소금은 굶주림을 극복하는 데 적지 않은 도움이 되었을 것이다. 공진이 시행되면 1순마다 장년 남녀에게는 장(醬) 3홉을, 장을 주지 않을 경우에는 소금을 대신 주었고 한 차례 장을 주었으면 다음 차례는 소금을 주어 그 원하는 바에 따라 나누어 주었다. 소금은 사람의 생리작용과 밀접한 관계가 있어 평상시뿐만 아니라 흉년 시 곡물과 함께 생존을 위해 매우 중요한 역할을 하였다. 특히 흉년 시에 농민들은 부족한 곡물을 풀이나 푸성귀를 먹음으로써 대신 보충할 때가 많았고 이때 대용식품이 된 각종 나물이 지닌 독성을 해독시키고, 삼켜서 섭취하려면 반드시 소금이 필요했다. 따라서 소금은 진휼곡 못지않게 중요한 역할을 하였다.

이처럼 기민에게 분급하는 진휼곡의 양이 성별과 나이에 따라 분명히 규정됨으로써 기민의 수에 견주어 진휼에 들어갈 곡물 수량의 대강을 더욱 세밀하게 예측하여 그에 대한 대비를 할 수 있게 되었다. 이는 조선 전기에 비해 기민에게 지급되는 곡물의 양이 축소되기는 했지만, 흉년 시 이전보다 계획적으로 더 많은 기민들에게 진휼곡을 분급할 수 있게 되었음을 의미한다.

원재영 _연세대 미래캠퍼스 역사문화학과 전공 강사

조선시대 화재는 어떻게 예방하고 진압했을까?

최주희

불과 함께 한 인류의 명암

인간은 물과 불을 이용해 문명을 발전시켜 왔다. 물은 생명과 직결되며, 농경에 없어서는 안 되는 자양분이다. 물길을 관리하여 홍수 피해를 최소화하고 필요할 때마다 생활·농업 용수로 공급하는 수리 정책은 고대국가 단계에서부터 군주의 중요한 치세 능력으로 평가되어 왔다.

불은 가연성 물질이 산소와 결합하여 높은 온도의 빛과 열을 만들어 내는 무형자원이다. 인간은 불로 어둠을 밝히고, 열을 가해 음식을 조리하거나 난방을 통해 체온을 보존하는 등 의식주 전반에 불을 사용해 왔다. 나아가 전쟁에 쓸 무기와 제사에 쓸 도구를 주조하여 신성화된 권력을 창출하는 등 문명과 국가를 성립시키는 데에도 불을 적극 활용해 왔다. 이처럼 불은 인류 문명을 형성하는 최대의 공로자이자 인류 문명을 파괴하는 재앙의 전도사로 역할해 왔다.

인공지능기술의 발달로 각종 산업이 자율·자동제어 시스템으로 전환되고 있는 요즘에도 우리는 인간의 통제 밖에서 야기되는 대형 산불 기사를 종종 접하게 된다. 지구 온난화로 야기된 이러한 환경 위기는 산업혁명 이후 인간이 화석 연료를 무차별적으로 뽑아 쓰면서 빚어 낸 참사이다. 불을 만들 수 있는 에너지 자원을 과용한 대가로 우리는 인류 문명을 위협하는 여러 재난에 맞닥뜨리고 있다. 그러면 대량의 화석 연료를 쓰지 않던 조선시대 사람들은 어떻게 불을 지펴 일상생활에 활용하고, 뜻밖의 화재에 대응하였을까?

조선시대 사람들의 불 사용법

공기 중 쉽게 발화되는 인을 마찰시켜 불을 피우는 성냥이 조선에 처음 소개된 때는 강화도조약이 체결된 1876년 무렵이다. 조약 체결을 주도한 전권대신 신헌은 일본 전권대신 구로다 기요타카가 예물로 바친 회선포 점화용 '양취등(洋吹燈)'을 고종에게 처음 보고하였는데, 이것이 바로 성냥이었다. 이후 조선에도 국내 자본으로 고흥사라는 성냥공장이 세워지기는 했으나 외국에서 수입되는 성냥 제품에 밀려 자취를 감추었고, 1917년 일본인이 인천에 조선인촌주식회사를 세우면서 생활용품으로서 성냥이 국내에서 널리 보급되었다. 성냥이 도입되기 전 민간에서는 집집마다 부싯돌을 쳐서 불을 피웠고, 미리 지펴 놓은 불씨를 보관하기 위해 화티(강원도 삼척), 봉덕(제주도)과 같은 돌화로를 만들어 썼다.

불을 지피는 방식은, 우선 나무에 구멍을 내고 나무막대를 꽂아 마찰시켜 불을 내거나 부싯돌에 쇠붙이를 쳐서 불꽃을 만들어 말린 쑥잎 따위 발화물질에 부치는 형태였다. 민가에서 불씨를 관리하는 이는 살림을 맡은 부녀

자들이었기 때문에 시어머니에서
며느리로 불씨를 전해 주는 풍속이
있었다. 실제 전남 영광의 영월 신
씨 종가에서는 500년 동안 화로를
사용해 불씨를 이어 왔다.

홍만선은 그의 저서 《산림경제》에
서 〈거가필용〉을 인용해 불씨를 꺼
지지 않게 잘 묻는 법을 소개하였
다. 그에 따르면 "숯 열 근과 쇠똥

전남 영광 영월 신씨 화로와 부뚜막(국립민속박물관 소장)

열 근을 섞어 찧고 가루를 만든 다음 부용잎 3근을 넣고 다시 찧는다. 그리
고 찹쌀과 아교를 넣고 반죽해서 수탄(獸炭)을 만들어서 볕에 말려 태우면 3
일 동안 꺼지지 않는다."고 하였다. 또 "불을 사용하지 않을 때는 재로 덮어
야 두어야 한다."고 하였으며, "좋은 호두 한 개를 태워 반쯤 탈 때에 뜨거운
재 속에 묻어 놓으면 3~5일 동안 꺼지지 않는다."고도 하였다.

남성들의 생활에서도 불은 필수적이었다. 여행길에 올라 중간에 불을 피
워야 할 때에도, 산수유람에 술을 데워 마실 때도, 해가 진 후 글공부를 할
때에도 불이 필요했다. 이익은 《성호사설》 만물문에서, 중국에서 밤에 등불
을 켤 때 쓰는 인광노(引光奴)를 소개하였는데, 삼나무를 깎아 유황을 칠해
서 불에 대면 즉시 불꽃이 인다고 하면서, 조선에서도 벚나무 껍질로 인광
노를 만든다고 하였다. 또 홍대용은 《담헌서》에서 청나라 사람들은 좌우에
'하포(荷包)', '빙구자(憑口子)'라는 주머니를 차고 다니는데, 주머니 속엔 담
뱃대, 쌈지, 차, 향, 수건, 장도, 부싯돌 등을 차고 다닌다고 하였다. 조선의

남성들도 부시쌈지라 하여 주머니 안에 부시와 부싯돌, 쑥임 등을 볶아 만든 부싯깃을 휴대하고 다녔다.

궁궐과 각 관청 역시 불 피우는 방식은 민간에서와 크게 다르지 않았다. 다만 궁궐과 각 관청에서는 절기마다 개화(改火)의식을 따로 치렀는데, 매년 입춘, 입하, 입추, 입동과 늦여름 토왕일에 내병조에서 나무를 비벼서 불을 새로 만들어 각 궁에 진상하고, 각 관청과 대신들 집에 나누어 주는 의례가 있었다. 개화 의식은 《주례》의 고제에 의거해, 음양을 조화시켜 역병과 재해를 막기 위한 것이었다.

그러나 일상생활에 쓰이는 불은 조금만 잘못 다루면 금세 화재가 발생하기 쉬웠고, 방화와 같은 범죄에 노출되기도 하였다. 더욱이 조선시대 건축물은 대부분 목재와 석재로 이루어져서 화재에 취약했기에 이를 예방하고 진압하기 위한 제도적 장치가 수반되어야 했다.

그러면 조선시대 화재는 어떠한 양상으로 나타났으며, 조선왕조는 중앙과 지방의 화재 사건에 어떻게 대처하였을까?

도성의 화재 발생과 대응책

조선왕조는 개국 초부터 크고 작은 화재에 시달렸으며, 특히 왕조의 수도인 한양에서 발생하는 화재 사건으로 골머리를 앓았다. 태조 7년(1398)에는 가회방의 인가에서 불길이 번져 143가(家)가 불에 타고, 궁궐의 미곡 창고인 요물고마저 소실되었다. 정종 대 개경으로 환도하였다가 태종 4년(1404)에 한양으로 귀환하게 된 이유도 태종이 머물던 개경 수창궁이 불에 타 크게 훼손되었기 때문이다.

태종은 환도 이후 대대적인 화재 예방 조치를 취하였다. 재위 6년(1406) 별와요를 설치하고 도성민들에게 기와를 팔아 띠 대신 기와를 덮게 하였으며, 7년(1407) 4월에는 민가가 늘어나 구불구불해진 도로를 넓히고, 각 방(坊)마다 물독 두 곳을 설치하여 화재에 대비토록 하였다. 또 병선용 목재가 화재로 손실되지 않도록 각도 수령에게 금화령을 내리는 한편, 곡식과 군기, 의례 용구 등을 보관한 관청에서는 야간 순찰을 돌아 화재를 예방하도록 하였다. 태종 15년(1415)에는 한성부에서 〈화재방비계목〉을 올려 각사와 인가가 모여 있는 곳에 금화를 철저히 하도록 하는 조목을 마련하고, 이듬해에는 성저십리의 화재를 승정원에 직접 보고하도록 조치하였다.

화재에 대한 경각심이 컸던 태종은 세종이 즉위할 때에도 화재를 각별히 조심하도록 당부하였다. 세종 역시 재위 5년이 되는 해에 경외 각사의 창고 주변에 방화장(防火墻)을 쌓아서 불기운이 통하지 못하게 하였으며, 궐내에 화재가 났을 경우 진압하는 조목을 추가로 마련하였다. 그럼에도 화재를 막는 것은 쉬운 일이 아니었다.

세종 8년(1426) 2월 15일과 16일에 걸쳐 이틀간 한성부에 큰불이 났다.

15일 한성부 남쪽에 사는 인순부(仁順府)의 종 장룡의 집에서 불길이 일어 경시서(京市署) 및 북쪽 행랑 116칸과 중부 1,630호, 남부 350호, 동부 190호가 연소되었다. 이튿날인 16일에는 전옥서(典獄署) 서쪽의 정연의 집에서 불이 나 전옥서와 행랑 8칸이 연소되고 종루까지 불길이 미쳐, 종루 동쪽의 행랑 200여 호가 연소되었다. 이 화재로 각사와 민가가 소실되는 것은 물론 도성 내 사람들이 불에 타 죽고, 국고와 민간의 재산을 도둑맞는 범죄가 발생했다.

이에 같은 달 20일에는 서울의 행랑에 방화장을 쌓고 성내 도로를 사방으로 넓게 통하게 하며, 궁궐 및 전곡을 보유한 각사와 붙어 있는 가옥은 철거시켰다. 또 행랑은 10칸마다, 민가는 5칸마다 우물을 하나씩 파고, 각 관청 안에는 우물 두 개씩을 파서 물을 저장해 두도록 하였다. 또 종묘와 대궐 안, 종루의 누문에는 불을 끄는 기계[救火器械]를 만들어 비치하였다가 화재가 발생하면 좇아가서 끄게 하고, 군인과 노비가 있는 각사에도 불 끄는 시설을 갖추고 화재가 발생했다는 소식을 들으면 이들에게 불을 끄도록 하였다. 26일에는 마침내 도성의 화재 예방과 진압을 담당하는 전담기구로서 금화도감(禁火都監)을 설치하고, 제조 7인, 사 5인, 부사 6인, 판관 6인의 담당 관원을 두었다.

세종 13년(1431) 5월에는 불을 끄는 금화군을 선발하였다. 이때 금화군은 각사의 노비 중에서 정하였으며, 각사의 여종 중에서 물을 공급하는 급수비 자도 따로 지정하였다. 이로써 불이 나면 각사의 관원들이 소속 금화군과 급수비자를 거느리고 도감의 지휘에 따라 불을 끄는 시스템이 갖추어졌다.

세조 6년(1460) 5월 관제 개편 당시 수성금화도감을 폐지하면서, 성곽 수리는 공조로, 금화 업무는 한성부로 이관되었으나 이후 금화에 관한 행정 조치는 더 정교해졌다.

세조 13년(1467) 12월에 반포된 〈금화사목〉에는 오늘날 소방관이라 할 수 있는 멸화군의 존재가 확인된다. 사목에는, 문서와 전곡을 보유한 각사는 방화장을 축조하도록 하였으며, 오늘날 소방관이라 할 수 있는 멸화군 50인을 정하여 도끼 20개, 쇠갈고리 15개, 숙마긍 5개를 주고 종루에 올라 망을 보게 하였다. 또 각사의 소방 시설 및 숙직자들의 야간 순찰을 도총부와 승정원에서 수시로 살피고, 병조·공조·한성부의 낭관들은 매 계절 끝에 금화의 근태를 기록하여 국왕에게 아뢰도록 하였다. 한편 오부의 방리 안에 대호는 도끼 3개, 쇠갈고리 2개, 긴 사다리 1개, 중호는 도끼 2개, 쇠갈고리 1개, 긴 사다리 1개, 소호는 도끼 1개를 준비시키되 3호마다 긴 사다리 1개를 준비시켜 화재를 방지하도록 하였다.

성종 12년(1481) 3월에는 금화도감이 복설되고, 수성도감과 합쳐 수성금화사(修城禁火司)가 설치되면서 《경국대전》에 공식 관청으로 명문화되었다. 수성금화사는 종루의 동편에 위치하였고, 멸화군 50인이 밤낮으로 대기하고 있다가 화재가 발생하면 즉시 금화사의 관원이 이들을 거느리고 가서 불을 끄도록 하였다.

물론 수성금화사가 화재 진압을 전담하지는 않았고, 병조·의금부·형조·한성부 등의 유관기관과 공조 체제로 도성의 화재 업무를 처리하였다. 이후 수성금화사는 18세기 후반까지 유지되다가 전연사와 함께 폐지되었다. 수성금화사가 폐지된 후 궐내 금화는 병조에서, 도성의 금화는 좌우순청에서 담당하였다.

1900년대 궁정소방대의 완용펌프
훈련 모습
(서울특별시 소방재난본부 소장)

조정에서는 대규모 화재가 발생하였을 경우, 피해를 입은 가호를 조사하여 쌀과 면포를 내려 주는 등 구휼책을 마련해 주었으며, 지방의 경우 특별히 위유어사를 파견하여 피해민을 위로하였다. 또한 화재를 야기한 자를 조사하여 죄의 경중을 가려 처벌하였다.

이처럼 조선왕조는 선초부터 도성의 화재 예방과 진압을 위한 다양한 조치를 취하였고, 세종 대 금화도감을 설치한 후 부침이 있기는 했으나, 성종대 수성금화사로 재편한 후로는 병조·의금부·형조·한성부 등의 유관기관과 공조 체제로 화재 업무를 관장하였다. 수성금화사가 폐지된 후에는, 궁궐은 병조에서, 도성은 좌우순청에서 담당하였다가, 고종 31년(1894) 갑오개혁 당시 경무청을 신설한 후 경찰, 소방, 감옥 업무를 총괄하도록 하였다. 위 사진에서처럼 대한제국기 궁궐 화재를 담당하던 궁정소방대는 물을 담아 펌프질하여 물을 뿌리는 완용펌프를 사용하였는데, 이 완용펌프는 개항 이후 국내에 도입된 것으로 알려져 있다.

그러나 민간에서는 이처럼 물을 끼얹어 불을 끄는 것이 쉽지 않았기에 집의 들보를 무너뜨려 불을 덮어 버리는 방식을 택하였다. 영국인 여행가 새비지 랜도어(A. Henry Savage-Landor, 1865~1924)는 그의 저서 《고요한 아침의 나라 조선》에서 1891년 서울 종각 근처에서 난 화재를 목격하고, 조선인들이 불이 났을 때 어떻게 불을 끄는지 자세히 묘사하였다. 새비지 랜도어는 당시 근처 우물에서 물을 길어 오는 이들이 있었으나 얼어서 별다른 소용이 없자, 결국 들보에 불이 옮겨 붙지 않도록 건장한 남자들이 힘을 합해 무너뜨리는 방식을 취하였다고 했다.

이처럼 민간의 화재를 진압하는 데 한계가 있기는 했지만, 조선왕조는 인구가 밀집한 도성에 화재 예방 및 진화에 관한 일정한 매뉴얼을 만들어 두었다. 또 지방의 경우 각도 감사 및 수령의 보고를 검토하여 사건의 진상을 파악하고 피해를 입은 백성을 위무하는 조치를 취하였다. 그뿐만 아니라 국용 산림자원과 각종 국가 시설을 관리하기 위해 지방의 산불 관리 대책을 마련해 두었는데, 이에 대해서는 다음 절에서 상술하기로 하겠다.

지방의 산림 이용과 산불 대응

조선시대 국가의 산불 관리는 일차적으로 도성을 둘러싼 사산과 지방의 봉산(封山)을 대상으로 하였으며, 왕릉, 사고(史庫), 봉수대 등의 국가 시설을 관리하는 데서도 화재 예방을 위한 금제 조항을 마련해 두었다.

우선 도성 주변 사산은 왕성을 보호하기 위해 벌목과 산불 놓는 것을 일절 금단하였다. 또 석재로 성벽을 쌓아 화재가 도성 안으로 확산되지 못하도록 하는 한편, 병조와 수성금화사, 한성부의 사산감역관이 공동으로 순시하여 화재에 대응하도록 하였다. 경기 일대 왕릉 주변 산불은 병조와 예조가 관리하였으며, 사고(史庫) 주변의 산불은 춘추관과 사고가 자리한 인근 사찰에서 관장하였다. 한편 봉수대 주변 산불은 병조에서, 시장(柴場)의 산불은 해당 관청과 시장이 소재한 각도에서 관리하였다. 이 밖에 지방 산지는 지방관과 병조에서, 사찰 주변 산불은 사찰과 지방관이 담당하였다.

특히 봉산은 선박과 관곽, 위패 등을 만드는 데 쓸 목재를 조달하기 위해 정부 차원에서 관리하던 산을 일컫는다. 그렇기 때문에 일찍이 봉산에서의 무단 벌목과 방화, 화전 경작을 엄격히 금단하였다. 조선 전기에는 주로 송림을 금산(禁山)으로 지정하였으나, 조선 후기에는 관곽용 금강송을 기르는 황장봉산, 위패용 밤나무를 기르는 율목봉산 등을 확대 지정하여 운영하였다. 봉산에는 보통 도감관 면감관, 감색, 산지기 등을 정해 화재 예방 업무를 담당하도록 하였으나 감관과 산지기들이 업무를 빙자하여 백성들을 수탈하는 일이 잦았다. 이에 숙종 10년(1684) 선박 제조를 위한 목재 수급을 원활히 하는 한편, 관리들의 폐단을 바로잡기 위해 〈금송사목〉을 반포하였다. 이를 통해 감관 및 산지기 수를 줄이고 이들에게 부과되었던 각종 잡역을 면제해 주는 대신 봉산 관리 업무에 집중할 수 있도록 하였다. 또한 송전(松田)에 불을 지른 사람은 극률(사형) 혹은 엄벌형으로 다스리고, 방화인을 놓쳤을 때는 해당 고을의 감관, 산지기에게 범인을 놓친 법 규정을 적용하였다.

왕릉에는 화재 예방을 위해 왕릉 안에 금천교를 두고 산불 발생 시 소방 용수로 활용할 수 있도록 하였으며, 봉분 뒤로는 곡장을 둘러 뒤쪽에서 발생하는 화재에 봉분이 훼손되지 않게 방화장 역할을 하도록 하였다. 한편 봉분과 일정한 거리를 두고 흙이나 돌로 언덕을 만들거나 도랑을 파 산불 피해를 막고자 하였는데, 이를 화소(火巢)라 한다. 화소의 경계가 되는 곳에서는 백성들의 출입을 제한하는 화소금표석을 세워 두고, 능역 내 수복방(종묘, 왕릉을 지키며 제물을 준비하는 관리나 청소를 하던 수복이 지내던 집) 소속 수호군으로 하여금 순찰을 돌게 하여 민간에서 땔감을 채취하거나 벌목하는 것을 금단하였다.

사고는 왕조실록을 비롯해 왕실 관련 중요 서적을 보관하던 곳으로, 조선 전기에는 서울의 춘추관, 충주, 성주, 전주에 두었으나 임진왜란 이후 전란과 도적으로부터 보호하기 위해 강화도 마니산, 봉화 태백산, 영변 묘향산, 평창 오대산 등으로 이전하였다. 이후 마니산 사고는 정족산성으로 옮기고, 묘향산 사고도 정묘호란 이후 무주의 적상산으로 이전하였다. 이때 강화도 정족산 사고에는 산불에 견딜 수 있는 방화벽을 설치하여 화염이 닥쳐도 실록이 소실되지 않도록 하였다. 무주의 적성산 사고에는 수호군 60명과 승군 20명을 두고 산불 예방과 진화에 대비하였으며, 태백산 사고에는 참봉과 사찰 승려를 지정해 두고, 이들로 하여금 주변 나무를 벌목하게 하여 불이 옮겨 붙지 못하도록 하였다.

봉수대는 국경의 변고를 알리고, 외적의 침입을 막기 위한 조선시대 주요 군사통신시설로서, 전국에 673개소가 설치되어 있었다. 봉수대는 봉화를 올리다가 바람이 세게 불거나 주의를 기울이지 못해 주변 산림에 불이 옮겨 붙을 수 있었기에 봉수 연통을 높게 쌓고, 봉수 주변에 담장을 둘러 방화장 기능을 하게 하였다.

마지막으로 각 지방 산지의 화재 업무는 명목상 고을 수령이 담당하였으나, 실제로는 산지 인근에서 살아가는 주민들이 힘을 합쳐 온갖 방법으로 불을 끄는 수밖에 없었다. 산에는 선영의 묘가 자리한 데다가 산불이 커지면 민가를 덮칠 수 있었다. 또 땔감과 약초, 들짐승 등 농지에서 얻을 수 없는 자원들이 많았기에 산불이 나면 마을 주민들이 공동으로 산불에 대응하였다. 17세기 안동 사족 장흥효가 쓴 《경당일기》에는 광해군 9년(1617) 3월 18일 오시에 선영의 외산에 산불이 나자 장흥효가 직접 재종제 등 마을 사람들을 데리고 올라가 산불을 끈 내용이 기록되어 있다. 산불이 나는 요인은 여러 가지이겠지만, 무엇보다 화전 경작에 따른 부주의가 컸다. 조선 전기부터 사냥을 하거나 화전을 일구다가 산에 불을 내는 일이 끊이지 않고 조정에 보고되었는데, 이 때문에 성종 대에는 화전 경작을 엄히 금단하는 한편, 각도 관찰사에게는 봄철 산불과 들불이 나지 않도록 경계할 것을 당부하였다.

숙종 원년(1675)에는 화전 정비를 위한 사목을 반포하여 명산, 대산의 화전은 모두 금단하며, 화전을 금해야 할 산은 산허리 이하에서도 모두 화전 경작을 하지 못하게 막되, 나지막한 산, 끊어진 언덕, 크고 작은 구릉은 백성들이 경작하도록 허용해 주었다. 그러나 화전은 정부의 금단 조치와는 별개로 왕실 궁방이나 각 관청들도 세를 걷기 위해 별도로 조성할 만큼 경작이 확대되고 있었다. 이러한 화전 개발 붐은 조정의 여러 대책에도 산불 발생 빈도수를 높이는 직간접적 요인이 되었다.

최근의 연구 성과에 따르면, 관찬 연대기 사료에서 확인되는 조선시대 대형 산불은 총 63회로 파악된다. 이 중 조선 전기 화재는 중종 대 5건, 세종 대 3건, 성종 대 2건, 태종·명종 대 각 1건 발생하였으며, 조선 후기에는 현종 대 14건, 숙종 대 13건, 정조·순조 대 각 7건, 인조·철종 대 각 3건, 영조

대 2건, 경종·고종 대 각 1건 순으로 나타났다. 그러나 조선시대 일기 자료를 살펴보면, 중앙에 보고되지 않은 크고 작은 산불이 매년 지방에서 발생하였으며, 주로 비가 덜 오는 봄철에 자주 발생한 정황이 확인된다.

한 가지 주목할 점은 비단 산불뿐만이 아니라 민가의 화재도 조선 전기보다 후기에 빈도수가 늘어나고 있었다는 점이다. 선초부터 화재 예방과 진압을 위해 꾸준한 조치를 취했음에도 조선 후기 들어 화재가 많이 발생한 이유는 무엇일까?

조선 후기 온돌 보급의 확대와 화재 발생

《조선왕조실록》DB에서 화재 관련 키워드로 왕대별 화재 발생 빈도수를 대략적으로 살펴보면 임진왜란 이후 화재 발생이 이전 시기보다 현저히 높게 나타나며, 민가와 궁궐, 관청에서의 화재 발생 빈도수가 야산 등지에서보다 높게 나타나는 것으로 파악된다. 한편 전란이나 반정, 역모 등의 정치적 사건을 배제하고, 자연 실화(失火)를 대상으로 조선 후기 화재 요인을 추적해 보면, 대개 온돌의 보급과 밀접한 관련을 맺는 것으로 나타난다.

온돌은 아궁이에 불을 때서 고래를 통해 굴뚝으로 빠져나가는 연기로 방안을 데우는 난방 방식이다. 열전도율이 높고 보온성이 뛰어나 조선 전기에도 환자를 치료하는 방이나, 습기를 없애야 하는 공간에 온돌을 조성하였다. 또한 궐내 국왕이 머무는 대전과 임시 가가(假家), 성균관 유생의 숙소인 동재와 서재, 누에를 키우는 잠실 등에도 온돌이 몇 칸씩 설치되었다. 이처럼 온돌은 특유의 난방 효과가 있었음에도 화재에 취약했기 때문에 궐내 각

전이나 관청에 온돌을 확대 설치하지는 못하였다.

그런데 임진왜란 이후 전후복구과정에서 궐내 온돌이 빠르게 조성되었다. 광해군은 새로 짓는 경덕궁에 온돌을 조성하고자 하였으며, 조선을 방문한 중국 사신들의 임시 거처에도 온돌을 설치해 주었다. 광해군 6년(1614) 상의원에 화재 사건이 발생했을 때에는 온돌이 화재 원인으로 지목되기도 하였다. 온돌 보급은 인조 대 더욱 확대되었다. 인조반정 직후 승정원에서는 궐내 여러 곳에서 온돌을 조성하여 벌집처럼 불을 피우는 문제를 보고하였다. 궐 밖의 여러 관청에서도 온돌을 조성하기는 매한가지였다. 종친부·충훈부·돈녕부·비변사·내의원·홍문관·예조·병조·관상감 등 궐내외 관청에 온돌이 설치되어 땔감이 정기적으로 공급되었으며, 이 밖에 제향과 구료(救療), 주조(酒造), 과거 시행 등 왕실 부양과 기타 행정 업무에 필요한 다양한 종류의 땔나무와 숯이 조선 후기 내내 정부 관서에 공급되었다.

그러면 일반 민가는 어떠했을까? 성대중의 《청정잡기》에 따르면 민가의 온돌 보급에 대한 실마리를 얻을 수 있다.

온돌이 유행하게 된 것도 김자점으로부터 시작되었다. 옛날에는 방이 모두 마루여서 큰 병풍과 두꺼운 깔개로 한기와 습기를 막고 방 한두 칸만 온돌을 설치해서 노인과 병자를 거처하게 했다. 인조 때 도성의 사산에 솔잎이 너무 쌓여 여러 차례 산불이 나자 임금이 이를 근심했다. 김자점이 이에 오부의 집들에 명해 온돌을 설치하게 하자고 청하였으니, 이는 오로지 솔잎을 처치하기 위한 것이었다. 사람들이 모두 따뜻한 걸 좋아하여 너나 할 것 없이 이 명령을 따라 얼마 안 가서 온 나라가 이를 설치하게 되었다.

성대중의 말처럼 온돌이 김자점으로부터 유행했다고 단언할 수는 없지만, 기사를 통해 인조 대 이후로 온돌 설치가 도성에서 점차 지방으로 확대되었음을 알 수 있다. 이익도《성호사설》인사문에서, "국가가 태평하여 30~50년을 지나는 사이에 사치와 검약이 완전히 갈라졌다고 한탄하면서, 지금은 사방의 산이 씻은 듯이 벗겨져서 서울 안의 장작이 계수나무처럼 귀한데, 비록 천한 종들까지라도 따뜻한 온돌방에서 잠을 자지 않는 자가 없다."고 하였다. 이처럼 조선 후기 내내 한반도 남단의 향촌 농가에까지 온돌이 널리 보급됨에 따라 서울과 지방에는 각기 땔감 시장이 형성되었다.

조선 후기 한강 인근에는 땔감을 파는 시목전이 서강, 흑석리, 마포, 용산, 서빙고, 두모포, 뚝섬 등지에 자리하고 있었으며, 정조 대에는 한강 인근에서 땔감을 도거리 하는 상인[柴商]들도 나타났다. 지방에서는 농한기에 나무를 베어다 땔감으로 파는 나무꾼 조직이 형성되었는데, 초군(樵軍)으로 불리던 이들은 주지하다시피 19세기 중반 농민항쟁의 주도층으로 활약하였다. 한편 온돌은 시비법에도 영향을 미쳐 민가의 아궁이에서 나온 재[灰]를 거름으로 활용하는 경향이 나타났다.

러일전쟁을 취재하기 위해 조선을 방문한 스웨덴 출신 기자 아손 그렙스트(W. A:Son, Grebst)는 대구에서 첫날밤을 보내면서 온돌에 관한 인상을 상세히 서술하였다. 그는 도시 전체가 연기 냄새로 가득찼으며, 밤에는

| 1880년경 땔감 상인(동아일보 소장)

펄펄 끓는 방바닥에서 빵처럼 구워지는 게 조선 사람들의 습관인 듯 보였다고 묘사하였다. 이어서 난방을 위해 아침, 저녁 불을 때는데, 땔감 비용으로 도시의 경우 1인당 수입의 4분의 1이 연료비로 소비된다고도 하였다.

그러면 조선 후기 온돌이 이처럼 확대될 수 있었던 요인은 무엇일까? 우선 온돌은 난방과 보온 효과가 뛰어난 데다가, 아궁이의 열로 부엌의 조리와 난방을 동시에 꾀할 수 있어 연료 효율이 높았다. 다음으로 논쟁적이기는 하지만, '소빙기(Little Ice Age)' 현상을 들 수 있다. 연료 소비가 증가하던 17세기는 전세계적으로 '소빙기'로 불리던 시기로서, 태양의 흑점 활동이 약화되어 지구의 평균 기온이 2~3도 정도 낮아지던 구간으로 정의되고 있다. 이 시기 조선에서도 정묘, 병자호란을 겪었으며, 전례 없던 대기근이 두 차례[경신·을병] 일어나 사망자가 100만 명을 넘어선 것으로 보고되었다. 이러한 소빙기는 냉해와 한발 등 절기에 맞지 않는 이상저온 현상을 일으켜 농사의 작황률을 떨어뜨리고, 동절기 난방 수요를 촉진시킴으로써 결과적으로 온돌 보급을 확대시킨 것으로 설명되고 있다. 다만 최근 들어 소빙기가 전지구적 현상으로 나타났는지에 대해 의문을 제기하는 연구들이 발표되고 있기에 소빙기와 온돌 보급의 상관관계는 앞으로 더 따져 봐야 할 부분이다.

지금까지 조선시대 금화정책의 추이와 조선 후기 화재 증가 요인에 대해 살펴보았다. 조선 정부는 선초부터 화재 예방과 진압을 위한 금화정책을 다각도로 모색하였으나, 화전 개발과 온돌 보급의 확대로 화재 예방과 진화에 한계를 안고 있었다.

그러나 전국 단위 소방시설과 최첨단 화재경보시스템이 구축되어 있는 요즘에도 연평균 4만 건이 넘는 화재와 2,000명이 넘는 인명 피해가 발생하고 있는 점(《2021 소방청 통계연보》 참조)을 고려한다면, '화재(火災)'에 대한 조선왕조의 대응을 섣불리 과소평가하기는 어려울 듯하다. 최근 환경사에 대한 관심이 고조되고 있는 만큼, 앞으로 조선시대 연료 소비와 산림자원의 활용에 관한 논의가 활발해지기를 바란다.

최주희 _ 덕성여대 조교수